JN426036

알아두면 유익한

소비자 보호 관련 법률

국립중앙도서관 출판시도서목록(CIP)

(알아두면 유익한) 소비자 보호 관련 법률 / 저자: 허영희
. -- 서울 : 비앤엠북스, 2013
p. ; cm

ISBN 978-89-6821-009-9 93360 : ₩22000

소비자 보호법(법률)[消費者保護法]

368.123-KDC5
343.071-DDC21 CIP2013016918

알아두면 유익한 소비자 보호 관련 법률

허 영 희

알아두면 유익한
소비자 보호 관련 법률이
현명한 소비생활의 지침이 되기를…

비앤엠북스

머리말

대부분의 사람들은 물품을 구입하기도 하고, 용역을 이용하면서 소비자로서의 삶을 살아갑니다. 그런데 대량생산, 대량판매, 대량소비의 시대로 변화된 현대사회에서는 소비자로서 현명한 삶을 살아가기가 쉽지 않은 것 같습니다.

충동적으로 구매한 물품을 반품하려고 하는데 언제까지 어떤 형식으로 해야 하는가, 반품을 요구하니 판매자가 과도한 위약금을 요구하는데 어떻게 대처해야 하는가, 물품을 구매한다는 의사를 밝히지도 않았는데 일방적으로 보내온 제품은 그냥 두어도 좋은가 아니면 되돌려 보내야 하는가, 반품 비용은 어떻게 처리해야 하는가… 등등의 고민을 한번쯤 경험한 소비자가 많을 것입니다.

사업자들의 상술은 날로 교묘해지고 있습니다. 게다가 목돈 들이지 않고 물품이나 용역을 구매할 수 있는 할부거래가 보편화되면서 충동구매도 늘어나고 있습니다. 제품은 고도의 기술력으로 연일 변모하면서 출시되고 있는데 소비자는 관련 정보를 제대로 얻지 못해 사용하는 데 어려움이 따릅니다. 이 과정에서 소비자들의 불만은 쌓이게 되고, 권리 침해의 모습도 다양해지고 있습니다.

1980년 소비자보호법의 제정과 함께 우리 사회에서 소비자 권리보호의 중요성이 한층 부각되어, 소비자 관련 법률들이 속속 제정되어, 개정을 거듭하고 있습니다. 그런데 소비자를 보호하기 위한 다양한 법률들이 제정되어 있지만, 이를 알지 못하면 자신의 권리를 지켜내지 못합니다.

소비자로서의 권리가 어떤 법률에 어떻게 규정되어 있는지, 그리고 나는 무슨 근거로 권리를 주장할 수 있는지 알 수 있다면, 소중한 권리를 보호할 수 있습니다.

이 책은 소비생활의 환경변화에서 현명한 소비자로서 살아가기 위해 알아두면 유익한 법률의 내용을 정리하고 해설했습니다.

제1장은 소비자문제와 소비자 피해구제에 관한 일반적인 내용을, 제2장에서는 소비자 보호를 위한 기본적 사항을 규정한 소비자기본법의 내용을 다루었습니다. 제3장부터 제5장까지는 거래 유형별 소비자 보호 관련 법률을 구분하여 다루었는데, 제3장에서는 할부거래, 제4장에서는 방문판매 등의 거래, 제5장에서는 전자상거래 등의 거래의 경우 소비자의 권리와 의무, 사업자의 의무 위주로 정리하였습니다. 제6장에서는 카드 사용과 관련한 분쟁에 적용될 수 있는 여신전문금융업법의 내용을 다루었고, 제7장에서는 불공정한 약관으로 피해를 방지하기 위해 제정된 약관의 규제에 관한 법률을 다루었습니다. 제9장에서는 제조물의 결함으로 발생한 손해를 제조업자 등에게 책임을 지우는 근거 법률인 제조물책임법의 규정을 정리하고 해설했습니다. 마지막으로 부록에서는 소비자 보호 관련 법률을 정리하여 수록했습니다.

이 책이 스스로 권리를 찾고자 하는 일반 소비자들에게 도움이 되었으면 좋겠습니다. 출간을 허락해 주신 비앤엠북스 정광식 사장님과 정경식 부장님, 편집부 직원께 진심으로 감사드립니다.

2013년 8월
진주 상문골 연구실에서
허영희

차례

제1장 소비자보호 일반

제2장 소비자기본법

제3장 할부거래에 관한 법률

제7장 약관의 규제에 관한 법률

제8장 제조물책임법

제1장 소비자보호 일반

I 소비자의 권리 및 책무

1. 소비자의 개념

일반적으로 소비자란 사업자가 제공하는 물품 또는 용역(시설물을 포함)을 소비생활을 위하여 사용하는 자 또는 생산활동을 위하여 사용하는 자로서 대통령령이 정하는 자를 말한다(소비자기본법 제1조).

생산활동을 위하여 사용하는 자로서 대통령령이 정하는 자의 범위
1. 제공된 물품 또는 용역(이하 "물품 등"이라 한다)을 최종적으로 사용하는 자. 다만, 제공된 물품 등을 원재료(중간재 포함), 자본재 또는 이에 준하는 용도로 생산활동에 사용하는 자는 제외한다. 2. 제공된 물품 등을 농업(축산업 포함) 및 어업활동을 위하여 사용하는 자. 다만, 「원양산업발전법」 제6조 제1항에 따라 해양수산부장관의 허가를 받아 원양어업을 하는 자는 제외한다.

소비자는 성별, 연령, 주거지역, 교육수준, 문화의 차이에 관계없이 각자의 욕구를 충족시키기 위해 많은 상품과 서비스를 소비하는 주체로서 경제사회에 참여하게 된다. 물론 소비성향은 각자의 소득액, 객관적인 환경요인, 개인의 기호 등 주관

적 요인에 따라 좌우되며, 그에 따른 자유로운 선택은 현대 시장경제체제 속에서 생산을 결정하고 사업자로 하여금 원하는 상품이나 서비스를 소비자가 원하는 조건으로 제공하도록 유도하는 역할을 한다.

2. 소비자의 권리

소비자는 다음과 같은 기본적 권리를 가진다(소비자기본법 제4조).

소비자의 권리
1. 물품 또는 용역(이하 "물품 등"이라 한다)으로 인한 생명 · 신체 또는 재산에 대한 위해로부터 보호받을 권리 2. 물품 등을 선택함에 있어서 필요한 지식 및 정보를 제공받을 권리 3. 물품 등을 사용함에 있어서 거래상대방 · 구입장소 · 가격 및 거래조건 등을 자유로이 선택할 권리 4. 소비생활에 영향을 주는 국가 및 지방자치단체의 정책과 사업자의 사업활동 등에 대하여 의견을 반영시킬 권리 5. 물품 등의 사용으로 인하여 입은 피해에 대하여 신속 · 공정한 절차에 따라 적절한 보상을 받을 권리 6. 합리적인 소비생활을 위하여 필요한 교육을 받을 권리 7. 소비자 스스로의 권익을 증진하기 위하여 단체를 조직하고 이를 통하여 활동할 수 있는 권리 8. 안전하고 쾌적한 소비생활 환경에서 소비할 권리

3. 소비자의 책무

소비자는 사업자 등과 더불어 자유시장경제를 구성하는 주체임을 인식하여 물품 등을 올바르게 선택하고, 소비자의 기본적 권리를 정당하게 행사하여야 한다. 또한 스스로의 권익을 증진하기 위하여 필요한 지식과 정보를 습득하도록 노력하여야 하며, 자주적이고 합리적인 행동과 자원절약적이고 환경친화적인 소비생활을 함으로써 소비생활의 향상과 국민경제의 발전에 적극적인 역할을 다하여야 한다.

Ⅱ 소비자문제와 소비자 피해

1. 소비자 문제

소비자문제란 시장경제체제하에서 소비자와 사업자간의 거래에서 발생하는 문제를 말한다. 부연하자면, 사업자가 생산한 물품이나 용역을 소비자가 사용하는 과정에서 불만족, 신체적·경제적 피해 발생, 권리 구제 과정에서 발생하는 문제를 의미한다.

사업자와 소비자는 경제주체로서 대등한 거래당사자이다. 그러나 자유시장체제하에서 거래당사자간에는 자유로운 계약을 전제로 하고 있으나, 현실은 소비자가 불리한 환경에 놓이게 된다. 왜냐하면 거래조건, 상품관련 정보, 조직력, 선택능력 등에서 소비자는 사업자에 비해 열악한 지위에 처해 있기 때문이다.

최근 들어 생산되는 상품이나 제공되는 용역은 나날이 다양화되고 있고, 기술적으로도 복잡하기 때문에 전통적으로 발생하고 있는 소비자문제와는 또 다른 형태의 문제들이 대두되고 있다.

이에 소비자와 사업자간에 발생하는 소비자문제를 해결하기 위하여 정부가 개입하여 소비자·사업자 양 당사자간의 문제, 이를 둘러싸고 있는 정부의 경제운용방식, 경제정책, 각종 제도 등을 마련하고 있다.

2. 소비자 피해

소비자 피해

소비자 피해란 소비자가 사업자와 거래한 상품이나 용역의 거래조건과 거래방법과 관련하여 겪는 피해를 말한다. 즉, 소비자가 물품이나 용역을 구입하여 사용하거나 이용하는 과정에서 품질의 하자 또는 결함, 사업자의 위법행위나 부당권유행위 등으로 인하여 소비자가 입는 재산상의 손해와 생명·신체상의 손해를 총칭한다. 예를 들어 판매자들이 약속한 기간 내에 물건을 배송하지 않거나, 계약의 내용과 다른 물건을 보내오는 경우뿐만 아니라, 물품의 반송을 방해하거나 과다한 위약금을 요구하는 경우가 이에 해당한다.

판매자들이 소비자의 구매욕구를 자극하는 방법은 나날이 다양해지고 있는 현실 속에서 소비자들이 균형 있는 소비생활을 하기란 매우 어렵다. 더욱이 소비자피해가 발생하면, 단순한 재산적 손실에 그치는 것이 아니라 생명이나 신체 등에도 위해를 가할 수 있어서 피해의 심각성이 크고, 그 파급효과가 광범위하다. 또한 피해 발생 원인을 규명하기가 어려울 뿐만 아니라, 사업자(판매자)에 비하여 소비자는 불리한 위치에 있기 때문에 피해구제를 받아내기 위해서는 정확한 정보 습득과 활용이 필요하다.

소비자 피해 유형

소비자 피해 유형은 다양하다. 크게 상품이나 용역의 내용상 하자로 인하여 소비자가 받는 피해와 사용자와 소비자 사이의 거래계약에서 생기는 피해로 나눌 수 있다.

전자의 경우로는 소비자의 생명이나 신체의 안전이 침해되거나 다른 재산상 손해를 야기하는 경우가 이에 해당한다. 후자의 경우로는 허위 과장 광고, 소비자에게 부당한 약관 조항, 사기판매, 강매, 담합으로 인한 부당한 가격형성, 거래 거절, 청약철회 방해 등이 이에 해당한다.

피해구제의 내용

소비자 피해구제는 크게 수리 및 보수, 교환, 환급, 계약이행 및 계약해제·해지, 배상을 그 내용으로 한다.

수리 및 보수, 교환, 환급, 배상에 대해서는 소비자분쟁해결기준이 되는 품목별 피해보상기준에 의하여 처리되고 있다.

Ⅲ 피해구제 방법과 소비자 보호 관련 법률

1. 소비자 피해 구제

사업자에 의한 소비자 피해 구제

소비자 피해가 발생하면 소비자는 1차적으로 피해를 발생케 한 사업자에 대해 피해구제를 요청하고, 소비자와 사업자간의 상호교섭에 의해 소비자피해를 구제받을 수 있다.

대부분의 사업자는 소비자피해를 신속하게 처리하기 위해 소비자상담실, 고객만족실 등 다양한 형태의 소비자 피해구제 전담기구를 설치하고 있다.

소비자단체에 의한 소비자 피해 구제

소비자단체는 소비자들 스스로 권리를 보호하기 위해 자주적으로 결성하고, 행정기관에 등록한 단체이다. 소비자운동과 함께 소비자 피해구제를 위한 여러 가지 활동을 하고 있는 전국적 규모의 단체들은 한국소비자단체협의회를 구성하고 있다. 한국소비자단체협의회는 1976년 4개의 발기단체를 시작으로 현재는 10개의 회원단체와 전국 255개 지역단체들이 목적을 함께하며 소비자운동을 전개하고 있다.

▶ 한국소비자단체협의회 회원단체

단체명	사이트	대표전화
한국YWCA연합회	http://www.ywca.or.kr	774-9702~7
녹색소비자연대	http://www.gcn.or.kr	3273-7117
한국소비자연맹	https://cuk.or.kr	795-1042
한국YMCA전국연맹	http://www.ymcakorea.or	754-7891~5
한국소비생활연구원	http://www.sobo112.or.kr	325-3300
한국소비자교육원	http://www.consuedu.com	579-0603
소비자시민모임	http://www.cacpk.org	739-5441
한국부인회	http://www.womankorea.or.kr	701-7321~2
대한주부클럽연합회	http://www.jubuclub.or.kr	779-1573~5
전국주부교실중앙회	http://www.nchc.or.kr	2266-5870

행정기관에 의한 소비자 피해 구제

행정기관은 소비자 보호 관련법에서 규정한 바에 따라 사업자에게 구체적인 의무를 부과하고, 그러한 의무를 위반한 사업자에 대해서는 행정명령, 영업허가 취소, 법령위반에 대한 처벌을 부과함으로써 소비자의 피해를 사전에 예방하고 있다.

중앙행정기관의 경우 공정거래위원회가 부당광고 및 표시, 부당약관 등에 관한 소비자 피해를 구제하고 있고, 금융감독원은 금융서비스와 관련한 소비자 피해를 전담하는 기구를 설치·운영하고 있다. 이 밖에도 중앙행정기관 관련 부처는 그 산하에 소비자피해를 구제하기 위한 다양한 부서를 두고 있다.

금융분쟁조정위원회
– 각종 금융거래에서 발생하는 금융소비자의 부당한 피해 구제 – 금융감독원에 설치 – www.fss.or.kr
의료심사조정위원회
– 의료행위로 인하여 발생하는 소비자의 부당한 피해 구제 – 중앙의료심사조정위원회, 지방의료심사조정위원회
전자거래분쟁조정위원회
– 전자거래로 인한 소비자의 부당한 피해 구제 – 한국전자거래진흥원에 설치 – www.kebic.or.kr

한국소비자원에 의한 피해 구제

한국소비자원(www.kca.go.kr)은 1987년 7월1일 소비자보호법에 의하여 '한국소비자보호원'으로 설립된 후, 2007년 3월 28일 소비자기본법에 의해 '한국소비자원'으로 기관명이 변경되었다.

한국소비자원은 소비자의 권익을 증진하고 소비생활의 향상을 도모하며 국민경제의 발전에 이바지하기 위하여 국가에서 설립한 전문기관이다. 한국소비자원은 소비자상담센터를 운영하고 있는데, 상담 접수에서부터 상담업무가 완료될 때까지 친절하고 정확하게 업무를 처리하고 있다.

법원에 의한 피해 구제

사업자가 제공하는 상품이나 용역으로 인하여 피해를 입은 소비자는 당해 사업자를 상대로 법원에 민사소송을 제기하여 피해를 구제받을 수 있다. 법원에 의한 구제는 피해구제의 기준이 되는 소비자피해의 최종적인 구제 방법이라고 할 수 있다.

개인간의 생활관계에서 발생하는 법률상의 분쟁과 이해의 충돌을 국가가 재판권에 의하여 강제적으로 조정·해결하기 위한 절차를 말한다. 민사소송은 사법상의 권리관계를 그 대상으로 하며, 사법상의 권리관계의 확정·보전·실현을 과제로 하는 재판상의 절차이다. 민사소송은 민사소송법에 의해 규율된다. 민사소송은 절차가 복잡하고 시간이 소요되기 때문에 다음과 같은 제도를 이용하면 효과적으로 피해를 구제받을 수 있다.

(1) 소액재판

가. 소액사건

소액재판은 소송목적의 값이 2천만원을 초과하지 아니하는 금전 기타 대체물, 유가증권의 일정한 수량의 지급을 청구하는 사건을 대상으로 한다.

소액사건은 구술제소와 임의출석에 의한 제소를 인정하므로, 간단한 방법으로 제소할 수 있다. 소장이 접수되면 즉시 변론기일을 지정하여 원고에게 소환장을 교부하고, 되도록 1회의 변론기일로 심리를 마치고 즉시 선고할 수 있도록 하고 있다.

나. 이행권고결정제도

소액사건심판법은 통상의 소액사건으로 소가 제기된 경우 법원이 상대방인 피고에 대하여 '이행권고결정'을 보내고 피고가 이 결정을 받고서 14일 이내에 이의를 제기하지 않으면 위 이행권고결정이 확정되도록 함으로써 불필요한 당사자의 출석을 생략할 수 있도록 하였다(소액사건심판법 §5의3~§5의8).

확정된 이행권고결정은 확정판결과 동일한 효력이 있으며, 이행권고결정서 정본만 있으면 집행문을 따로 부여받지 않고서도 강제집행을 할 수 있다.

(2) 지급명령(독촉절차)

당사자가 금전 기타 대체물이나 유가증권의 일정수량의 지급을 구하는 신청을 한 경우 법원은 상대방에 대하여 금전 기타 대체물이나 유가증권의 일정한 수량의 지급을 명하는 결정을 할 수 있다. 이러한 결정을 '지급명령'이라고 하며, 지급명령절차를 '독촉절차'라고도 한다.

(3) 민사조정제도

가. 민사조정제도의 의의

민사조정제도는 조정담당판사 또는 법원에 설치된 조정위원회가 분쟁당사자로부터 주장을 듣고 여러 사정을 참작하여 조정안을 제시하고 서로 양보와 타협을 통하여 합의에 이르게 함으로써 분쟁을 평화적이고, 간편·신속하게 해결하는 제도이다.

나. 민사조정절차

① 민사조정의 관할법원

조정의 관할법원은 피신청인의 주소지, 사무소, 영업소의 소재지, 근무지, 분쟁의 목적물 소재지 또는 손해발생지를 관할하는 법원, 지방법원지원, 시·군법원 등이다. 또한 양당사자가 합의한 경우 합의에 의하여 정하여진 법원에 신청할 수도 있다.

② 민사조정의 신청 및 조정기일의 진행

당사자가 조정신청서를 작성하여 조정을 신청할 경우 조정기일이 정해지고, 조정기일에 당사자는 지정된 일시·장소에 출석하여야 한다.

조정기일에는 당사자의 주장과 답변, 증거자료 등을 심리하고 쌍방이 받아들일 수 있는 조정안을 만들어 합의를 권고하는 방식으로 진행된다. 만약 조정기일에 권고된 조정안을 당사자가 받아들이면 법원은 그 내용을 조정조서에 기재함으로써 조정이 성립되며, 이 조정조서는 확정판결과 동일한 효력을 가진다.

③ 조정에 갈음하는 결정(강제조정)

조정기일에 신청인이 출석하지 아니한 경우 법원은 다시 기일을 정하여 이를 통지하는데, 이때에도 출석하지 아니한 경우에는 조정신청은 취하된 것으로 본다. 반면에 피신청인이 출석하지 아니한 경우 조정담당판사는 상당한 이유가 없는 한 직권으로 '조정에 갈음하는 결정'을 할 수 있다. '조정에 갈음하는 결정'을 '강제조정'이라고 하는데, 피신청인의 불출석 외에도 당사자 쌍방이 출석을 하였어도 합의가 이루어지지 않은 경우에도 한다.

조정에 갈음하는 결정에 대해 당사자가 그 조서나 결정서정본을 송달받은 후 2주 내에 이의신청을 하지 않으면 이 결정은 확정되어 임의조정이 성립된 것과 같은 효력을 가지게 된다. 그러나 2주 내에 이의신청이 있으면 그 결정은 효력을 잃고 조정절차는 자동적으로 소송절차로 옮겨가게 된다.

④ 조정을 하지 아니하는 결정 · 조정 불성립

조정담당판사는 사건의 성질상 조정을 함에 적당하지 않거나, 당사자가 부당한 목적으로 조정신청을 한 것으로 인정되는 경우 조정을 하지 아니하는 결정으로 사건을 종결시킬 수 있으며, 이에 대해서 당사자는 불복을 하지 못한다. 또한 합의가 성립되지 아니하거나, 성립된 합의의 내용이 상당하지 아니하다고 인정되면 조정이 불성립된 것으로 하여 사건을 종결한다.

조정을 하지 아니하는 결정이 있거나 조정이 불성립된 경우, 그 사건은 자동적으로 소송으로 이행되므로, 그 이후부터는 소송절차에 의하여 심리가 이루어진다. 이 경우 당사자는 처음부터 소를 제기하였더라면 소장에 첨부하였어야 할 금액에서 조정신청시 이미 납부한 금액을 공제한 액수의 인지를 첨부하여 납부하면 된다.

2. 소비자 보호 관련 법률

소비자의 권리를 보호하기 위한 법률은 다양하다. 소비자보호를 위한 기본적 사항을 규정한 소비자기본법을 비롯하여 할부거래에 관한 법률, 방문판매 등에 관한 법률, 전자상거래 등에서의 소비자보호에 관한 법률, 여신전문금융업법, 약관의 규제에 관한 법률, 제조물책임법 등이 있다.

제2장 소비자기본법

I 소비자기본법의 제정목적

「소비자기본법」은 소비자의 권익을 증진하기 위하여 소비자의 권리와 책무, 국가·지방자치단체 및 사업자의 책무, 소비자단체의 역할 및 자유시장경제에서의 소비자와 사업자 사이의 관계를 규정함과 아울러 소비자정책의 종합적 추진을 위한 기본적 사항을 규정함으로써 소비생활의 향상과 국민경제의 발전에 이바지함을 목적으로 제정되었다(§1).

용어 정리

소비자
사업자가 제공하는 물품 또는 용역(시설물 포함)을 소비생활을 위하여 사용하는 자를 말한다.

사업자
물품을 제조(가공 또는 포장 포함) · 수입 · 판매하거나 용역을 제공하는 자를 말한다.

소비자단체
소비자의 권익을 증진하기 위하여 소비자가 조직한 단체를 말한다.

사업자단체
2 이상의 사업자가 공동의 이익을 증진할 목적으로 조직한 단체를 말한다.

Ⅱ 소비자기본법의 주요 내용

1. 한국소비자원

소비자기본법은 소비자 권익 증진시책의 효과적인 추진을 위하여 한국소비자원(www.kca.go.kr)을 두고 있다.

한국소비자원은 소비자 불만을 처리하고 피해를 구제하는 것 외에도 다음과 같은 다양한 기능을 수행하고 있다.

한국소비자원의 주요 기능
소비자 권익 관련 제도와 정책의 연구 및 건의, 물품, 용역의 규격 · 품질 · 안전성 등에 관한 시험검사 및 거래조건 · 방법에 대한 조사 · 분석, 소비자의 권익증진 · 안전 및 소비생활 향상을 위한 정보의 수집 · 제공 및 국제협력, 소비자의 권익증진 · 안전 및 능력개발과 관련된 교육 · 홍보 및 방송사업, 소비자 불만처리 및 피해구제, 소비자 권익증진 및 소비생활 합리화를 위한 종합적인 조사 · 연구, 국가 또는 지방자치단체가 소비자 권익증진과 관련하여 의뢰한 조사 등의 업무, 그 밖에 소비자의 권익증진 및 발전에 관한 업무

2. 소비자 피해구제

소비자는 물품 등의 사용으로 인한 피해구제를 한국소비자원에 신청할 수 있다. 원장은 피해구제신청사건을 처리함에 있어서 당사자 또는 관계인이 법령을 위반한 것으로 판단되는 때에는 관계기관에 이를 통보하고 적절한 조치를 의뢰하여야 한다. 이때 원장은 피해구제신청의 당사자에 대하여 피해보상에 관한 합의를 권고할 수 있는데, 만약 합의가 이루어지지 아니하는 때에는 지체 없이 소비자분쟁조정위원회에 분쟁조정을 신청하여야 한다(§55~58).

소비자분쟁조정위원회는 분쟁조정을 신청받은 때에는 그 신청을 받은 날부터 30일 이내에 그 분쟁조정을 마쳐야 한다. 소비자분쟁조정위원회의 위원장은 분쟁조정을 마친 경우 지체 없이 당사자에게 그 내용을 통지하여야 하며, 통지를 받은 당사자는 그 통지를 받은 날부터 15일 이내에 분쟁조정의 내용에 대한 수락 여부를 소비자분쟁조정위원회에 통보하여야 하는데, 만약 아무런 의사표시가 없는 때에는 수락한 것으로 본다. 분쟁조정의 내용은 재판상 화해와 동일한 효력을 갖는다(§ 65~67).

3. 소비자 피해 상담

사업자가 제공하는 물품(용역)을 소비생활을 위하여 사용하거나 이용하는 과정에서 발생한 소비자의 불만 및 피해에 대해서는 한국소비자원에 전화, 우편, 인터넷, 방문 등을 통하여 상담을 요청하고 구제를 받을 수 있다.

소비자 피해 상담
■ 전화상담 : 평일 09:00~18:00 국번 없이 1372 ■ 인터넷상담 : http://www.ccn.go.kr ■ 우편상담 : (우)137-700 서울 서초구 양재대로 108 한국소비자원 소비자상담팀

4. 피해 구제 제외 범위

다음과 같은 경우에는 한국소비자원에서 다루지 않는다.

1. 사업자 부도, 폐업 등으로 당사자와의 연락이 불가능한 경우
2. 소비자와 사업자간의 분쟁이 아닌 경우
   - ■ 영업활동과 관련하여 발생한 일체의 분쟁
     - – 상가, 사무실 등 비주거용 건축물 관련 분쟁
     - – 화물운송 차량, 영업용 택시, 버스 등 관련 분쟁
     - – 프랜차이즈 계약 등 대리점과 본사와의 분쟁, 하도급 분쟁
   - ■ 임금 등 근로자와 고용인 사이의 노동 분쟁
   - ■ 개인 간 임대차, 전세계약 등 관련 분쟁
3. 소비자기본법이 정한 제외 사유에 해당하는 경우
   - ■ 국가 또는 지방자치단체가 제공한 물품 등으로 인하여 발생한 피해구제
   - ■ 소비자분쟁조정위원회에 준하는 분쟁조정기구에 피해구제가 신청되어 있거나, 이미 그 피해구제 절차를 거친 사항과 동일한 내용의 피해구제
   - ■ 법원에 소송 계속 중인 경우 이와 동일한 내용의 피해구제

▶ 피해구제 절차도

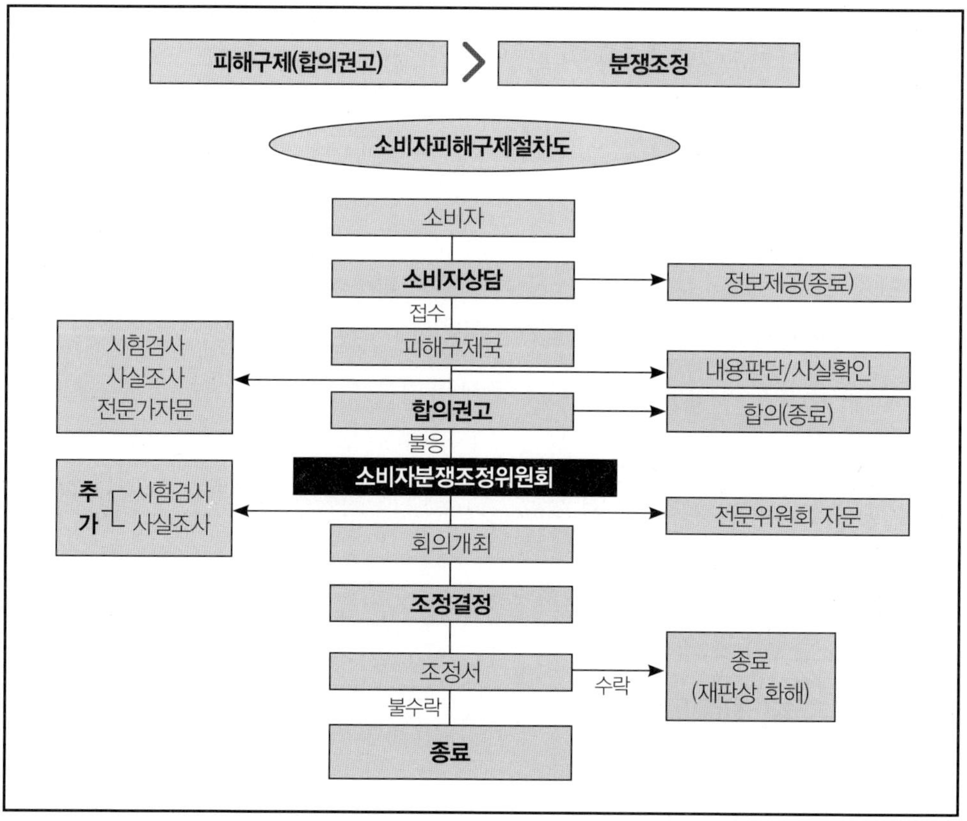

피해구제(합의권고)
분쟁조정
소비자피해구제절차도
소비자
소비자상담
정보제공(종료)
접수
피해구제국
시험검사
사실조사
전문가자문
내용판단/사실확인
합의권고
합의(종료)
불응
소비자분쟁조정위원회
추가
시험검사
사실조사
전문위원회 자문
회의개최
조정결정
조정서
수락
종료
(재판상 화해)
불수락
종료

제3장 할부거래에 관한 법률

I 제정 목적

할부거래는 상품을 미리 인도받고 대금은 일정기간 동안에 분할하여 지급함으로써 대금채무에 대한 부담을 줄일 수 있을 뿐만 아니라 대금을 완납하기 전에 목적물을 사용·수익할 수 있고, 고가의 상품을 손쉽게 구입할 수 있다는 점에서 널리 이용되고 있다. 그러나 할부거래는 소비자들에게 충동구매를 일으키거나, 할부거래시 계약서상의 약관에 소비자에게 불리한 거래조건 등을 명시함으로써 소비자에게 피해를 주는 경우가 종종 있다.

이에 할부계약에 의한 거래를 공정하게 함으로써 소비자 등의 이익을 보호하고 국민경제의 건전한 발전에 이바지함을 목적으로 「할부거래에 관한 법률」이 제정되었다(§1).

II 적용 범위

「할부거래에 관한 법률」은 계약의 명칭, 형식 여하를 불문하고 동산 또는 용역(일정한 시설을 이용하거나 용역의 제공을 받을 권리를 포함)에 관한 할부계약의 경우에 적용된다.

또한 목적물의 대금을 2월 이상의 기간에 걸쳐 3회 이상 분할하여 지급하고, 그 대금의 완납 전에 매도인으로부터 목적물의 인도 등을 받기로 하는 계약에 적용된다. 그러나 매수인이 상행위를 목적으로 할부계약을 체결하는 경우에는 이 법이 적용되지 아니한다(§2).

용어 정리

상행위

영리를 목적으로 한 기업활동을 말한다. 상행위는 민법상의 행위에 비하여 영리성 · 신속성 · 집단성 · 비개인성 등 특색을 가지고 있어서, 상법은 상행위 일반에 관하여 규정을 따로 두고 있다.

Ⅲ 소비자보호에 관한 규정

1. 계약체결 전 정보제공

할부거래업자는 할부계약을 체결하기 전에 소비자가 할부계약의 내용을 이해할 수 있도록 일정사항을 표시하여야 한다(§5).

2. 할부계약의 서면주의

할부거래업자는 총리령이 정하는 바에 따라 서면으로 할부계약을 체결하여야 하며, 계약서를 소비자에게 발급하여야 한다(§6). 그러나 「여신전문금융업법」에 따른 신용카드회원과 신용카드가맹점 간의 간접할부계약의 경우 소비자의 동의를 받아 해당 계약의 내용을 팩스나 「전자거래기본법」 제2조 제1호에 따른 전자문서로 보내는 것으로 대신할 수 있다. 팩스나 전자문서로 보낸 계약서의 내용이나 도달에 다툼이 있으면 할부거래업자가 이를 증명하여야 한다.

제5조를 위반하여 표시를 하지 아니하거나 거짓 표시를 한 자, 제6조에 따른 계약서를 발급하지 아니하거나 거짓으로 적은 계약서를 발급한 자, 제6조 제3항에 따른 서면을 발급하지 아니한 신용제공자에게는 500만원 이하의 과태료를 부과한다(§53 ④).

참고 조문

「전자거래기본법」 제2조 제1호
"전자문서"란 정보처리시스템에 의하여 전자적 형태로 작성, 송신 · 수신 또는 저장된 정보를 말한다.

3. 청약의 철회

청약의 철회기간

소비자는 다음의 법정 기간 이내에 할부계약에 관한 청약을 철회할 수 있다.

청약의 철회기간(할부거래에 관한 법률 §8)
1. 제6조 제1항에 따른 계약서를 받은 날부터 7일(다만, 그 계약서를 받은 날보다 재화 등의 공급이 늦게 이루어진 경우에는 재화 등을 공급받은 날부터 7일) 2. 다음 각 목의 어느 하나에 해당하는 경우에는 그 주소를 안 날 또는 알 수 있었던 날 등 청약을 철회할 수 있는 날부터 7일 가. 제6조 제1항에 따른 계약서를 받지 아니한 경우 나. 할부거래업자의 주소 등이 적혀 있지 아니한 계약서를 받은 경우 다. 할부거래업자의 주소 변경 등의 사유로 제1호의 기간 이내에 청약을 철회할 수 없는 경우 3. 제6조 제1항에 따른 계약서에 청약의 철회에 관한 사항이 적혀 있지 아니한 경우에는 청약을 철회할 수 있음을 안 날 또는 알 수 있었던 날부터 7일 4. 할부거래업자가 청약의 철회를 방해한 경우에는 그 방해 행위가 종료한 날부터 7일

그러나 다음과 같은 경우에는 청약을 철회할 수 없다(§8).

청약을 철회할 수 없는 경우(할부거래에 관한 법률 §8, 시행령 §6)
1. 소비자에게 책임 있는 사유로 재화 등이 멸실되거나 훼손된 경우. 다만, 재화 등의 내용을 확인하기 위하여 포장 등을 훼손한 경우는 제외한다. 2. 사용 또는 소비에 의하여 그 가치가 현저히 낮아질 우려가 있는 것으로서 대통령령으로 정하는 재화 등을 사용 또는 소비한 경우 3. 시간이 지남으로써 다시 판매하기 어려울 정도로 재화 등의 가치가 현저히 낮아진 경우 4. 복제할 수 있는 재화 등의 포장을 훼손한 경우 5. 그 밖에 거래의 안전을 위하여 대통령령으로 정하는 경우

참고 조문

「할부거래에 관한 법률」 제8조 제2항 2호의 '대통령령으로 정하는 재화'

「선박법」에 따른 선박,「항공법」에 따른 항공기, 「철도사업법」 및 「도시철도법」에 따른 궤도를 운행하는 차량, 「건설기계관리법」에 따른 건설기계, 「자동차관리법」에 따른 자동차, 설치에 전문인력 및 부속자재 등이 요구되는 것으로서「고압가스 안전관리법」 제3조 제4호에 따른 냉동기, 전기 냉방기(난방 겸용인 것을 포함한다), 보일러를 설치한 경우

「할부거래에 관한 법률」 제8조 제2항 5호의 '대통령령으로 정하는 경우'

1. 할부가격이 10만원 미만인 할부계약. 다만, 「여신전문금융업법」에 따른 신용카드를 사용하여 할부거래를 하는 경우에는 할부가격이 20만원 미만인 할부계약을 말한다.
2. 소비자의 주문에 따라 개별적으로 제조되는 재화 등의 공급을 목적으로 하는 할부계약

용어 정리

철회

아직 법률행위의 효력이 발생하지 않은 의사표시의 효력발생을 저지시키거나, 일단 효력이 발생한 의사표시를 장래에 향하여 소멸시키는 일방적인 의사표시를 말한다.

청약의 철회권 행사 방법 및 효과

소비자가 청약을 철회하고자 하는 때에는 위 철회기간 내에 할부거래업자에게 청약을 철회하는 의사표시가 적힌 서면을 발송하여야 하며, 발송하는 날에 철회의 효력이 생긴다.

소비자가 청약을 철회한 경우에는 이미 공급받은 재화 등을 반환하여야 하며, 할부거래업자는 이미 지급받은 계약금 및 할부금을 환급하여야 한다. 이때 재화 등의 반환에 필요한 비용은 할부거래업자가 부담하며, 소비자에게 청약의 철회를 이유

로 위약금 또는 손해배상을 청구할 수 없다(§8, §10).

4. 할부거래업자의 할부계약의 해제 및 손해배상 청구

할부거래업자의 계약해제

할부거래업자는 소비자가 할부금 지급의무를 이행하지 아니한 경우에는 할부계약을 해제할 수 있다.

이 경우 할부거래업자는 계약을 해제하기 전에 14일 이상의 기간을 정하여 소비자에게 그 이행을 서면으로 최고하여야 한다(§11).

용어 정리

해제

일단 유효하게 성립한 계약을 소급적으로 소멸시키는 일방적인 의사표시를 말한다. 이러한 일방적 의사표시에 의하여 계약을 해소시키는 권리를 해제권이라고 한다. 해제를 하게 되면 계약은 처음부터 소급하여 소멸하므로, 당사자는 원상회복의무를 지게 된다.

할부거래업자 등의 계약해제시 손해배상청구 금액의 제한

할부거래업자 또는 신용제공자가 할부금 지급의무를 이행하지 아니한 것을 이유로 소비자에게 청구하는 손해배상액은 지연된 할부금에 「이자제한법」에서 정한 이자의 최고한도의 범위에서 대통령령으로 정하는 이율을 곱하여 산정한 금액에 상당하는 지연손해금을 초과하지 못한다(§12①).

할부거래업자가 할부계약을 해제한 경우에 소비자에게 청구하는 손해배상액은 다음 각 호의 어느 하나에 해당하는 금액과 제1항에 따른 지연손해금의 합계액을 초과하지 못한다(§12②).

1. 재화 등의 반환 등 원상회복이 된 경우에는 통상적인 사용료와 계약 체결 및 그 이행을 위하여 통상 필요한 비용의 합계액. 다만, 할부가격에서 재화등이 반환된 당시의 가액을 공제한 금액이 그 사용료와 비용의 합계액을 초과하는 경우에는 그 공제한 금액
2. 재화 등의 반환 등 원상회복이 되지 아니한 경우에는 할부가격에 상당한 금액. 다만, 용역이 제공된 경우에는 이미 제공된 용역의 대가 또는 그 용역에 의하여 얻어진 이익에 상당하는 금액
3. 재화 등의 공급이 되기 전인 경우에는 계약체결 및 그 이행을 위하여 통상 필요한 금액

참고 조문

이자제한법」에서 정한 이자의 최고한도의 범위(§2)

① 금전대차에 관한 계약상의 최고이자율은 연 30퍼센트를 초과하지 아니하는 범위 안에서 대통령령으로 정한다. ②제1항에 따른 최고이자율은 약정한 때의 이자율을 말한다. ③계약상의 이자로서 제1항에서 정한 최고이자율을 초과하는 부분은 무효로 한다. ④채무자가 최고이자율을 초과하는 이자를 임의로 지급한 경우에는 초과 지급된 이자 상당금액은 원본에 충당되고, 원본이 소멸한 때에는 그 반환을 청구할 수 있다. ⑤대차원금이 10만원 미만인 대차의 이자에 관하여는 제1항을 적용하지 아니한다.

5. 소비자의 기한의 이익 상실

소비자는 다음의 어느 하나에 해당하는 경우에는 할부금의 지급에 대한 기한의 이익을 주장하지 못한다. 여기서 '기한의 이익을 주장하지 못한다'고 함은 연체된 금액과 아직 도래하지 않은 할부금 모두를 한꺼번에 지급해야 함을 의미한다. 한꺼번에 지급해야 하는 할부금은 나머지 할부금에서 나머지 기간에 대한 할부수수료를 공제한 금액으로 하며, 할부수수료는 일단위로 계산한다(§13).

1. 할부금을 다음 지급기일까지 연속하여 2회 이상 지급하지 아니하고 그 지급하지 아니한 금액이 할부가격의 100분의 10을 초과하는 경우
2. 국내에서 할부금 채무이행 보증이 어려운 경우로서 대통령령으로 정하는 경우

참고 조문

「할부거래에 관한 법률 」 제13조 2호의 '대통령령으로 정하는 경우'

1. 생업에 종사하기 위하여 외국에 이주하는 경우
2. 외국인과의 혼인 및 연고관계(緣故關係)로 인하여 외국에 이주하는 경우

6. 소비자의 할부금 지급 거절 사유

소비자는 다음의 사유가 있을 때 할부금의 지급을 거절할 수 있다(§16).

1. 할부계약이 불성립 · 무효인 경우
2. 할부계약이 취소 · 해제 또는 해지된 경우
3. 재화 등의 전부 또는 일부가 제6조 제1항 제2호에 따른 재화등의 공급 시기까지 소비자에게 공급되지 아니한 경우
4. 할부거래업자가 하자담보책임을 이행하지 아니한 경우
5. 그 밖에 할부거래업자의 채무불이행으로 인하여 할부계약의 목적을 달성 할 수 없는 경우
6. 다른 법률에 따라 정당하게 청약을 철회한 경우

7. 할부대금채권의 소멸시효

할부계약에 의한 할부대금채권은 3년간 행사하지 아니하면 소멸시효가 완성된다(§15).

용어 정리

소멸시효

권리자가 권리를 행사할 수 있음에도 불구하고 권리를 행사하지 않는 사실상태가 일정기간 계속된 경우에 그 권리의 소멸을 인정하는 제도를 말한다. 소멸시효에 걸리는 권리는 채권과 소유권 이외의 재산권이다(민법 제162조).

제 4 장 방문판매 등에 관한 법률

I 제정 목적

최근 유통시장의 개방과 업체간의 과열경쟁이 심해짐에 따라 직접 소비자를 찾아다니거나, 전화나 다단계판매조직을 통해 물건을 판매하는 경우가 늘어나고 있다. 이러한 판매방식은 소비자의 충동구매를 부추길 뿐만 아니라, 직접 현장에 가서 눈으로 보고 구입하는 것이 아니기 때문에 품질 등에 문제가 있어서 소비자들이 피해를 보는 경우가 속출하고 있다.

이와 같은 특수한 형태의 판매로 인한 소비자피해를 구제하기 위하여 「방문판매 등에 관한 법률」이 제정되었다.

이 법은 방문판매, 전화권유판매, 다단계판매, 후원방문판매, 계속거래 및 사업권유거래 등에 의한 재화 또는 용역의 공정한 거래에 관한 사항을 규정함으로써 소비자의 권익을 보호하고 시장의 신뢰도 제고를 통하여 국민경제의 건전한 발전에 이바지함을 목적으로 한다(§1).

Ⅱ 적용 범위

1. 법 적용 범위

「방문판매 등에 관한 법률」은 방문판매·전화권유판매, 다단계판매, 후원방문판매, 계속거래, 사업권유거래에 의한 상품의 판매 및 용역의 제공에 관한 거래에 적용된다.

그러나 사업자가 상행위를 목적으로 재화 등을 구입하는 거래나, 보험회사와 보험계약을 체결하기 위한 거래에 대해서는 적용되지 않는다(§3).

참고

법 적용 여부

1. 보험업법에 의한 보험계약을 체결하는 경우 보험계약은 방문판매에 해당하더라도 보험업법의 적용을 받는 거래로서 법상 계약서 교부의무, 청약철회 등 방문판매에 적용되는 규정이 적용되지 않는다.
2. 개인이 독립적 자격으로 공급하는 재화 등으로서 가공되지 아니한 농 · 수 · 축 · 임산물 또는 사업자가 직접 생산한 재화 등을 방문판매원을 두지 아니하고 판매업자가 직접 방문판매하는 경우에는 이 법의 적용을 받지 않는다. 예컨대, 생산자가 과일 · 야채 등 농산물을 트럭에 싣고 다니면서 방문판매를 하는 경우 방문판매 등에 관한 법률이 적용되지 않는다. 그러나 생산자가 직접 판매하는 경우라 하더라도 방문판매원을 고용하여 판매하는 경우는 방문판매에 해당한다.
3. 계속거래에 관하여 이 법에서 규정하고 있는 사항을 전기통신사업법 등 다른 법률에서 따로 정하고 있는 경우에는 그 법률을 적용한다.

2. 법 적용 순서

법을 적용함에 있어서 그 사항이 경합되는 경우 소비자에게 유리한 조항을 우선 적용한다.

참고

법 적용 순서

1. "컴퓨터에 자료를 올리고 그 자료를 자신도 직접 이용할 수 있으며 또한 다른 사람이 이용한 횟수에 따라 정보 이용료를 받는 일이라며, 이 일을 하기 위해서는 ID 개설 및 회원관리 등의 비용으로 50만원을 납부해야 한다"는 사업에 대하여 전화로 권유를 받고 계약을 체결한 경우 적용 법률과 청약철회 여부

⇒ 이 거래의 성격은 사업권유거래이면서 전화권유판매에도 해당한다. 청약철회에 관하여서는 전화권유판매에만 규정되어 있으므로 소비자에게 유리한 조항을 적용하여 전화권유판매의 청약철회조항을 적용하여 청약철회 가능하다.

Ⅲ 공통의 금지행위

1. 재화 등의 판매에 관한 계약 체결을 강요하거나 청약철회 등 또는 계약 해지를 방해할 목적으로 소비자(다단계판매원 포함)에게 위력을 가하는 행위

예시
– 욕설, 인신모독, 감금 또는 계약 체결을 조건으로 귀가를 시켜준다고 위협하는 등의 행위로 계약 체결을 강요하는 행위 – 계약 체결 후에 마음에 들지 아니하여 청약철회 등 또는 계약 해지를 하려고 재화를 반품하고 청약철회 등 또는 계약 해지를 통보하자, 사업자가 신용불량자 운운하며 청약철회 등 또는 계약 해지를 거부하는 행위

2. 허위 또는 과장된 사실을 알리거나 기만적 방법을 사용하여 소비자(다단계판매원 포함)를 유인 또는 거래하거나 청약철회 등 또는 계약 해지를 방해하는 행위

예시
– 휴대폰으로 광고 문자 메시지를 전송하면서 i) 유료에 대한 표시를 하지 않거나, ii) 허위로 '연락했는데 연락이 없네요' 등으로 유인하거나, iii) 당첨 상술을 쓰는 방법 등에 의하여 소비자로 하여금 전화를 걸게 하는 행위(다만, '당첨' 메시지의 경우 실제로 응모를 통하여 당첨된 사실을 알리는 경우는 제외) – 시용 상품이라고 재화 등의 사용을 권유하여 상대방이 이를 일부 사용하자, 재화의 훼손을 이유로 계약 체결을 강요하는 행위

- 케이블 TV를 2년 계약하여 시청하던 중, 당초의 계약서에는 언제든지 계약을 중도에 해지할 수 있다고 규정되어 있음을 이유로 중도 해지하려고 하는데, 소비자의 동의 없이 변경된 약관 조항을 근거로 계약 해지를 거부하는 경우(다만, 당초 계약에 '동의 없이 계약 해지에 관한 약관 조항을 변경할 수 있다' 라는 조항이 있더라도 이 조항은 "법 제45조(소비자 등에 불리한 계약의 금지)"에 의하여 무효임)
- 계약 체결시의 시 · 군 · 구 지역 내의 사업장이 아닌 다른 시 · 군 · 구 지역 내의 사업장으로 방문하는 방법으로만 청약철회 등이 가능한 경우(다만, 계약 체결시의 시 · 군 · 구 지역 내의 사업장 폐쇄 · 이전 등으로 없는 경우는 제외)
- 고객의 소속 회사로부터 외국어교육 위탁을 받은 적이 없음에도 불구하고 외국어교육을 위탁받아 실시하고 있는 업체라고 설명하거나, 전액 소비자가 부담하는 것임에도 구매대금의 50%를 회사가 지원하고 고객 부담금은 50%에 불과하다고 설명하여 구매계약을 체결한 경우
- 텔레마케터가 "무료여행 고객으로 당첨되어서 무료여행권을 준다"고 하여 카드번호를 요구하거나, "행사기간에 무료여행권이 당첨되었으니 월 3,000원씩 2년 동안 72,000원을 납부하면 무료항공권과 상품(휴대폰 기타)을 보내준다"고 카드번호를 알려달라고 하여 계약을 체결하고 계약체결 이후에는 당초 계약내용과는 달리 소비자들에게 여행상품 대금(792,000원 또는 828,000원)을 6개월에서 12개월 할부로 청구한 경우

3. 분쟁이나 불만처리에 필요한 인력, 또는 설비의 부족을 상당기간 방치하여 소비자(다단계판매원 포함)에게 피해를 주는 행위

예시

- 소비자가 불만사항에 대한 사업자의 이메일 또는 팩스 답변이 불충분하여 직접 전화통화를 하고자 함에도 불구하고, 사업자가 이메일 또는 팩스를 통해서만 불만처리를 할 수 있도록 하고 전화통화를 거부하는 경우
- 상담원이 부족하여 소비자가 통상의 경우 상담원과 통화할 수 없거나, ARS 등을 통해 여러 단계를 거치게 하면서 결국 상담원과는 통화가 되지 않도록 기술적 장치를 하는 경우
- 소비자가 사업자와의 전화통화가 이루어지지 않아 자동 안내된 콜백 안내에 따라 자신의 전화번호를 남겼음에도 불구하고, 사업자가 3영업일 이내에 전화를 하지 않는 경우(다만, 소비자가 전화번호를 잘못 남겼거나 소비자의 부재 등으로 인하여 부득이 하게 연락이 지연된 경우는 제외)
- 소비자가 사업자에게 전화를 하였으나 담당자가 출장, 결근 또는 퇴사하였다는 이유로 전화통화 또는 전산처리 등을 회피하여, 소비자에게 청약철회 등 기간경과 및 지연처리로 인한 기간경과에 따른 위약금 가중 등의 피해를 주는 경우

4. 소비자(다단계판매원 포함)의 청약이 없는데도 일방적으로 재화 등을 공급하고 재화 등의 대금을 청구하는 등의 행위

예시

- 소비자가 구매의사가 없음을 밝혔음에도 불구하고, 판매원이 무료라고 하면서 일방적으로 재화를 장기간 공급한 뒤 이에 대한 대금을 요구하는 경우
- 소비자가 경품 행사에 당첨되었다고 하면서, 재화를 무료로 제공한 후에 세금 및 수수료 등의 명목으로 대금을 요구하는 행위

5. 가입비 · 판매보조물품 · 개인할당 판매액 · 교육비 등 그 명칭 및 형태 여하를 불문하고 방문판매원등이 되고자 하는 자 또는 방문판매원등에게 방문판매원등이 되기 위한 조건 또는 방문판매원등의 자격을 유지하기 위한 조건으로서 연간 2만원 이상의 비용 그 밖의 금품을 징수하거나 재화 등을 구매하게 하는 등 의무를 부과하는 행위

예시
일정 수 이상의 회원확보 조건을 걸어 실적이 저조한 방문교사에게허위로 회원가입을 강제하여 방문교사로부터 허위 등록 회원의 강습료 명목으로 20만원을 납부하게 한 경우

6. 방문판매원등에게 다른 방문판매원등을 모집하도록 의무를 지게 하는 행위

예시
방문판매원 A가 개인 사정을 이유로 방문판매업무를 더 이상 하지 않으려 함에, 방문판매업자가 약관 등을 이유로 계약 해지 시에 제3자를 방문판매원으로 알선 · 소개하도록 하는 경우

7. 다단계판매원이 되고자 하는 자 또는 다단계판매원에게 가입비, 판매보조물품, 개인할당판매액, 교육비 등 그 명칭 및 형태여하를 불문하고 연간 총합계가 5만원 이상의 비용 그 밖에 금품을 징수하는 등 의무를 부과하는 행위

예시
– 후원수당을 받는 다단계판매원이 되기 위해서는 단순히 다단계판매조직에 판매원으로 가입하는 것으로는 부족하여 ◎◎원 이상의 제품을 구매하여 ㅇㅇPV 실적이 있어야 하는 경우로서 수당을 받는 다단계판매원으로 등록하기 위해서 일정액의 물품을 반드시 구입하도록 하는 행위 – 다단계판매원으로 가입할 때 판매원등록비 및 회원증 제작비용 등의 명목으로 1만원 이상의 가입비를 징수하는 행위 – 다단계판매원이 판매활동을 함에 있어 상품의 효능을 보여주기 위한 실험도구 등 판매보조물품의 대가로 연간 3만원 이상을 징수하는 행위 – 다단계판매업자가 주관 · 후원 또는 제3자가 주최하는 교육행사에 다단계판매원이 자기 계발 등을 위하여 자발적으로 비용을 부담하고 참가하는 경우 : 이 경우는 의무를 부과하는 행위에 해당되지 않는다. 다만, 해당 교육에 참가할 것을 알리는 초청장 등에서 교육에 참석하지 아니할 경우 등록, 자격유지 또는 유리한 후원수당의 지급기준을 적용받기 위한 조건에서 제외된다고 명시하거나 기타의 방법으로 사실상 참석을 의무화하여 5만원 이상의 비용을 징수하는 경우는 의무를 부과하는 행위에 해당된다. ※ 방문판매, 전화권유판매의 경우에는 방문판매자 등이 방문판매원 등에게 1인당 연간 2만원 이상의 비용을 징수하거나 재화 등 구매 의무 부과를 금지하고 있다.

8. 다단계판매원에게 하위 판매원 모집 자체에 대하여 경제적 이익을 지급하거나 정당한 사유 없이 후원수당외의 경제적 이익을 지급하는 행위

예시
– 다단계판매원이 하위 판매원을 모집할 경우, 금 1냥에서 금 5돈까지 경품을 지급하는 경우는 모집 자체에 대하여 경제적 이익을 지급하는 경우에 해당된다. – 하위 판매원의 가입 시에 그가 재화등을 구매 또는 판매하여 매출액이 생기는 경우, 그 매출로 인해 발생한 후원수당의 범위 내에서 다단계판매원들의 직급에 따라 금전을 지급한 경우는 모집 자체에 대하여 경제적 이익을 지급하는 경우에 해당되지 않는다. – 다단계판매원에게 재화등의 샘플 · 카탈로그를 제공하거나, 영업활동과 관련하여 센터비용 지원 또는 교통비 · 휴대폰 요금을 대납하는 등 경제적 혜택이 판매활동에 필요한 경비의 성격을 지니며 지급받은 다단계판매원이 개인적으로 처분하기 어려운 경우에는 "정당한 사유"가 있는 경우로서 동 규정에 위반되지 않는다. 다만, 교통비 · 휴대폰요금 등 판매원의 개인적 용도로 사용될 수 있는 비용의 경우에는 판매용도로 사용되었음을 입증할 수 있어야 한다.

9. 소비자가 재화를 구매하거나 용역을 제공받을 의사가 없음을 밝혔음에도 불구하고 전화, 모사전송, 컴퓨터통신 등을 통하여 재화를 구매하거나 용역을 제공받도록 강요하는 행위

예시
소비자가 전화권유판매자로부터 전화를 이용하여 구매 권유를 받는 경우에 소비자가 구매할 의사가 없다고 밝히고 더 이상 전화를 통하여 구매 권유를 하지 말 것을 밝혔으나 계속하여 전화를 하는 경우가 이에 해당한다.

10. 본인의 허락을 받지 아니하거나 허락받은 범위를 넘어 소비자에 관한 정보를 이용하는 행위

예시
재화 등의 배송 등 소비자와의 계약 이행에 불가피한 경우, 대금정산을 위하여 필요한 경우, 도용방지를 위하여 본인 확인에 필요한 경우 등을 제외한다.

Ⅳ 거래유형별 소비자 보호 관련 규정

1. 방문판매 및 전화권유판매

방문판매

'방문판매'는 재화 또는 용역의 판매(위탁 및 중개를 포함)를 업으로 하는 자(방문판매업자)가 방문의 방법으로 그의 영업소·대리점 기타 총리령이 정하는 영업장소 아닌 장소에서 소비자에게 권유하여 계약의 청약을 받거나 계약을 체결하여 재화 또는 용역을 판매하는 것을 말한다.

참고

방문판매 해당 여부

1. 소비자가 광고지를 보고 판매자에게 전화를 하여 재화 등의 정보를 문의하자 판매자가 자세한 정보를 제공하겠다고 하며 소비자의 가정을 방문하여 상품구매를 권유하여 계약을 체결하는 경우
   ⇒ 소비자가 전화를 하여 재화 등의 정보를 문의하였지만, 재화 등에 대한 정보제공 및 소비자의 청약이 판매자의 사업장 외의 장소에서 이루어진 것이므로 방문판매에 해당한다.
2. 판매자가 판촉활동을 위해 시내 주요 지점에 간이 판매장소를 설치하고 2개월 동안 영업활동을 하였는데 소비자가 이러한 간이 판매장소에 방문하여 계약을 체결하는 경우
   ⇒ 판매장소가 "사업장"에 해당하기 위해서는 소유, 임차 또는 점용허가를 받은 장소에서 일정한 시설을 갖추고 3월 이상 영업을 계속하는 고정된 장소여야 하므로, 3월 미만의 기간 동안 영업한 간이 판매장소는 "사업장 외의 장소"에 해당하므로 방문판매에 해당한다. 다만, 계속적으로 영업하는 고정된 사업장 앞의 인도에 간이 판매장소를 설치하여 그 사업장 소속의 직원이 소비자와 구매 계약을 체결하는 경우는 재화 등의 정보를 고정된 사업장에서 얻을 수 있고 간이 판매장소가 고정된 "사업장"에 포함된다고 볼 수 있으므로 방문판매에 해당되지 않는다.
3. 재화 등의 특성상 사업장 외의 장소에서 당사자간에 거래를 할 수 밖에 없는 경우라 할지라도 청약의 유인이나 계약 체결이 이루어지는 방법이 '방문'인지 여부가 방문판매 개념에 포함되는 지의 원칙적인 기준이 된다.
   1) 소비자가 사업장을 방문하여 에어컨(설치형 재화)에 대하여 청약을 하고 구두로 계약을 체결한 후, 설치 기사가 가정을 방문하여 에어컨을 설치한 후에 계약서, 품질보증

서 및 설치 확인서 등의 제 서류에 소비자가 서명하고 계약을 체결하는 경우

⇒ 소비자가 사업장을 방문하여 청약을 하였으므로 방문판매에 해당되지 않는다.

2) 소비자가 전화로 ○○ 케이블 TV에 대한 기간, 가격, 설치비 및 채널 등에 대하여 문의하여 ◎◎ 조건으로 구매 의사를 표시하고 이에 전문 기사가 가정을 방문하여 장비를 설치한 후 계약서 및 개통 확인서 등의 제 서류에 서명하고 계약을 체결하는 경우

⇒ 판매자가 자신의 사업장에서 소비자의 청약을 받고 구두로 계약을 체결하였으므로 방문판매에는 해당되지 않는다.

3) 소비자가 전화로 가정학습지에 대한 구매 여부를 결정하기 위하여 자녀의 학습 습관 및 학습 과목 등을 판매자와 상담하던 중 소비자가 자세한 상담을 위하여 판매원(교사 포함)의 방문을 요청하거나, 판매업자가 판매원으로 하여금 소비자의 가정으로 방문하게 하여 해당 가정학습지의 구매 계약이 체결된 경우

⇒ 재화의 특성상 방문을 통하여 정보를 제공하는 것이 일반적인 경우로서 전화를 통하여 구체적인 청약 의사 표시가 되지 않은 한 사업장 외의 장소에서 구매 계약이 체결된 경우이므로 방문판매에 해당한다.

4. 사업장 외의 장소에서 소비자와 직접 대면하여 재화 등에 관한 정보를 제공하고 소비자의 구매를 유도하여 사업장에서 계약의 청약을 받거나 계약을 체결하는 경우도 방문판매에 해당한다.

5. 사업자가 3월 이상의 임차를 통하여 운영하는 사업장에서 건강기능식품, 의료기기 등을 인근 지역의 소비자에게 판매하는 경우

⇒ 3월 이상의 임차이므로 사업장에 해당하며, 이런 경우 방문판매에 해당이 되려면 방문판매자(방문판매업자 및 방문판매원)가 사업장 외의 장소에서 소비자에게 상품의 정보를 제공하고 구매를 유도하여야 한다.

전화권유판매의 의의

'전화권유판매'는 전화를 이용하여 소비자의 응답을 유도하고 대화를 함으로써 소비자에게 구매를 권유하여 청약을 받거나 계약을 체결하는 방법으로 재화 등을 판매하는 것을 말한다. 「전자상거래 등에서의 소비자보호에 관한 법률」이 적용되는 통신판매의 경우 사용하는 전화는 단지 상품 정보를 제공하는 수단에 지나지 않으나 전화권유판매에 있어서 전화는 정보제공은 물론이고 소비자에게 접근하여 계약체결을 하는 데 적극적으로 사용되는 매체이다.

참고

전화권유판매 해당 여부

1. 판매자가 소비자에게 전화를 먼저 걸어 상품에 대한 정보를 제공하고 소비자와 대화를 하는 행위에 의하여 소비자의 청약을 받는 행위
   ⇒ 이 경우 전화권유판매에 해당한다. 다만, ARS 또는 문자메시지 등 전화를 이용하여 상품 정보만을 제공하는 것은 「전자상거래 등에서의 소비자보호에 관한 법률」의 "통신판매"에 해당한다.
2. 휴대폰에 광고 메시지를 전송하여 소비자로 하여금 광고메시지에 안내된 전화번호를 통하여 전화를 걸도록 유도한 후 계약의 청약을 받거나 계약을 체결하는 행위
   ⇒ 이 경우 판매자가 소비자로부터 걸려오는 전화에 대한 응답을 함에 있어서 추가적인 구매 권유 없이 고객의 주문만 접수하는 형태는 전화권유판매에는 해당되지 않는다. 다만 「전자상거래 등에서의 소비자보호에 관한 법률」의 "통신판매"에 해당함. 다만, 판매자가 소비자의 주문만 받는 것이 아니라 소비자에게 구매를 권유하여 계약의 청약을 받거나 계약을 체결하는 경우는 전화권유판매에 해당된다.
   ※ 「전자상거래 등에서의 소비자보호에 관한 법률」 제2조 제2호 규정에 의하면 "통신판매"라 함은 "전화권유판매"를 제외한다고 규정하고 있음(통상적인 청약철회기간이 전화권유판매의 경우는 14일이며, 통신판매의 경우는 7일임).
3. 법 제2조 제3호 및 「전자상거래 등에서의 소비자보호에 관한 법률」 제2조(정의) 제2호 규정에 의한 "전화권유판매"와 "통신판매" 간 중요한 구별 기준은 소비자의 구매의사가 당초에 존재하였는지, 아니면 판매자의 권유에 의하여 구매가 유도된 것 인지 그 여부이다.
4. "경품에 당첨되었습니다. 000-0000로 확인하여 주세요"등의 문자 메시지를 보고 해당 업체에 그 사실을 확인하고자 소비자가 먼저 전화를 걸고, 정수기 · 비데 등 상품을 구입할 것을 권유받아 이를 구매하게 된 경우
   ⇒ 이 경우 소비자는 상품을 구매할 의사가 없이 경품 당첨 등 사실을 확인하고자 전화를 한 것이고 판매자의 권유에 의하여 상품을 구매한 것이므로 전화권유판매에 해당한다.

다단계판매 · 전화권유판매의 경우 소비자보호에 관한 규정

(1) 계약체결 전 정보 제공의무 및 계약체결에 따른 계약서 교부의무

방문판매자 및 전화권유판매자는 계약을 체결하기 전에 소비자가 계약의 내용을 알 수 있도록 일정사항을 기재한 계약서를 소비자에게 교부하여야 한다.

미성년자와 계약을 체결하고자 하는 경우 법정대리인의 동의를 얻어야 하며, 법정대리인의 동의를 얻지 못하는 경우에는 미성년자 본인 또는 법정대리인이 계약

을 취소할 수 있다는 내용을 고지하여야 한다(§7).

계약서 기재 사항(방문판매 등에 관한 법률 §7)
1. 방문판매업자 등의 성명(법인인 경우에는 대표자의 성명을 말한다), 상호, 주소, 전화번호 및 전자우편주소 2. 방문판매원 등의 성명, 주소, 전화번호 및 전자우편주소. 다만, 방문판매업자등이 소비자와 직접 계약을 체결하는 경우는 제외한다. 3. 재화 등의 명칭, 종류 및 내용 4. 재화 등의 가격과 그 지급의 방법 및 시기 5. 재화 등을 공급하는 방법 및 시기 6. 청약의 철회 및 계약의 해제(이하 "청약철회 등"이라 한다)의 기한 · 행사방법 · 효과에 관한 사항 및 청약철회 등의 권리 행사에 필요한 서식으로서 총리령으로 정하는 것 7. 재화 등의 교환 · 반품 · 수리보증 및 그 대금 환불의 조건과 절차 8. 전자매체로 공급할 수 있는 재화 등의 설치 · 전송 등과 관련하여 요구되는 기술적 사항 9. 소비자피해 보상, 재화 등에 대한 불만 및 소비자와 사업자 사이의 분쟁 처리에 관한 사항 10. 거래에 관한 약관 11. 그 밖에 소비자의 구매 여부 판단에 영향을 주는 거래조건 또는 소비자피해 구제에 필요한 사항으로서 대통령령으로 정하는 사항

용어 정리

법정대리인

본인의 의사와는 관계없이 법률의 규정에 의하여 정해진 대리인을 말한다. 미성년자에게는 친권자인 부모가 법정대리인이 된다.

(2) 청약의 철회 · 계약의 해제

가. 청약의 철회권 · 계약의 해제권 행사 기간

방문판매 또는 전화권유판매의 방법으로 계약을 체결한 소비자는 다음의 기간 내에 청약을 철회하거나 계약을 해제할 수 있다.

1. 제7조 제2항에 따른 계약서를 받은 날부터 14일. 다만, 그 계약서를 받은 날보다 재화 등이 늦게 공급된 경우에는 재화 등을 공급받거나 공급이 시작된 날부터 14일
2. 다음 각 목의 어느 하나의 경우에는 방문판매자등의 주소를 안 날 또는 알 수 있었던 날부터 14일
   가. 제7조 제2항에 따른 계약서를 받지 아니한 경우
   나. 방문판매자 등의 주소 등이 적혀 있지 아니한 계약서를 받은 경우
   다. 방문판매자 등의 주소 변경 등의 사유로 제1호에 따른 기간 이내에 청약철회 등을 할 수 없는 경우
3. 제7조 제2항에 따른 계약서에 청약철회 등에 관한 사항이 적혀 있지 아니한 경우에는 청약철회 등을 할 수 있음을 안 날 또는 알 수 있었던 날부터 14일
4. 방문판매업자 등이 청약철회 등을 방해한 경우에는 그 방해 행위가 종료한 날부터 14일

나. 청약의 철회권 및 계약의 해제권 행사방법 및 효과

소비자는 계약에 관한 청약 철회 또는 계약 해제를 서면으로 하는 경우 서면을 발송한 날에 철회 또는 해제의 효력이 발생한다(§8④).

계약에 관한 청약을 철회하거나 해제한 경우 소비자는 이미 인도받은 재화를 반환하여야 하며, 판매자는 재화를 반환받은 날부터 3일 이내에 대금을 환급하여야 한다.

재화의 반환비용은 판매자측에서 부담하며, 판매자는 소비자에게 청약의 철회 또는 계약의 해제를 이유로 위약금 또는 손해배상을 청구할 수 없다(§9⑨).

청약을 철회할 수 없는 경우(방문판매 등에 관한 법률 §8②)
1. 소비자에게 책임이 있는 사유로 재화 등이 멸실되거나 훼손된 경우. 다만, 재화 등의 내용을 확인하기 위하여 포장 등을 훼손한 경우는 제외한다. 2. 소비자가 재화 등을 사용하거나 일부 소비하여 그 가치가 현저히 낮아진 경우 3. 시간이 지남으로써 다시 판매하기 어려울 정도로 재화의 가치가 현저히 낮아진 경우 4. 복제할 수 있는 재화 등의 포장을 훼손한 경우 5. 그 밖에 거래의 안전을 위하여 대통령령으로 정하는 경우

참고 조문

방문판매 등에 관한 법률 제8조 제2항 5호의 '대통령령으로 정하는 경우'

소비자의 주문에 의하여 개별적으로 생산되는 재화 등에 대한 것으로서 청약의 철회 및 계약의 해제(이하 "청약철회 등"이라 한다)를 인정하면 방문판매자 또는 전화권유판매자(이하 "방문판매자 등"이라 한다)에게 회복할 수 없는 중대한 피해가 예상되는 경우로서 사전에 해당 거래에 대하여 별도로 그 사실을 고지하고 소비자의 서면(전자문서를 포함한다) 동의를 받은 경우를 말한다.

참고

복제할 수 있는 재화 등의 포장을 훼손한 경우

1. 복제가 가능한 CD를 포장하여 판매하지 않고 방문판매원이 직접 가정을 방문하여 컴퓨터에 CD의 콘텐츠를 설치해 주고, CD를 회수하여 가는 경우는 청약철회 등이 가능하다.
2. 방문판매 또는 전화권유판매를 통하여 판매된 인터넷 교육 등 용역 제공의 경우 소비자가 콘텐츠를 모두 복제할 수 있는 경우에는 청약철회 등이 불가능하나 콘텐츠 복제가 되지 않는 경우에는 청약철회 등이 가능하다.

법 제8조 제2항, 제17조 제1항의 청약철회 등이 가능한 경우

1. 건강식품을 구입하고 사은품으로 받은 옥매트는 포장을 뜯어 사용하였으나, 건강식품은 포장을 훼손하지도 않고 그대로 둔 경우는 청약철회 등이 가능하다. 이 경우 계약서 등에 따라 사은품 옥매트 사용에 따른 비용 지급의 문제는 발생할 수 있다.
2. 방문판매원이 청소기의 사용방법을 알려준다면서 포장을 뜯고 사용한 후 소비자가 그 청소기를 구입한 경우에 소비자는 청약철회 등 기간 내에 사용하여 가치가 감소하였다고 하더라도 청약철회 등이 가능하다.

   ※ 방문판매자 등은 재화 등의 사용 또는 일부 소비에 의하여 그 가치가 현저히 감소하는 경우에는 시용(試用)상품을 제공하는 등의 방법으로 조치를 취하여야 함.

(3) 손해배상 청구금액의 제한

소비자의 책임있는 사유로 인하여 계약이 해제된 경우 소비자에 대해 청구하는 손해배상액은 다음에서 정한 금액에 대금미납에 따른 지연배상금을 더한 금액을 초과할 수 없다(§10①).

1. 공급한 재화 등이 반환된 경우에는 다음 각 목의 금액 중 큰 금액
   가. 반환된 재화 등의 통상 사용료액 또는 그 사용으로 통상 얻을 수 있는 이익에 상당하는 금액
   나. 반환된 재화 등의 판매가액에서 그 재화 등이 반환된 당시의 가액을 뺀 금액
2. 공급한 재화 등이 반환되지 아니한 경우에는 그 재화 등의 판매가액에 상당하는 금액

금지행위 및 벌칙

방문판매 등에 관한 법률은 방문판매자 및 전화권유판매자의 금지행위와 위반 시 벌칙을 규정하고 있다. 주요 내용은 다음과 같다.

금지 행위	위반 시 벌칙
계약의 체결을 강요하거나 청약철회 등 또는 계약 해지를 방해할 목적으로 소비자를 위협하는 행위(§11①1호)	2년 이하의 징역 또는 5천만원 이하의 벌금(§61)
거짓 또는 과장된 사실을 알리거나 기만적 방법을 사용하여 소비자를 유인 또는 거래하거나 청약철회 등 또는 계약 해지를 방해하는 행위(§11①2호)	
청약철회 등이나 계약 해지를 방해할 목적으로 주소 · 전화번호 등을 변경하는 행위(§11①5호)	
소비자의 청약 없이 일방적으로 재화 등을 공급하고 재화 등의 대금을 청구하는 행위(§11①7호)	1천만원 이하의 벌금(§63)
소비자가 재화를 구매하거나 용역을 제공받을 의사가 없음을 밝혔음에도 불구하고 전화, 팩스, 컴퓨터통신 등을 통하여 재화를 구매하거나 용역을 제공받도록 강요하는 행위(§11①8호)	1천만원 이하의 과태료(§66)

2. 다단계판매 및 후원방문판매

다단계판매

'다단계판매'는 다단계판매업자가 판매하는 상품을 사용해 본 소비자가 다단계판매조직의 판매원이 되어 상품을 구입, 다른 소비자에게 판매하는 과정이 순차적, 단계적으로 이루어지는 판매방식으로 「방문판매 등에 관한 법률」이 적용된다. 즉, 다단계판매란 제조업자→도매업자→소매업자→소비자와 같은 일반적인 유통경로가 아니라 다단계판매업자의 상품을 판매하는 판매원이 특정인을 하위판매원으로 모집하는 과정이 3단계 이상 단계적으로 이루어지는 판매조직을 통해 상품을 판매하는 방식을 말한다.

다단계판매는 판매원 가입이 단계적으로 확산되며 직접적인 대인판매·연고판매에 의존하여 소비자에게 피해를 주는 경우도 있다. 사회적 물의를 빚었던 피라미드판매는 상품가격을 품질에 비해 고가로 책정하고 판매원이 되고자 하는 자에게 부당하게 금품을 요구하며, 판매원에게 상품구매나 하위판매원 모집을 강요하는 등 판매원의 수입이 주로 하위판매원 모집 자체에서 발생토록 함으로써 사행성을 갖는 폐해가 있었다.

다단계판매업의 경우 소비자피해보상보험에 의무적으로 가입하고, 주된 사무소의 소재지를 관할하는 해당 시, 도에 등록 후 영업을 할 수 있다.

용어 정리

다단계판매조직의 요건

- 판매업자에 속한 판매원이 특정인을 해당 판매원의 하위 판매원으로 가입하도록 권유하는 모집방식이 있을 것
- 판매원의 가입이 3단계 이상 단계적으로 이루어질 것
- 판매업자가 판매원에게 후원수당을 지급하는 방식을 가지고 있을 것

후원수당

판매수당, 알선 수수료, 장려금, 후원금 등 그 명칭 및 지급 형태와 상관없이 판매업자가 다음 각 목의 사항과 관련하여 소속 판매원에게 지급하는 경제적 이익을 말한다.

가. 판매원 자신의 재화 등의 거래실적
나. 판매원의 수당에 영향을 미치는 다른 판매원들의 재화 등의 거래실적
다. 판매원의 수당에 영향을 미치는 다른 판매원들의 조직관리 및 교육훈련 실적
라. 그 밖에 가목부터 다목까지의 규정 외에 판매원들의 판매활동을 장려하거나 보상하기 위하여 지급되는 일체의 경제적 이익

참고

다단계판매 해당 여부

1. 이 법에서 정의하고 있는 다단계판매조직 개념에 의하면 반드시 후원수당의 지급방법에 있어 판매원의 단계가 3단계 이상이어야 한다는 것은 아니므로 이 경우도 다단계판매조직에 해당함. 후원수당의 지급방법에 있어서 판매원의 단계가 3단계 이상인 경우는 당연히 다단계판매조직에 해당함.
2. 다단계판매원이 되기 위해서는 일정한 이익(소매이익과 후원수당)을 모두 권유받아야 하며, 스스로 일정한 액수의 상품을 구입하지 않으면 상품을 회원가로 구입할 자격만 주어지고, 하위 다단계판매원을 모집하여 후원활동을 하더라도 후원수당을 지급받을 자격을 갖지 못한다면 이 법에서 정한 다단계판매원이라고 할 수 없다.
3. 최근에는 개인이 소비자로서 본인의 희망상품을 신용카드가맹점에서 구입하고 구입한 상품에 일정한 유통마진을 지급받는 방식이 생기고 있는데, 이 경우에도 다단계판매에 해당하는지 문제된다.
   ⇒ 이 경우 단순한 소비자회원제 판매방식은 다단계판매방식에 해당하지 않으나, 소비자회원에게 추천의무를 부과하고 추천한 자의 판매실적에 따라 수당을 지급받는 경우에는 그 단계가 3단계이상일 경우 다단계판매에 해당된다. 다단계판매는 3단계 이상의 다단계판매조직 즉, 1단계인 판매원이 지급받는 후원수당이 2단계판매원의 판매실적뿐만 아니라, 2단계판매원의 판매실적에도 영향을 받는 경우에 해당한다.
4. 온라인과 오프라인에서 동시에 다단계판매회사를 운영하는 경우 적용 법률이 문제된

다. 또한 후원수당의 체계가 온라인과 오프라인이 다르면 시 · 도지사에게 각각 신고를 달리해야 하는지도 의문이다.

⇒ 이처럼 오프라인과 온라인으로 다단계판매행위를 할 경우, 온라인상 다단계판매에는 「방문판매 등에 관한 법률」과 「전자상거래 등에서의 소비자보호에 관한 법률」이 동시에 적용되므로 다단계판매등록 외에 통신판매업 신고를 하여야 한다. 또한 후원수당의 체계가 온라인과 오프라인이 다른 경우 관할 시 · 도지사에게 후원수당지급 기준의, 변경신고를 해야 한다.

불법적 다단계판매조직(피라미드판매조직)으로 볼 수 있는 경우

아래와 같은 경우 불법적 다단계판매조직으로 볼 수 있다. 즉시 시 · 도, 공정거래위원회, 소비자단체 등에 신고하여, 피해를 예방해야 한다.

- 다단계판매업등록증 및 등록번호가 없거나 불명확한 경우
- 후원수당 산정 · 지급기준 등에 관한 자료를 공개하지 않는 경우
- 다단계판매원등록증, 다단계판매원수첩 등을 교부하지 않거나 부실한 것을 교부하는 경우
- 판매가격이 160만원(부가가치세 포함)을 초과하는 고가상품을 판매하는 경우
- 제품의 반품 및 환불규정이 명확하지 않거나 사실상 지켜지지 않는 경우
- 후원수당비율이 지나치게 높은 경우(재화 등의 공급가격의 35%를 초과)
- 폭력, 강압 기타 반강제적, 위협적인 수단으로 가입을 유도하는 경우
- 가입비 명목으로 1만원 이상을 요구하거나 또는 판매원 가입조건으로 5만원 이상의 물건을 구입하게 하는 경우
- 판매원에게 3만원 이상의 판매보조물품을 구매하도록 의무를 부과하는 경우
- 가입 시 고지한 후원수당의 지급기준과는 달리 별도의 판매할당금액을 충족하여야 판매원자격을 유지하고 후원수당을 지급받을 수 있는 경우
- 사람을 가입시키는 행위만으로도 수입이 발생되는 경우
- 사업장의 주소, 전화번호 등을 고의로 자주 변경하는 경우
- 유사상품에 비하여 현저히 고가로 상품가격을 정하여 거래하거나 사실상 금전만을 거래하는 경우
- 판매원 또는 판매원이 되려는 사람에게 본인의 의사에 반하여 교육 · 합숙을 강요하는 경우
- 판매원을 모집하기 위한 것이라는 목적을 명확하게 밝히지 아니하고 취업 · 부업 알선, 설명회, 교육회 등을 거짓 명목으로 내세워 유인하는 경우

후원방문판매의 의의

'후원방문판매'란 방문판매 및 다단계판매의 요건에 해당하되, 특정 판매원의 구매·판매 등의 실적이 그 직근 상위판매원 1인의 후원수당에만 영향을 미치는 후원수당 지급방식을 가진 경우를 말한다.

소비자보호에 관한 규정

(1) 계약체결 전 정보 제공의무 및 계약서 교부의무

다단계판매의 방법으로 재화 등의 판매에 관한 계약을 체결하는 경우 다단계판매자(다단계판매업자와 다단계판매원)는 소비자와 계약을 체결하기 전에 정보를 제공할 의무가 있으며, 계약체결에 따른 계약서를 교부할 의무가 있다(§16).

참고 사항

소비자피해보상보험 체결 여부 확인

다단계판매업자는 소비자피해보상보험에 의무적으로 가입하도록 되어 있다. 다단계판매업자로부터 재화 또는 용역을 구입할 경우에는 소비자피해보상보험이 체결되었는지를 반드시 확인하고 그 증서를 수령하여야 분쟁발생 시 피해를 줄일 수 있다. 즉, 소비자가 청약철회 또는 계약해제를 하고 반품을 하였음에도 다단계판매업자가 대금을 환급하지 않을 경우 또는 재화 등을 공급하지 않을 경우에 보험회사로부터 보험약관이 정하는 바에 따라 재화 등의 대금의 일부 또는 전부를 보상받을 수 있다.

(2) 청약의 철회 · 계약의 해제

가. 청약의 철회권 · 계약의 해제권 행사 기간

① 다단계판매원이 청약철회 등을 하는 경우

다단계판매원은 구입 일로부터 3개월이 지나지 않은 경우 다단계판매업자에 청약철회 등을 할 수 있다.

② 소비자가 청약철회 등을 하는 경우

소비자가 다단계판매원에게서 물건을 구매한 경우 계약을 체결한 날로부터 14일 이내에 청약을 철회할 수 있다.

청약철회 기간
가. 계약을 체결한 때보다 상품의 인도 또는 용역의 제공이 늦게 이루어진 때에는 상품을 인도 받거나 용역을 제공받은 날로부터 14일 이내 나. 계약서를 받지 아니하거나 다단계판매업자의 주소 등이 적혀 있지 아니한 계약서를 받은 경우 또는 다단계판매업자의 주소변경 등의 사유로 계약서를 받은 날로부터 14일 이내에 청약철회를 할 수 없는 경우에는 다단계판매업자의 주소를 안 날 또는 알 수 있었던 날로부터 14일 이내

다. 계약서에 청약철회 등에 관한 사항이 적혀 있지 아니한 경우에는 청약철회 등을 할 수 있음을 안 날 또는 알 수 있었던 날로부터 14일 이내
라. 다단계판매업자가 청약철회 등을 방해한 경우에는 그 방해 행위가 종료한 날로부터 14일 이내

나. 청약철회 · 계약해제의 효과

다단계판매의 상대방은 청약을 철회한 경우 이미 공급받은 재화 등을 반환하여야 하며, 다단계판매자는 재화 등을 반환받은 날부터 3일 이내에 이미 지급받은 대금을 환급하여야 한다.

① 다단계판매원이 청약철회 등을 하는 경우

다단계판매원이 다단계판매업자에게 청약철회 등을 하고 상품을 환불하면 3영업일 이내에 상품대금을 환불을 받을 수 있는데, 다단계판매업자가 3영업일 이내에 환급하지 않을 경우에는 지연이자를 가산한 금액을 환급받을 수 있다. 환급액은 다음과 같다.

1. 공급일로부터 1개월 이내에 청약철회등을 한 경우에는 대금 전액
2. 공급일로부터 1개월 경과후 2개월이내에 청약철회등을 한 경우에는 대금의 5퍼센트를 공제한 금액 이상으로서 약정한 금액
3. 공급일로부터 2개월 경과후 3개월이내에 청약철회등을 한 경우에는 대금 의 7퍼센트를 공제한 금액으로서 약정한 금액

② 소비자가 청약철회 등을 하는 경우

소비자는 계약에 관한 청약 철회 또는 계약 해제를 서면으로 하는 경우 서면을 발송한 날에 철회 또는 해제의 효력이 발생한다. 계약에 관한 청약을 철회하거나 해제한 경우 소비자는 이미 인도받은 재화를 반환하여야 하며, 판매자는 재화를 반환받은 날부터 3일 이내에 대금을 환급하여야 한다. 재화의 반환비용은 판매자측에서 부담하며, 판매자는 소비자에게 청약의 철회 또는 계약의 해제를 이유로 위약금 또는 손해배상을 청구할 수 없다(§18).

용어 정리

다단계판매의 상대방

다단계판매자가 다단계판매원 또는 소비자에게 판매한 때에는 다단계판매원 또는 소비자를 말하며, 다단계판매원이 소비자에게 판매한 때에는 소비자를 말한다.

(3) 손해배상청구 금액의 제한

다단계판매자와의 계약이 해제된 경우(제17조의 규정에 의하여 청약이 철회된 경우는 제외), 손해배상청구 금액의 제한에 관해서는 앞에서 언급한 제10조의 규정이 준용된다(§19).

용어 정리

준용

본래는 X라는 사항에 적용될 A라는 규정을, X와는 유사하지만 본질상 이와 틀리는 Y라는 사항에 약간의 수식과 해석을 보태서 취급하는 것이다. 법전의 간소화를 위한 입법기술적인 방법이라고 할 수 있다.

(4) 판매상품의 가격제한

다단계판매자가 거래의 상대방에게 판매하는 개별 재화 등의 가격은 부가가치세를 포함하여 160만원을 초과해서는 아니 된다.

금지행위 및 벌칙

방문판매 등에 관한 법률은 다단계판매자의 금지행위와 위반 시 벌칙을 규정하고 있다. 그 주요 내용은 다음과 같다.

금지 행위	위반 시 벌칙
분쟁이나 불만 처리에 필요한 인력 또는 설비가 부족한 상태를 상당 기간 방치하여 상대방에게 피해를 주는 행위(§23①4호)	1천만원 이하의 과태료(§66)
소비자가 재화를 구매하거나 용역을 제공받을 의사가 없음을 밝혔는데도 전화, 팩스, 컴퓨터통신 등을 통하여 재화를 구매하거나 용역을 제공받도록 강요하는 행위(§23①6호)	

금지 행위	위반 시 벌칙
제37조에 따른 소비자피해보상보험계약 등을 체결하지 아니하고 영업하는 행위(§23①8호)	7년 이하의 징역 또는 2억원 이하의 벌금. 이 경우 이 법 위반행위와 관련하여 판매하거나 거래한 대금 총액의 3배에 해당하는 금액이 2억원을 초과할 때에는 7년 이하의 징역 또는 판매하거나 거래한 대금 총액의 3배에 해당하는 금액 이하의 벌금(§58)
재화 등의 거래 없이 금전거래를 하거나 재화 등의 거래를 가장하여 사실상 금전거래만을 하는 행위로서 다음 각 목의 어느 하나에 해당하는 행위(§24①1호) 가. 판매원에게 재화 등을 그 취득가격이나 시장가격보다 10배 이상과 같이 현저히 높은 가격으로 판매하면서 후원수당을 지급하는 행위 나. 판매원과 재화 등의 판매계약을 체결한 후 그에 상당하는 재화 등을 정당한 사유 없이 공급하지 아니하면서 후원수당을 지급하는 행위 다. ㅍ그 밖에 판매업자의 재화 등의 공급능력, 소비자에 대한 재화 등의 공급실적, 판매업자와 소비자 사이의 재화 등의 공급계약이나 판매계약, 후원수당의 지급조건 등에 비추어 그 거래의 실질이 사실상 금전거래인 행위	
판매원 또는 판매원이 되려는 자에게 하위판매원 모집 자체에 대하여 경제적 이익을 지급하거나 정당한 사유 없이 후원수당 외의 경제적 이익을 지급하는 행위(§24①2호)	
제37조에 따른 소비자피해보상보험계약 등을 체결하지 아니하고 영업하는 행위(§23①8호)	
재화 등의 거래 없이 금전거래를 하거나 재화 등의 거래를 가장하여 사실상 금전거래만을 하는 행위로서 다음 각 목의 어느 하나에 해당하는 행위(§24①1호) 가. 판매원에게 재화 등을 그 취득가격이나 시장가격보다 10배 이상과 같이 현저히 높은 가격으로 판매하면서 후원수당을 지급하는 행위 나. 판매원과 재화 등의 판매계약을 체결한 후 그에 상당하는 재화 등을 정당한 사유 없이 공급하지 아니하면서 후원수당을 지급하는 행위 다. 그 밖에 판매업자의 재화 등의 공급능력, 소비자에 대한 재화 등의 공급실적, 판매업자와 소비자 사이의 재화 등의 공급계약이나 판매계약, 후원수당의 지급조건 등에 비추어 그 거래의 실질이 사실상 금전거래인 행위	
판매원 또는 판매원이 되려는 자에게 하위판매원 모집 자체에 대하여 경제적 이익을 지급하거나 정당한 사유 없이 후원수당 외의 경제적 이익을 지급하는 행위(§24①2호)	
이 법의 지급기준에 위반되는 후원수당의 지급을 약속하여 판매원을 모집하거나 가입을 권유하는 행위(§24①3호)	
판매원 또는 판매원이 되려는 자에게 가입비, 판매 보조 물품, 개인 할당 판매액, 교육비 등 그 명칭이나 형태와 상관없이 10만원 이하로서 대통령령으로 정하는 수준을 초과한 비용(연간 총합계 5만원) 또는 그 밖의 금품을 징수하는 등 의무를 부과하는 행위(§24①4호)	

금지 행위	위반 시 벌칙
판매원에 대하여 상품권을 판매하는 행위로서 다음 각 목의 어느 하나에 해당하는 행위(§24①5호) 가. 판매업자가 소비자에게 판매한 상품권을 다시 매입하거나 다른 자로 하여금 매입하도록 하는 행위 나. 발행자등의 재화 등의 공급능력, 소비자에 대한 재화등의 공급실적, 상품권의 발행규모 등에 비추어 그 실질이 재화 등의 거래를 위한 것으로 볼 수 없는 수준의 후원수당을 지급하는 행위	
사회적인 관계 등을 이용하여 다른 사람에게 판매원으로 등록하도록 강요하거나 재화 등을 구매하도록 강요하는 행위(§24①6호)	〃
판매원 또는 판매원이 되려는 사람에게 본인의 의사에 반하여 교육 · 합숙 등을 강요하는 행위(§24①7호)	
판매원을 모집하기 위한 것이라는 목적을 명확하게 밝히지 아니하고 취업 · 부업 알선, 설명회, 교육회 등을 거짓 명목으로 내세워 유인하는 행위(§24①8호)	
다단계판매업자는 다단계판매원으로 하여금 제1항의 금지행위를 하도록 교사하거나 방조하여서는 아니 된다(§24②)	
재화 등의 판매에 관한 계약의 체결을 강요하거나 청약철회 등 또는 계약 해지를 방해할 목적으로 상대방을 위협하는 행위(§23①1호)	5년 이하의 징역 또는 1억 5천만원 이하의 벌금(§59)
거짓 또는 과장된 사실을 알리거나 기만적 방법을 사용하여 상대방과의 거래를 유도하거나 청약철회 등 또는 계약 해지를 방해하는 행위 또는 재화 등의 가격 · 품질 등에 대하여 거짓 사실을 알리거나 실제보다도 현저히 우량하거나 유리한 것으로 오인시킬 수 있는 행위(§23①2호)	
청약철회 등이나 계약 해지를 방해할 목적으로 주소 · 전화번호 등을 변경하는 행위(§23①3호)	3년 이하의 징역 또는 1억원 이하의 벌금(§60)
상대방의 청약이 없는데도 일방적으로 재화 등을 공급하고 재화 등의 대금을 청구하는 등 상대방에게 재화 등을 강제로 판매하거나 하위판매원에게 재화 등을 판매하는 행위(§23①5호)	
다단계판매원으로 등록하지 아니한 사람을 다단계판매원으로 활동하게 하는 행위(§23①7호)	
상대방에게 판매하는 개별 재화등의 가격을 대통령령으로 정하는 금액을 초과하도록 정하여 판매하는 행위(§23①9호)	1년 이하의 징역 또는 3천만원 이하의 벌금(§62)

3. 계속거래 및 사업권유거래

계속거래의 의의

'계속거래'는 학습지, 결혼정보, 스포츠센터 등을 1개월 이상에 걸쳐 계속적으로 또는 부정기적으로 재화 등을 공급하는 계약으로서 중도에 해지할 경우 대금 환급의 제한 또는 위약금에 관한 약정이 있는 거래를 말한다(§2).

사업권유거래의 의의

'사업권유거래'는 사업자가 소득기회를 알선·제공하는 방법으로 거래 상대방을 유인하여 재화 등을 구입하게 하는 거래를 말한다(§2). 즉 해당 재화 등에 대한 거래 상대방의 구매의사가 판매업자의 구매권유행위에 의해 유도된 경우를 말한다.

참고

사업권유거래 해당 여부

1. 속기록 번역 등의 아르바이트 일감을 주면서, 보다 유리한 조건으로 아르바이트를 하기 위해서는 자격증 등을 취득해야 한다며 교재 구입 및 인터넷 학원 수강을 하도록 하는 경우
   ⇒ 사업권유거래에 해당됨. 그러나 아르바이트 일감을 주지 않고 단순히 자격증 취득을 위한 교재구매를 권유하는 경우는 사업권유거래에 해당되지 않음
2. 식당을 운영하고 있는 자영업자 A가 몇 년 전 식당 앞에 복권자동판매기를 설치하여 괜찮은 부수입을 올린 경험이 있어 자판기 판매사업자에게 연락하여 스티커사진 자판기를 설치하도록 한 경우
   ⇒ 사업권유거래는 원칙적으로 그 분야에 전문지식 또는 사업경험이 없는 자에게 사업을 권유하는 경우에 해당하므로, A의 경우는 이미 자판기 운영 경험이 있고 자판기 판매업자에게 유인되어 거래한 것이 아니므로 사업권유거래의 상대방에 해당되지 않음

계속거래 · 사업권유거래의 경우 소비자보호에 관한 규정

(1) 계약체결 전 정보 제공의무 및 계약체결에 따른 계약서 교부의무

계속거래 또는 사업권유거래(이하 '계속거래 등'이라고 함)를 업으로 하는 자(이하 '계속거래업자 등'이라고 함)는 계속거래 등에 관한 계약을 체결하는 경우에는 계약을 체결하기 전에 소비자가 계약의 내용을 이해할 수 있도록 거래와 관련된 정보를 설명하여야 하며, 계약서를 소비자에게 발급하여야 한다(§30).

단, 계속거래는 10만원 이상 및 3개월 이상, 사업권유거래는 기간에 관계없이 30만원 이상을 거래조건으로 하는 계약을 체결하는 경우에 이와 같은 정보제공 및 계약서 교부의무가 있다(시행령 §37)

(2) 계약의 해지 및 해제의 효과와 위약금

계속거래업자 등과 계속거래 등의 계약을 체결한 소비자는 언제든지 계약 기간 중 계약을 해지할 수 있다(§31).

계속거래업자 등은 자신의 책임이 없는 사유로 계속거래 등의 계약이 해지 또는 해제된 경우 소비자에게 해지 또는 해제로 발생하는 손실을 현저하게 초과하는 위약금을 청구하거나 가입비 그 밖의 명칭에 상관없이 실제 공급된 재화 등의 대가를 초과하여 수령한 대금의 반환을 부당하게 거부하여서는 안 된다.

소비자의 주문에 의하여 개별적으로 생산되는 재화 등에 대한 것으로서 계약 해지를 인정하면 계속거래업자 또는 사업권유거래업자에게 회복할 수 없는 중대한 피해가 예상되는 경우 사전에 해당 거래에 대하여 별도로 그 사실을 고지하고 소비자의 서면(전자문서를 포함한다) 동의를 받은 경우에는 계약해지가 제한된다.

금지행위 및 벌칙

방문판매 등에 관한 법률은 계속거래업자 및 사업권유거래업자의 금지행위와 위반 시 벌칙에 대해서 규정하고 있다. 주요 내용은 다음과 같다.

금지 행위	위반 시 벌칙
계속거래 등의 계약을 체결하게 하거나 계약의 해지 또는 해제를 방해하기 위하여 소비자를 위협하는 행위(§34①1호)	2년 이하의 징역 또는 5천만원 이하의 벌금(§61)
거짓 또는 과장된 사실을 알리거나 기만적 방법을 사용하여 소비자를 유인 또는 거래하거나 계약의 해지 또는 해제를 방해하는 행위(§34①2호)	
계약의 해지 또는 해제를 방해할 목적으로 주소 · 전화번호 등을 변경하는 행위(§34①5호)	
계속거래 등에 필요한 재화 등을 통상적인 거래가격보다 현저히 비싼 가격으로 구입하게 하는 행위(§34①3호)	1천만원 이하의 벌금(§63)
소비자가 계속거래 등의 계약을 해지 또는 해제하였는데도 정당한 사유 없이 이에 따른 조치를 지연하거나 거부하는 행위(§34①4호)	
소비자의 청약이 없는데도 일방적으로 재화등을 공급하고 재화 등의 대금을 청구하는 행위(§34①7호)	
소비자가 재화를 구매하거나 용역을 제공받을 의사가 없음을 밝혔는데도 전화, 팩스, 전자우편 등을 통하여 재화를 구매하거나 용역을 제공받도록 강요하는 행위(§34①8호)	1천만원 이하의 과태료(§66)

제5장 전자상거래 등에서의 소비자보호에 관한 법률

I 제정 목적

인터넷의 발달로 전자상거래의 비중이 높아짐에 따라 이로 인한 소비자의 피해가 늘어나고 있다.

이에 「전자상거래 등에서의 소비자보호에 관한 법률」을 제정하여, 전자상거래에 있어서 통신판매업자 등이 준수하여야 할 사항을 규정하고, 법령상 의무를 위반한 자에 대한 시정조치명령·과징금제도 등을 도입함으로써 공정거래를 도모함과 아울러 소비자의 권익을 보호하고 있다(§1).

II 적용 범위

이 법은 전자상거래, 통신판매에 적용된다. 그러나 사업자(방문판매 등에 관한 법률 제2조 6호의 다단계판매원은 제외)가 상행위를 목적으로 구입하는 거래에 대하여는 이를 적용하지 아니한다.

전자상거래 또는 통신판매에서의 소비자보호에 관하여 이 법과 다른 법률의 규정이 경합하는 경우에는 이 법을 우선 적용하되, 다른 법률을 적용하는 것이 소비자에게 유리한 경우에는 그 법을 적용한다(§4).

용어 정리

전자상거래
재화나 용역을 거래함에 있어서 그 전부 또는 일부가 전자문서에 의하여 처리되는 거래를 말한다.

Ⅲ 통신판매

1. 통신판매의 의의

'통신판매'는 우편·전기통신 그 밖에 총리령이 정하는 방법에 따라 재화 또는 용역(일정한 시설을 이용하거나 용역의 제공을 받을 수 있는 권리를 포함)의 판매에 관한 정보를 제공하고 소비자의 청약에 의하여 재화 또는 용역을 판매하는 것을 말한다. 통신판매는 사업자의 판매에 관한 정보제공 및 소비자의 청약이 직접 대면하지 아니하고 이루어진다. 다만, 「방문판매 등에 관한 법률」의 규정에 의한 전화권유판매는 제외한다.

용어 정리

통신판매업자
통신판매를 업으로 하는 자 또는 그와의 약정에 따라 통신판매업무를 수행하는 자를 말한다.

2. 소비자보호에 관한 규정

신원 및 거래조건에 대한 정보 제공 의무

통신판매업자는 재화 등의 거래에 관한 청약을 받을 목적으로 표시·광고를 할 때에는 i) 상호 및 대표자 성명, ii) 주소·전화번호·전자우편주소 등을 포함하여야 한다(§13).

용어 정리

적립금에 대한 표시 및 보상

- 사업자가 사이버몰 등에서 적립금(회원가입이나 재화등의 구매 등을 통해 발생하는 것으로 포인트, 마일리지 등 그 용어를 불문함)제도를 운영하는 경우에 이용조건, 이용기간, 소멸조건, 사업자의 귀책사유로 사용하지 못하게 되는 경우의 보상기준 등을 소비자가 알기 쉬운 방법으로 게시하여야 하며, 행사 등을 통해 적립금을 지급하는 경우에는 해당 행사의 화면에서 그 내용을 고지하여야 한다.
- 적립금제도의 폐지, 영업부분의 폐지, 업체간 통합 등으로 인하여 소비자가 적립금 등을 사용할 수 없게 되는 경우에는 당초 사이버몰 등에서 제시한 조건에 따라 소비자에게 보상하여야 한다. 다만, 보상기준 등을 고지하지 아니한 경우에는 사이버몰 등에서 통용되는 통화가치에 상응하는 현물 또는 현금으로 소비자에게 보상하여야 한다.

계약내용에 관한 서면 교부 의무

통신판매업자는 계약이 체결된 경우에는 계약내용에 관한 서면을 재화 등을 공급할 때까지 교부하여야 한다(§13②).

서면에는 공급자 및 판매자의 상호, 대표자 성명·주소·전화번호, 재화 등의 가격, 그 지급방법 및 시기, 청약의 철회 및 계약해제 사항 등이 기재되어야 한다.

청약의 확인

통신판매업자는 소비자로부터 재화 등의 거래에 관한 청약을 받으면 수신을 확인하고, 판매 가능 여부에 관한 정보를 소비자에게 신속하게 알려야 한다. 또한 계약체결 전에 소비자가 청약내용을 확인하고, 정정하거나 취소할 수 있도록 적절한 절차를 갖추어야 한다(§14).

청약의 철회 및 계약의 해제

(1) 청약의 철회권 및 계약의 해제권 행사 기간

소비자는 다음의 기간 내에 위약금 없이 청약을 철회할 수 있다.

1. 계약내용에 관한 서면을 받은 날부터 7일. 다만, 그 서면을 받은 때보다 재화 등의 공급이 늦게 이루어진 경우에는 재화 등을 공급받거나 재화 등의 공급이 시작된 날부터 7일
2. 계약내용에 관한 서면을 받지 아니한 경우, 통신판매업자의 주소 등이 적혀 있지 아니한 서면을 받은 경우 또는 통신판매업자의 주소 변경 등의 사유로 제1호의 기간에 청약철회 등을 할 수 없는 경우에는 통신판매업자의 주소를 안 날 또는 알 수 있었던 날부터 7일
3. 소비자는 제1항 및 제2항에도 불구하고 재화 등의 내용이 표시 · 광고의 내용과 다르거나 계약내용과 다르게 이행된 경우에는 그 재화 등을 공급받은 날부터 3개월 이내, 그 사실을 안 날 또는 알 수 있었던 날부터 30일 이내에 청약철회 등을 할 수 있다.

청약을 철회할 수 없는 경우(전자상거래 등에서의 소비자보호에 관한 법률 §17②)

1. 소비자에게 책임이 있는 사유로 재화 등이 멸실되거나 훼손된 경우. 다만, 재화 등의 내용을 확인하기 위하여 포장 등을 훼손한 경우는 제외한다.
2. 소비자의 사용 또는 일부 소비로 재화등의 가치가 현저히 감소한 경우
3. 시간이 지나 다시 판매하기 곤란할 정도로 재화 등의 가치가 현저히 감소한 경우
4. 복제가 가능한 재화 등의 포장을 훼손한 경우
5. 그 밖에 거래의 안전을 위하여 대통령령으로 정하는 경우

용어 정리

전자상거래 등에서의 소비자보호에 관한 법률 제17조 제2항 5호 '대통령령으로 정하는 경우'

소비자의 주문에 따라 개별적으로 생산되는 재화 등 또는 이와 유사한 재화 에 대하여 법 제13조 제2항 제5호에 따른 청약철회 등(이하 "청약철회 등"이라 한다)을 인정하는 경우 통신판매업자에게 회복할 수 없는 중대한 피해가 예상되는 경우로서 사전에 해당 거래에 대하여 별도로 그 사실을 고지하고 소비자의 서면(전자문서를 포함한다)에 의한 동의를 받은 경우를 말한다.

(2) 청약철회 및 계약해제의 방법 및 효과

소비자가 청약철회 등을 서면으로 하는 경우 그 의사표시가 기재된 서면을 발송한 날에 효력이 발생한다(§17④). 이 경우 통신판매업자는 소비자에게 위약금 또는 손해배상을 청구할 수 없다.

소비자가 청약 철회 기간 내에 청약을 철회하는 경우 재화 등의 반환비용은 소비자가 부담한다. 그러나 재화의 내용이 표시·광고내용과 다르거나 계약내용과 다르게 이행된 경우에는 반환 비용은 통신판매업자가 부담한다(§18).

단, 소비자가 단순한 변심에 의해 청약철회 등을 하는 경우에는 구매시의 배송비를 부담할 자를 당사자간의 약정에 의하여 정할 수 있고, 사업자는 이를 소비자가 알기 쉽고 명확하게 표시하여야 한다.

손해배상청구 금액의 제한

소비자에게 책임 있는 사유로 인하여 계약이 해제된 경우 통신판매업자가 소비자에게 청구하는 손해배상액은 다음에서 정한 금액에 대금미납에 따른 지연배상금을 더한 금액을 초과할 수 없다(§19①).

1. 공급한 재화 등이 반환된 경우: 다음 각 목의 금액 중 큰 금액
   가. 반환된 재화 등의 통상 사용료 또는 그 사용으로 통상 얻을 수 있는 이익에 해당하는 금액
   나. 반환된 재화 등 판매가액에서 그 재화 등이 반환된 당시의 가액을 뺀 금액
2. 공급한 재화 등이 반환되지 아니한 경우: 그 재화 등의 판매가액에 해당하는 금액

참고

후불식 전화결제서비스의 사용제한 및 요금 분쟁

- 청소년이 자신 또는 법정대리인 등의 명의로 후불식전화결제서비스(전기통신사업법상의 전화역무 또는 주파수를 할당받아 제공하는 역무에 사용되는 통신단말장치를 통해 재화등의 전자적 대금 결제가 이루어지는 서비스)를 사용하는 경우, 유 · 무선 통신업자(전기통신사업법상의 전화역무 또는 주파수를 할당받아 제공하는 역무를 제공하는 사업자)는 법정대리인의 사전요청에 따라 사용제한(call blocking) 등을 할 수 있도록 조치하여야 한다.
- 소비자가 후불식전화결제서비스의 이용요금에 대하여 이의를 제기하는 경우를 대비하여 관련된 사업자 및 유 · 무선통신업자 등은 분쟁해결의 대표자를 선정하여야 하며, 유 · 무선 통신업자는 그 내용을 일반사항 5.라.에 따라 표시하고, 분쟁해결의 대표자로 선정되지 아니한 경우에도 선정된 분쟁해결의 대표자와 소비자가 분쟁을 해결함에 있어 적극적으로 협력하여야 한다. 이 경우, 분쟁해결에 협력하였다는 이유만으로 법령에 정한 책임을 면할 수 없다.
- 소비자가 후불식전화결제서비스 이용금액에 대하여 이의를 제기할 경우 관련된 사업자 및 전자결제업자 등은 이에 대한 분쟁을 해결하기 전까지 그 소비자로부터 해당금액을 지급 받을 수 없다. 이 경우 관련된 사업자 및 전자결제업자 등은 분쟁이 있는 금액의 연체를 이유로 신용불량자로 등록하거나 통화서비스를 중단하여서는 아니 된다.

금지행위 및 벌칙

이 법은 전자상거래를 행하는 사업자 또는 통신판매자의 금지행위와 위반 시 벌칙을 규정하고 있다. 주요 내용은 다음과 같다.

<table>
<tr><th>금지 행위</th><th>위반 시 벌칙</th></tr>
<tr><td>공정거래위원회의 시정조치명령에 따르지 아니한 자(§32①)</td><td>3년 이하의 징역 또는
1억원 이하의 벌금(§40)</td></tr>
<tr><td>공정거래위원회의 영업정지명령을 위반하여 영업을 한 자(§32④)</td><td>2년 이하의 징역 또는
5천만원 이하의 벌금§41)</td></tr>
<tr><td>사업자의 신원정보에 관하여 거짓 정보를 제공한 자(§13①)</td><td rowspan="2">1천만원 이하의 벌금(§43)</td></tr>
<tr><td>거래조건에 관하여 거짓 정보를 제공한 자(§13②)</td></tr>
<tr><td>거짓 또는 과장된 사실을 알리거나 기만적 방법을 사용하여 소비자를 유인 또는 소비자와 거래하거나 청약철회 등 또는 계약의 해지를 방해하는 행위(§21①1호)</td><td>1천만원 이하의 과태료(§45)</td></tr>
<tr><td>청약철회 등을 방해할 목적으로 주소, 전화번호, 인터넷도메인 이름 등을 변경하거나 폐지하는 행위(§21①2호)</td><td rowspan="4">1천만원 이하의 과태료(§45)</td></tr>
<tr><td>분쟁이나 불만처리에 필요한 인력 또는 설비의 부족을 상당기간 방치하여 소비자에게 피해를 주는 행위(§21①3호)</td></tr>
<tr><td>소비자의 청약이 없음에도 불구하고 일방적으로 재화 등을 공급하고 그 대금을 청구하거나 재화 등의 공급 없이 대금을 청구하는 행위(§21①4호)</td></tr>
<tr><td>소비자가 재화를 구매하거나 용역을 제공받을 의사가 없음을 밝혔음에도 불구하고 전화, 팩스, 컴퓨터통신 또는 전자우편 등을 통하여 재화를 구매하거나 용역을 제공받도록 강요하는 행위(§21①5호)</td></tr>
</table>

제6장 여신전문금융업법

I 제정 목적

제3의 화폐로 불리는 신용카드는 이미 소비자신용거래에서 필수품의 하나가 되었다. 신용카드는 편리하게 결제를 할 수 있지만 충동구매를 조장하거나 과소비를 부추기는 등 여러 가지 단점이 있다. 나아가 신용카드 분실 및 도난, 카드회사의 미사용 대금 청구, 소비자에게로의 수수료 전가행위 등 신용카드로 인한 피해 유형들은 나날이 늘어나고 있다.

소비자신용거래가 우리 경제생활에서 차지하는 비중이 높은 만큼 소비자의 피해도 늘어남에 따라 소비자를 보호하기 위한 각종의 법안이 마련되어 오고 있다. 그 중「여신전문금융업법」은 신용카드업·시설대여업·할부금융업·신기술사업금융업을 영위하는 자의 건전하고 창의적인 발전을 지원함으로써 국민의 금융편의를 도모하고 국민경제의 발전에 이바지함을 목적으로 제정되었다(§1).

Ⅱ 신용카드 관련 규정

1. 신용카드 회원 등에 대한 책임

신용카드업자는 신용카드회원이나 직불카드회원으로부터 그 카드의 분실·도난 등의 통지를 받은 때부터 그 회원에 대하여 그 카드의 사용에 따른 책임을 진다.

통지 전에 생긴 신용카드의 사용에 대하여는 분실·도난 등의 통지를 받은 날부터 60일 전까지의 기간의 범위에서 책임을 진다(§16).

신용카드업자가 카드회원에 대해 책임을 지는 경우
1. 위조 또는 변조된 신용카드 등의 사용 2. 해킹, 전산장애, 내부자정보유출 등 부정한 방법으로 얻은 신용카드 등의 정보를 이용한 신용카드 등의 사용 3. 다른 사람의 명의를 도용하여 발급받은 신용카드 등의 사용(신용카드 회원 등의 고의 또는 중대한 과실이 있는 경우는 제외함)

참고

신용카드 회원 등의 고의 또는 중대한 과실의 범위

고의 또는 중대한 과실로 비밀번호를 누설하는 것과 신용카드나 직불카드를 양도 또는 담보의 목적으로의 제공하는 것을 말한다.

2. 신용카드가맹점의 준수사항

신용카드가맹점은 신용카드로 거래한다는 이유로 물품의 판매 또는 용역의 제공 등을 거절하거나 신용카드회원을 불리하게 대우하지 못한다. 또한 신용카드로 거래를 할 때마다 그 신용카드를 본인이 정당하게 사용하고 있는지를 확인하여야 하며, 가맹점수수료를 신용카드회원이 부담하게 하여서는 아니 된다(§19).

신용카드가맹점은 다음의 행위를 하여서는 아니 된다.

1. 물품의 판매 또는 용역의 제공 등이 없이 신용카드로 거래한 것처럼 꾸미는 행위 2. 신용카드로 실제 매출금액 이상의 거래를 하는 행위 3. 다른 신용카드가맹점의 명의를 사용하여 신용카드로 거래하는 행위 4. 신용카드가맹점의 명의를 타인에게 빌려주는 행위 5. 신용카드에 의한 거래를 대행하는 행위

3. 신용카드 발급대상

신용카드업자는 일정한 요건을 갖추어 발급신청을 받아야만 발급할 수 있다(§14, 동법시행령 §6의7). 신용카드업자는 신용카드회원이 계약을 해지하는 경우 연회비를 반환하여야 한다(§16의3).

신용카드 발급 요건
1. 본인이 신청할 것 2. 신용카드 한도액이 신용카드업자가 정하는 개인신용한도를 넘지 아니할 것 3. 19세 이상일 것 ※ 발급 신청일 현재 재직을 증명할 수 있는 경우에는 만 18세 이상

4. 벌칙

여신전문금융업법은 신용카드와 관련하여 금지행위와 위반 시 벌칙을 규정하고 있다. 주요 내용은 다음과 같다.

금지 행위	위반 시 벌칙
신용카드로 거래한다는 이유로 물품의 판매 또는 용역의 제공 등을 거절하거나 신용카드회원을 불리하게 대우한 자(§19①)	1년 이하의 징역 또는 1천만원 이하의 벌금(§70)
신용카드 등을 위조하거나 변조한 자, 위조되거나 변조된 신용카드 등을 판매하거나 사용한 자, 분실하거나 도난당한 신용카드나 직불카드를 판매하거나 사용한 자, 거짓이나 그 밖의 부정한 방법으로 알아낸 타인의 신용카드 정보를 보유하거나 이를 이용하여 신용카드로 거래한 자	7년 이하의 징역 또는 5천만원 이하의 벌금(§70)
다른 신용카드가맹점의 명의를 사용하여 신용카드로 거래한 자(§19④3호)	3년 이하의 징역 또는 2천만원 이하의 벌금(§70)

제7장 약관의 규제에 관한 법률

I 제정 목적

1. 약관의 의의

약관은 계약의 일방당사자가 여러 명의 상대방과 계약을 체결하기 위하여 일정한 형식으로 미리 마련한 계약의 내용을 말한다. 일반적으로 보통거래약관, 또는 거래약관이라고 부르지만 보험약관, 운송약관, 은행예금약관 등 거래의 품목에 따라 다양하게 존재한다.

2. 제정 목적

약관의 내용은 일반적으로 당사자간의 권리의무불이행에 대한 제재, 약관의 존속기간, 기간만료전해약권 면책규정 및 재판관할 등을 포함하고 있다.

그런데 이러한 약관의 내용이 소비자에게 불리한 조건을 포함하고 있는 경우도 많고, 약관이 계약의 중요한 내용을 포함하고 있음에도 불구하고 소비자들이 거래를 할 때 약관의 내용을 꼼꼼하게 읽어보지 않아 피해를 보는 경우가 종종 있다.

이에「약관의 규제에 관한 법률」을 제정하여, 사업자가 그 거래상의 지위를 남용하여 불공정한 내용의 약관을 작성·통용하는 것을 방지하고 불공정약관을 규제하여 건전한 거래질서를 확립함으로써 소비자를 보호하고 국민생활의 균형있는 향상을 도모하고 있다.

참고

약관의 명칭

약관은 그 명칭이나 형태 또는 범위를 불문한다. 약관, 계약서, 약정서, 규정, 규약, 규칙, 회칙, 특별약관, 특약조항, 부가약관 등 명칭을 불문한다. 계약서 가운데 포함되어 있거나 별지로 되어 있거나 영업소나 출입구에 게시되거나 상관이 없으며, 약관이 소위 유일조항인지 다수의 조항으로 이루어졌는지를 묻지
아니한다.

약관의 예시

다음과 같은 경우는 약관으로 볼 수 있다.

– 지방자치단체의 택지공급계약서, 공공사업자의 전기 · 가스 공급규정, 지방공단의 점포 임대차 계약서
– 금융 · 보험약관, 운송약관, 병원이용약관, 아파트 · 상가 · 오피스텔 등의 분양 · 임대차 계약서, 대리점계약서, 가맹점계약서, 용역경비계약서, 주차장이용약관, 요양원입원계약서, 체육시설 이용약관, 학원이용약관, 휴대폰 등 통신서비스약관, 인터넷서비스약관, 게임약관
– 여관, 목욕탕 등에 게시되어 있는 "손님이 맡기지 않은 물건의 도난, 분실에 대하여 책임을 지지 않습니다"라는 유일조항

약관으로 볼 수 없는 경우

– 부동산 분양가격, 입회금, 임차보증금, 이용료, 수수료, 이익 · 로열티 배분 비율 등 각종 재화와 용역의 가격조항 그 자체
– 아파트 · 상가 등의 공동규약, 공제조합의 공제규정, 회사의 정관 등 단체의 내부 구성원 간의 규율조항
– 계약서에 공란으로 비워두었다가 계약당사자가 개별적인 교섭을 거쳐 기재한 위약금 등에 관한 조항

Ⅱ 약관에 관한 일반 원칙

1. 신의성실의 원칙

신의성실의 원칙의 의의

「약관의 규제에 관한 법률」은 신의성실의 원칙을 위반하여 공정성을 잃은 약관 조항은 무효라고 규정하고 있다(§6①). 이 원칙은 약관이 사업자에 의하여 일방적으로 작성되고 계약자로서는 그 구체적인 계약내용을 검토하거나 확인할 충분한 기회가 없이 계약을 체결하게 되는 바, 약관작성자는 계약 상대방의 정당한 이익과 합리적인 기대에 반하지 않고 형평에 맞게끔 약관조항을 작성하여야 한다는 행위원칙을 의미한다.

여기서 '공정성을 잃은'의 의미는 사업자의 이익과 고객의 이익 사이에서 고객에게 부당하게 불리한 것을 말한다.

불공정성의 추정

「약관의 규제에 관한 법률」은 다음과 같이 불공정약관으로 추정되는 내용을 규정하고 있다(§6②).

공정성을 잃은 것으로 추정되는 약관의 내용
1. 고객에게 부당하게 불리한 조항 2. 고객이 계약의 거래형태 등 관련된 모든 사정에 비추어 예상하기 어려운 조항 3. 계약의 목적을 달성할 수 없을 정도로 계약에 따르는 본질적 권리를 제한하는 조항

(1) 고객에게 부당하게 불리한 조항

– 고객의 이익은 고객집단의 평균적이고 전형적인 이익을 기준으로 한다. – '부당'한지 여부는 해당 업종에서의 통상적인 거래관행, 관계법령, 거래대상 상품 또는 용역의 특성, 사업자의 영업상의 필요 및 고객이 입을 불이익의 내용과 정도 등을 종합적으로 고려하여 판단한다.

법 위반에 해당될 수 있는 조항

- 임대차계약 종료 후 임차인이 임대차목적물을 명도하지 아니한 경우 임대인이 명도소송 등 적법절차를 거치지 않고 임차인 소유의 물건을 다른 장소로 철거할 수 있도록 한 조항
- 학습자가 자신의 의사로 수강을 포기할 경우 교습개시 이전에는 이미 납부한 수강료의 전액을 반환하여야 함에도 선납한 수강료를 어떠한 사유로도 반환하지 않는다는 조항
- 고객의 귀책사유로 인하여 계약을 해제할 경우 사업자의 귀책사유로 인한 경우보다 위약금을 과다하게 책정하는 조항
- 계약서에 명시되지 아니한 사항은 양 당사자가 합의하여 결정하여야 함에도 일방적으로 사업자의 결정에 따르도록 한 조항
- 계약서의 해석에 이견이 있을 경우 신의성실의 원칙에 따라 공정하고 객관적으로 해석하여야 함에도 사업자의 해석에 따르도록 한 조항
- 계약의 해지는 해지절차에 따라 해지의 의사표시가 고객에게 도달한 때 그 효력이 발생함에도 사업자가 고객에게 해지를 통지한 때 효력이 발생하도록 한 조항
- 헌법상 집회 · 결사의 자유가 보장됨에도 사업자의 허락이나 동의없이는 단체를 구성하지 못하도록 하거나 집단행위에 참가할 수 없도록 한 조항
- 소송비용은 패소자 부담이 원칙임에도 재판의 승 · 패소 여부나 패소비율을 불문하고 고객에게 소송비용 일체 또는 사업자에게 유리한 비율로 부담하도록 한 조항

(2) 고객이 계약의 거래형태 등 제반사정에 비추어 예상하기 어려운 조항

- 이 규정은 소비자가 약관의 내용을 충분히 검토하지 못하고 있다는 사실을 악용하여, 통상적인 약관의 테두리를 벗어나 의외조항 또는 기습조항을 삽입하는 경우가 있는데, 이를 규제하기 위한 것이다.
- 의외성은 약관의 명칭 등 외관상 형태와 그 실질적인 내용이 다른 유형인 경우(예 : 대리점계약서에 고용에 관한 조항이 들어 있는 경우)뿐만 아니라 단순히 거래관행에서 현저히 벗어난 경우에도 인정될 수 있다.

법 위반에 해당될 수 있는 조항

- 입원환자가 개인사정으로 중간에 퇴원하거나 사망한 경우에도 미리 수납한 진료비(1개월분)를 환급하지 않는다는 조항
- 신용카드 조회 단말기 임대계약에 있어 계약을 해지하는 경우 단말기 소유권을 자동적으로 임차인에게 이전시키고 그 반환을 불가능하게 하는 조항
- 상품의 매수인은 일정기간 무상으로 수리 기타 애프터서비스를 받을 수 있어야 함에도 불구하고 이를 인정하지 않는 조항
- 고의 · 과실로 인한 의료사고에 대하여는 병원이 책임을 져야 함에도 입원 치료를 받는 동안 수술, 검사 등으로 인한 모든 결과에 대하여 병원이 책임을 지지 않는다는 조항
- 금전소비대차약정에서 보증인의 해지 의사표시는 금융기관에 도달한 때 해지의 효력이 발생하여야 함에도 도달 후 일정기간(예 : 45일)이 경과한 때에 효력이 발생하도록 하는 조항

(3) 계약의 목적을 달성할 수 없을 정도로 계약에 따른 본질적 권리를 제한하는 조항

> – 어떠한 채무가 계약관계의 본질을 이루어 그것 없이는 계약 체결이 아무런 의미도 갖지 않게 되거나 다른 계약유형으로 바뀌게 되는 경우에 사업자가 약관에 의하여 그러한 의무를 벗어나는 것은 고객의 본질적 권리를 제한하는 것이다.
> – 본질적 권리는 그 계약유형에 특징적인 것이며 계약의 목적 달성을 위해 중요한 것이면 된다.

법 위반에 해당될 수 있는 조항

– 강습을 받을 권리가 강습계약의 본질적인 권리임에도 그것을 교재제공 등 다른 것으로 대체할 수 있도록 한 조항

– 상가분양계약에서 상품 교환, 환불, 수리 등 판매 · 관리 일체는 상가 입주자의 고유한 결정사항임에도 판매 · 관리 일체를 사업자의 지시에 따르도록 한 조항

2. 약관 작성 및 설명의무

사업자는 고객이 약관의 내용을 쉽게 알 수 있도록 한글로 작성하고, 표준화·체계화된 용어를 사용하며, 약관의 중요한 내용을 부호, 색채, 굵고 큰 문자 등으로 명확하게 표시하여 알아보기 쉽게 약관을 작성하여야 한다(§3).

또한 계약을 체결할 때에는 고객에게 약관의 내용을 계약의 종류에 따라 일반적으로 예상되는 방법으로 분명하게 밝히고, 고객이 이해할 수 있도록 설명하여야 하며, 고객이 요구할 경우 그 약관의 사본을 고객에게 내주어 고객이 약관의 내용을 알 수 있게 하여야 한다. 만약 이에 위반하여 계약을 체결한 경우에는 해당 약관을 계약의 내용으로 주장할 수 없다.

3. 개별약정 우선의 원칙

약관에서 정하고 있는 사항에 관하여 사업자와 고객이 약관의 내용과 다르게 합의한 사항이 있을 때에는 그 합의 사항은 약관보다 우선한다(§4).

법 위반에 해당될 수 있는 조항

- 부동산 거래에 있어서의 위약금은 거래대금의 10% 수준이 통상의 거래관행임에도 총 분양대금의 20~30%를 위약금으로 정한 조항
- 임대차계약에서 임차물 사용의 대가는 계약기간중 임대보증금에 대한 정기예금 이자분과 월 임대료를 합한 금액, 즉 임대료총액이라 할 것이고 위약금은 임대료총액의 10% 수준이 적정하다고 할 것임에도 임대보증금의 10%를 임차인의 위약금으로 정한 조항
- 계약금을 위약금으로 하기로 하는 특약이 있는 경우에 계약금은 민법 제398조 제4항에 의하여 손해배상액의 예정으로서의 성질을 가진 것임에도 계약해제로 인하여 매도인 또는 임차인이 입은 손해에 대하여 매수인 또는 임대인에게 배상책임을 다시 물을 수 있도록 한 조항
- 손해배상액의 예정은 채권자의 실제 손해액이 예정배상액을 초과하더라도 그 초과액을 청구할 수 없음이 원칙임에도 계약금을 위약금으로 정하는 외에 별도로 연체료까지 청구하거나 기납부금에서 공제할 수 있도록 한 조항
- 상조서비스 계약에서 회원의 중도해지에 따른 회차별 납입금의 위약 공제율(공제금액÷상품금액×100)이 20%를 초과하여 회원모집 비용을 일부 감안한다 하더라도 통상의 거래관행(거래대금의 10%)을 훨씬 상회하는 조항

3. 계약의 해제 · 해지

계약의 해제·해지에 관하여 정하고 있는 약관의 내용 중 다음의 어느 하나에 해당되는 내용을 정하고 있는 조항은 무효로 한다(§9).

1. 법률에 따른 고객의 해제권 또는 해지권을 배제하거나 그 행사를 제한하는 조항
2. 사업자에게 법률에서 규정하고 있지 아니하는 해제권 또는 해지권을 부여하여 고객에게 부당하게 불이익을 줄 우려가 있는 조항
3. 법률에 따른 사업자의 해제권 또는 해지권의 행사 요건을 완화하여 고객에게 부당하게 불이익을 줄 우려가 있는 조항
4. 계약의 해제 또는 해지로 인한 원상회복의무를 상당한 이유 없이 고객에게 과중하게 부담시키거나 고객의 원상회복 청구권을 부당하게 포기하도록 하는 조항
5. 계약의 해제 또는 해지로 인한 사업자의 원상회복의무나 손해배상의무를 부당하게 경감하는 조항
6. 계속적인 채권관계의 발생을 목적으로 하는 계약에서 그 존속기간을 부당하게 단기 또는 장기로 하거나 묵시적인 기간의 연장 또는 갱신이 가능하도록 정하여 고객에게 부당하게 불이익을 줄 우려가 있는 조항

법률에 따른 고객의 해제권 또는 해지권을 배제하거나 그 행사를 제한하는 조항

- 민법이나 기타 법률이 고객에게 부여하고 있는 해제권 · 해지권을 배제하거나 그 행사요건 및 행사방법을 제한하는 조항은 무효이다.
- 법정해제권 또는 법정해지권을 대상으로 하므로 약정해제권 또는 약정해지권에는 적용되지 않는다.

법 위반에 해당될 수 있는 조항

- 계약당사자는 상대방의 채무불이행을 이유로 최고 등의 절차를 거쳐 해제 · 해지권을 행사할 수 있음에도 고객의 해제 · 해지 요구에 대하여 사업자가 정당한 사유가 있다고 인정하는 경우에만 해제 · 해지할 수 있다는 조항
- 민법상 채무불이행에 해당함에도 고객이 사업자에게 계약의 해제 · 해지를 청구할 수 없도록 하는 조항
- 아파트 샤시설치계약에서 사업자가 이행에 착수하기 전에는 고객이 계약금을 포기하고 계약을 해제할 수 있음에도 사업자의 이행착수 여부를 불문하고 고객의 계약해제권 행사기간을 계약일부터 7일 이내로 제한하는 조항

사업자에게 법률에서 규정하고 있지 아니하는 해제권 또는 해지권을 부여하여 고객에게 부당하게 불이익을 줄 우려가 있는 조항

해제권 · 해지권이 발생하기 위해서는 원칙적으로 채무불이행이 있고 상당한 기간을 정하여 이행을 최고하고, 그 기간 내에 이행 또는 이행의 제공이 없을 것이라는 요건을 충족시켜야 한다. 이러한 요건을 충족한 후에 해제권자 · 해지권자가 해제 · 해지의 의사표시를 하여야 그 효과가 발생한다.

- 약관상 해제권 · 해지권의 발생 사유로 규정된 조항이 민법 규정이나 계약의 취지에 비추어 채무불이행 사유에 해당하며 다만 그것을 구체적으로 열거한 것인 때에는 유효한 조항이다.
- '부당'한지의 여부는 당해 약관을 설정한 의도 및 목적, 당해 업종에서의 통상적인 거래관행, 관계법령, 거래대상 상품 또는 용역의 특성, 사업자의 영업상의 필요 및 고객이 입을 불이익의 내용과 정도 등을 종합적으로 고려하여 판단한다.

법 위반에 해당될 수 있는 조항

- 기간의 약정이 있는 임대차계약에서 기간내에 해지할 권리를 보류한 때에 임대인이 해지를 통고할 경우에는 6개월, 임차인이 해지를 통고할 경우에는 1개월 경과 후에 해지의 효력이 발생(민법 제636조)함에도 임차인이 임대차계약을 해지하고자 할 때에는 해지하기 2개월 전에 통지하도록 하는 조항
- 아파트, 상가 등 부동산의 분양계약에서 고객이 중도금 또는 잔금지급을 1회 이상 연체할 경우 사업자가 최고 등의 절차 없이도 해제할 수 있도록 하는 조항
- 계약서에 정한 사항을 위반한 경우 이외에 기타 관리상 필요에 의한 사업자의 요구에 불응한 경우에도 최고 등의 절차 없이 사업자가 일방적으로 해제 · 해지할 수 있도록 하는 조항
- 고객의 경미한 의무위반에 대하여 사업자가 법률이 규정하고 있는 최고 등의 절차 없이도 일방적으로 해제 · 해지할 수 있도록 하는 조항

법률에 따른 사업자의 해제권 또는 해지권의 행사 요건을 완화하여 고객에게 부당하게 불이익을 줄 우려가 있는 조항

계약의 해제 또는 해지로 인한 원상회복의무를 상당한 이유 없이 고객에게 과중하게 부담시키거나 고객의 원상회복 청구권을 부당하게 포기하도록 하는 조항

- 계약의 해제 · 해지로 인한 법률효과 중의 하나인 원상회복의무 또는 청산의무의 내용을 고객에게 불리하게 정하는 조항은 무효이다.
- '상당한 이유'가 있는지의 여부는 당해 약관을 설정한 의도 및 목적, 당해 업종에서의 통상적인 거래관행, 관계법령, 거래대상 상품 또는 용역의 특성, 사업자의 영업상의 필요 및 고객이 입을 불이익의 내용과 정도 등을 종합적으로 고려하여 판단한다.

법 위반에 해당될 수 있는 조항

- 계약이 해제 또는 해지되었으나 계약물건의 반환이 불가능하여 물건의 가격으로 반환할 경우 그 가액산정을 사업자가 일방적으로 정하기로 하는 조항
- 상가분양계약에서 계약 해제 시 고객이 이미 지출한 필요비 및 유익비를 사업자에게 청구할 수 없도록 하는 조항
- 스포츠클럽 회원가입계약에서 납입된 입회비는 사유를 불문하고 일체 반환하지 않는다는 조항
- 계약의 해제 · 해지 시에 고객이 원상회복의무를 사업자보다 먼저 이행하도록 하는 조항
- 민사상 채무불이행 책임은 채무자의 귀책사유가 있음을 전제로 하는 것임에도 귀책사유의 유무와 관계없이 계약금을 일체 반환하지 않는다는 조항

계약의 해제 또는 해지로 인한 사업자의 원상회복의무나 손해배상의무를 부당하게 경감하는 조항

- 계약이 해제 · 해지되면 쌍방당사자는 계약의 존속을 전제로 하여 상대방으로부터 받은 급부를 원상회복함으로써 계약관계를 청산하여야 한다. 사업자가 고객의 원상회복의무를 엄격하게 주장하면서도 자기의 원상회복의무나 손해배상의무를 경감하는 조항은 무효이다.
- 계약의 해제 · 해지로 인하여 계약채무의 소멸과 원상회복을 하고도 상대방에게 책임 있는 해제 · 해지사유로 인하여 손해가 발생한 경우에는 그 배상을 청구할 수 있다. 채무불이행으로 인한 손해배상은 통상의 손해를 그 한도로 하고, 특별한 사정으로 인한 손해는 채무자가 그 사정을 알았거나 알 수 있었을 때에 한하여 배상의 책임이 있다.
- '부당'한지의 여부는 당해 약관을 설정한 의도 및 목적, 당해 업종에서의 통상적인 거래관행, 관계법령, 거래대상 상품 또는 용역의 특성, 사업자의 영업상의 필요 및 고객이 입을 불이익의 내용과 정도 등을 종합적으로 고려하여 판단한다.

법 위반에 해당될 수 있는 조항

- 사업자의 귀책사유로 계약이 해제 · 해지 되었음에도 사업자가 고객으로부터 받은 금전

의 일부만을 환불하도록 하는 조항
- 계약이 해제 · 해지된 경우에 이미 고객으로부터 받은 금원 중 이자 및 연체료를 제외하고 원금만을 반환하도록 하는 조항
- 계약이 해제 · 해지되어 사업자가 고객에게 대금을 반환함에 있어 부당하게 장기의 기한을 붙이는 조항
- 회원 자격 탈퇴의 통지를 1개월 이전에 하도록 요구하면서 탈퇴 즉시 보증금을 반환하지 아니하고 그 반환시기(원상회복의무의 이행기)를 늦추는 조항

계속적인 채권관계의 발생을 목적으로 하는 계약에서 그 존속기간을 부당하게 단기 또는 장기로 하거나 묵시적인 기간의 연장 또는 갱신이 가능하도록 정하여 고객에게 부당하게 불이익을 줄 우려가 있는 조항

- 계속적인 채권 · 채무는 원칙적으로 약정된 존속기간 동안 계속하여 존재하며, 해지의 일방적 의사표시에 의하여 장래에 향해서 효력을 상실하게 할 수 있다.
- 계속적인 계약에 있어서는 존속기간을 부당하게 장기로 하는 것이 마치 고객의 계약해지권을 제한하는 것과 유사한 효과를 발생시키므로 그와 같은 조항은 무효이다.
- 법률상 존속기간의 정함이 있는 경우에 그보다 장기의 존속기간을 정하거나 법률상의 기간 연장 또는 갱신의 요건을 완화하는 경우에는 상당한 이유가 있어야 한다.
- '부당'한지의 여부는 당해 약관을 설정한 의도 및 목적, 당해 업종에서의 통상적인 거래관행, 관계법령, 거래대상 상품 또는 용역의 특성, 단기 또는 장기의 정도, 사업자의 영업상의 필요 및 고객이 입을 불이익의 내용과 정도 등을 종합적으로 고려하여 판단한다.

법 위반에 해당될 수 있는 조항
- 계속적인 채권관계의 발생을 목적으로 하는 학습지공급계약에 있어서 계약기간이 만료되어도 구독자의 중지요청이 없으면 계속 구독하는 것으로 간주하는 조항
- 주채무의 연장에 따라 보증기간이 연장되는 경우 연대보증인에게도 새로이 연장된 주채무에 대한 보증책임을 지게 하기 위해서는 연대보증인의 명확한 의사에 의한 동의가 있어야 함에도 주채무의 이행기한의 연장에 따라 연대보증기간도 연대보증인의 동의없이 자동적으로 연장하도록 하는 조항
- 콘도회원약관에서 콘도에 대한 대규모 투자, 장기간의 공사기간 및 투자비회수 위험을 감안하더라도 계약의 존속기간을 부당하게 장기(예 : 20년)로 하여 보증금을 그 존속기간이 경과한 날부터 환불을 청구할 수 있도록 한 조항

4. 채무의 이행

채무의 이행에 관하여 정하고 있는 약관의 내용 중 다음 각 호의 어느 하나에 해당하는 내용을 정하고 있는 조항은 무효로 한다(§10).

1. 상당한 이유 없이 급부(給付)의 내용을 사업자가 일방적으로 결정하거나 변경할 수 있도록 권한을 부여하는 조항
2. 상당한 이유 없이 사업자가 이행하여야 할 급부를 일방적으로 중지할 수 있게 하거나 제3자에게 대행할 수 있게 하는 조항

상당한 이유 없이 급부(給付)의 내용을 사업자가 일방적으로 결정하거나 변경할 수 있도록 권한을 부여하는 조항

- 급부는 계약의 핵심적인 내용으로서 계약당사자 상호간의 합의 및 판정을 통하여 결정되어야 할 것이며, 당사자 일방이 독단적으로 결정하거나 변경할 수는 없는 것이다.
- 급부는 사업자 자신이 제공하여야 할 급부와 고객이 제공하여야 할 급부를 모두 포함한다. 급부의 변경에는 약속한 급부의 수량, 성질, 이행 시기나 이행장소의 변경, 급부제공의 방법 등이 모두 포함된다.
- '상당한 이유'가 있는지의 여부는 당해 약관을 설정한 의도 및 목적, 당해 업종에서의 통상적인 거래관행, 관계법령, 거래대상 상품 또는 용역의 특성, 고객과의 협의가능성, 일방적인 변경가능성, 사업자의 영업상의 필요 및 고객이 입을 불이익의 내용과 정도 등을 종합적으로 고려하여 판단한다.

법 위반에 해당될 수 있는 조항

- 고객의 입장은 전혀 고려하지 아니하고 사업자의 사정에 따라 언제든지 물품공급을 중지하거나 그 한도액을 축소시킬 수 있도록 하여 사업자의 자의대로 물품공급을 할 수 있도록 한 조항
- 임대물에 대한 공과부담의 증감, 기타 경제사정의 변동으로 인하여 약정한 차임이 상당하지 아니한 때 쌍방당사자는 장래에 대한 차임의 증감을 청구할 수 있음이 원칙(민법 제628조)임에도 임차인의 차임감액청구권은 규정하지 아니하고 임대인에게만 제반 사정을 감안하여 임대료를 임의로 조정할 수 있도록 한 조항
- 거래의 특성에 비추어 객관적이고 타당한 제한사유를 정하지 아니하고 사업자에게 자유재량을 인정하여 일방적인 급부변경권을 부여하는 조항
- 지나치게 포괄적이거나 불분명한 표현을 사용함으로써 사업자가 자의적인 해석을 통하여 하자담보책임을 면탈할 우려가 있는 조항
- 상가의 용도, 구조, 위치 등 계약의 중요한 사항을 상대방의 동의 없이 사업자가 임의로 변경할 수 있도록 한 조항
- 카드사와 포인트가맹점이 제공하는 각종 서비스를 사업자의 사정에 따라 사전예고 없이 변경 또는 취소할 수 있도록 한 조항
- 여행사는 자신의 귀책사유 없이 여행자의 안전과 여행의 원만한 실행이 곤란할 경우에 예외적으로 여행일정 등 여행조건을 변경할 수 있음에도 '항공 및 현지사정'과 같이 포괄적이고 추상적인 사유로 여행일정을 변경할 수 있도록 한 조항
- 게임이용자의 동의 없이 사업자가 필요에 따라 수시로 게임서비스를 수정 또는 삭제할 수 있도록 한 조항

상당한 이유 없이 사업자가 이행하여야 할 급부를 일방적으로 중지할 수 있게 하거나 제3자에게 대행할 수 있게 하는 조항

- 사업자는 약정된 내용에 따라 급부를 이행할 의무가 있으므로 일방적으로 급부를 중지하거나 제3자로 하여금 대행하게 할 수 없다. 이 경우 사업자에게는 채무불이행 책임이 발생한다. 급부의 중지에는 일시적 중지와 영구적 중지를 모두 포함한다.
- 채무자는 이행과정에서 자신의 책임 하에 이행보조자를 사용할 수 있으므로, 이행보조자의 사용은 이행대행에 해당하지 않는다. 이해관계 있는 제3자는 채무자의 의사에 반하여서도 이행할 수 있는 것이므로 여기에서 금지되는 대행은 이해관계 없는 제3자에 대한 업무위탁에 한한다.
- '상당한 이유'가 있는지의 여부는 당해 약관을 설정한 의도 및 목적, 당해 업종에서의 통상적인 거래관행, 관계법령, 거래대상 상품 또는 용역의 특성, 고객과의 협의가능성, 사업자의 영업상의 필요 및 고객이 입을 불이익의 내용과 정도 등을 종합적으로 고려하여 판단한다.

법 위반에 해당될 수 있는 조항

- 임차인이 임대료 및 관리비를 연체할 경우 정당한 계약해지 절차를 거치지 아니한 상태에서는 임대인은 자신의 급부를 중지하여서는 안 될 것임에도 일방적으로 전기 등의 공급을 중단하고 점포를 폐쇄할 수 있도록 한 조항
- 수강료를 받은 사업자는 약정된 교습과목을 정해진 기간 내에 충실하게 교습할 채무를 부담함에도 불구하고 수강자가 교습중 자동차 운전면허를 취득하는 경우 실제로 받은 교습시간과는 관계없이 교습을 종료할 수 있도록 한 조항
- 운송인이 고객에게 사전통고 없이 자신을 다른 운송인으로 대체할 수 있도록 한 조항

5. 고객의 권익보호

고객의 권익에 관하여 정하고 있는 약관의 내용 중 다음 각 호의 어느 하나에 해당하는 내용을 정하고 있는 조항은 무효로 한다(§11).

1. 법률에 따른 고객의 항변권, 상계권 등의 권리를 상당한 이유 없이 배제하거나 제한하는 조항
2. 고객에게 주어진 기한의 이익을 상당한 이유 없이 박탈하는 조항
3. 고객이 제3자와 계약을 체결하는 것을 부당하게 제한하는 조항
4. 사업자가 업무상 알게 된 고객의 비밀을 정당한 이유 없이 누설하는 것을 허용하는 조항

법률에 따른 고객의 항변권, 상계권 등의 권리를 상당한 이유 없이 배제하거나 제한하는 조항

- 고객이 직접 계약에 의하여 취득하거나 법률의 규정 등에 의하여 향유할 수 있는 권리 및 이익을 사업자가 약관으로 제한할 수는 없으므로 상당한 이유 없이 권리 및 이익을 배제 또는 제한하는 조항은 무효이다.

- '상당한 이유'가 있는지의 여부는 당해 약관을 설정한 의도 및 목적, 당해 업종에서의 통상적인 거래관행, 관계법령, 거래대상 상품 또는 용역의 특성, 사업자의 영업상의 필요 및 고객이 입을 불이익의 내용과 정도 등을 종합적으로 고려하여 판단한다.

법 위반에 해당될 수 있는 조항

- 임차인의 목적물 명도의무와 임대인이 임대보증금을 반환할 의무는 동시이행관계에 있음에도 상당기간이 지난후 보증금을 반환하도록 한 조항
- 부동산 분양계약에서 개발비는 분양받은 자의 이익을 위해 집행되어야 하므로 다른 목적으로 유용되는 경우 수분양자가 부당이득반환청구권을 행사할 수 있어야 함에도 어떠한 경우에도 개발비 사용에 대하여 민 · 형사상 이의를 제기하지 못하도록 하는 조항
- 고객의 채무불이행시 사업자는 계약을 해지하거나 손해배상을 청구할 수 있으나, 이 경우에도 사업자의 귀책사유나 손해배상액의 과다 등을 이유로 이의를 제기하거나 법적 조치를 취하는 것은 고객의 당연한 권리임에도 사업자의 민 · 형사상 조치에 대하여 아무런 이의를 제기할 수 없도록 하는 조항
- 동산, 건물, 대지에 대한 차임은 매월말 지급하는 것이 원칙임에도 임대보증금과 함께 임대료를 선납하도록 하는 조항
- 부동산 임차인은 임대인에게 임대차등기절차에 협력할 것을 청구할 수 있음에도 임대인에게 임차권등기의 설정을 요구할 수 없도록 한 조항
- 변제의 제공이 채무의 전부를 소멸하게 하지 못하는 때에는 민법 규정은 변제자에게 우선적으로 충당지정권을 부여하고 있음에도 사업자만이 변제충당지정권을 갖고 변제자인 고객의 변제충당지정권은 원천적으로 배제하는 조항

고객에게 주어진 기한의 이익을 상당한 이유 없이 박탈하는 조항

- 기한의 이익 상실조항은 계약의 해지와 같이 중도에 법률관계를 종료시키는 중대한 법률요건이므로 상당한 이유없이 박탈할 수는 없다.
- 기한의 이익은 기한이 도래하지 않음으로써 당사자가 받은 이익, 즉 채무자가 채무이행기까지 채무를 이행하지 않더라도 채무불이행 책임을 지지 않는 효과를 말한다.
- '상당한 이유'가 있는지의 여부는 당해 약관을 설정한 의도 및 목적, 당해 업종에서의 통상적인 거래관행, 관계법령, 거래대상 상품 또는 용역의 특성, 기한의 이익 상실사유의 중대성, 상당한 기간의 이행최고 절차 등 객관적이고 타당한 요건을 구비하였는지 여부, 사업자의 영업상의 필요 및 고객이 입을 불이익의 내용과 정도 등을 종합적으로 고려하여 판단한다.

법 위반에 해당될 수 있는 조항

- 기한의 이익은 채무자를 위한 것으로 추정되고 이행지체의 경우에도 상당한 기간을 정하여 그 이행을 최고하고 그 기간 내에 이행하지 아니한 때 기한의 이익을 박탈함이 타당함에도 채무의 일부라도 기한 내에 변제하지 아니하면 당연히 기한의 이익을 박탈하는 조항
- 기한의 이익을 박탈하기 위해서는 상당한 이유가 있어야 하고 그 이유는 구체적이고 명시적이어야 함에도 여신거래기본약관에서 '은행과의 모든 거래약정 중 일부라도 위반한 때', '채권보전이 필요하다고 인정되는 상당한 사유가 발생한 때' 등과 같이 포괄적이고 자의적으로 규정하여 기한의 이익을 상실하게 하는 조항

– 부동산매매계약에서 매수인이 계약의 존속에 경미한 영향을 미치는 조항을 위반한 경우에도 대금 분할납부의 기한이익을 상실하게 하는 조항

고객이 제3자와 계약을 체결하는 것을 부당하게 제한하는 조항

– 이 조항은 고객측의 계약체결의 자유를 보장하려는 취지에서 둔 규정으로, 사업자가 고객과의 거래관계에서 적당한 범위 내에서 기간, 구역, 업종 등을 한정하고 있는 경우에는 유효하나 그 범위가 지나치게 광범위하여 상대방의 영업의 자유나 기타의 거래활동을 현저히 제한하는 것은 무효이다.
– '부당'한지의 여부는 당해 약관을 설정한 의도 및 목적, 당해 업종에서의 통상적인 거래관행, 관계법령, 거래대상 상품 또는 용역의 특성, 고객의 거래상대방 선택의 자유를 침해하는 정도, 고객의 내용결정의 자유를 침해하는 정도, 사업자의 영업상의 필요 및 고객이 입을 불이익의 내용과 정도 등을 종합적으로 고려하여 판단한다.

법 위반에 해당될 수 있는 조항

– 아파트 · 상가 분양계약에서 화재보험 가입이 강제되는 경우에도 어느 보험사와 계약을 체결할지 여부는 비용을 부담하는 고객이 결정할 사항임에도 사업자가 지정하는 보험사와 계약을 체결하도록 하는 조항
– 소유권이전등기는 고객이 직접 하거나 자신이 선택한 제3자를 통해 할 수 있는 사항임에도 사업자가 지정하는 수임자를 통해서만 이전등기를 하도록 하는 조항
– 임차인은 보증금반환청구권을 양도하거나 질권 설정의 방법으로 담보를 제공하여 자금융통을 할 수 있음에도 보증금반환청구권을 타인에게 양도하거나 질권 기타 담보로 제공하는 것을 금지하는 조항
– 골프장 등 체육시설 회원가입계약에서 회원의 자격제한기준에 해당하는 경우를 제외하고는 회원권을 다른 사람에게 양도하는 것을 제한할 수 없음에도 회원권을 양도 · 양수할 수 없도록 한 조항

사업자가 업무상 알게 된 고객의 비밀을 정당한 이유 없이 누설하는 것을 허용하는 조항

– 사업자는 고객과의 거래관계에서 고객의 여러 정보를 알게 되는데 이를 업무 이외의 목적으로 사용하거나 특히 외부에 누설하는 것을 허용하는 조항은 고객의 사생활의 비밀과 자유의 보호라는 헌법상 기본권을 침해하는 것으로 무효이다.
– 고객의 정보를 제공할 정당한 이유가 있는 경우에는 고객의 신용정보제공을 허용하고 있으나 그러한 경우에도 허용요건은 채무불이행, 최고, 고객의 동의 등으로 구체화되어야 하며 제공 가능한 정보의 범위도 최소화되어야 한다.
– '정당한 이유'가 있는지의 여부는 당해 약관을 설정한 의도 및 목적, 당해 업종에서의 통상적인 거래관행, 관계법령, 거래대상 상품 또는 용역의 특성, 사업자의 영업상의 필요 및 고객이 입을 불이익의 내용과 정도 등을 종합적으로 고려하여 판단한다.

법 위반에 해당될 수 있는 조항

– 카드사업자가 신용카드 회원이 규약을 위반하여 채무를 불이행하는 경우 개인 신용정보를 본인의 동의나 최고없이 관련업체에 임의로 제공하는 조항
– 신용정보의 이용 및 보호에 관한 법률(제24조, 제27조)에 의하면 개인정보유출로 인한

사생활의 비밀 침해의 위험으로부터 고객을 보호하기 위하여 사업자가 개인신용정보 활용시 그 사용목적, 제공범위 등을 제한하면서 개인의 동의가 있는 등 법률이 정한 특별한 사유가 있는 경우에 예외적으로 활용할 수 있도록 규정하고 있음에도 신용카드사나 은행이 개인신용정보 활용에 대한 고객의 동의를 구함에 있어 회원가입신청서에 일률적으로 규정하여 고객이 개인신용정보 활용에 대한 동의여부를 선택할 수 있는 기회를 배제하는 조항(개인정보활용에 동의하지 않으면 카드회원가입 자체가 거절됨)

6. 의사표시의 의제

의사표시에 관하여 정하고 있는 약관의 내용 중 다음의 어느 하나에 해당하는 내용을 정하고 있는 조항은 무효로 한다(§12).

1. 일정한 작위 또는 부작위가 있을 경우 고객의 의사표시가 표명되거나 표명되지 아니한 것으로 보는 조항. 다만, 고객에게 상당한 기한 내에 의사표시를 하지 아니하면 의사표시가 표명되거나 표명되지 아니한 것으로 본다는뜻을 명확하게 따로 고지한 경우이거나 부득이한 사유로 그러한 고지를 할 수 없는 경우에는 그러하지 아니하다.
2. 고객의 의사표시의 형식이나 요건에 대하여 부당하게 엄격한 제한을 두는 조항
3. 고객의 이익에 중대한 영향을 미치는 사업자의 의사표시가 상당한 이유 없이 고객에게 도달된 것으로 보는 조항
4. 고객의 이익에 중대한 영향을 미치는 사업자의 의사표시 기한을 부당하게 길게 정하거나 불확정하게 정하는 조항

일정한 작위 또는 부작위가 있을 경우 고객의 의사표시가 표명되거나 표명되지 아니한 것으로 보는 조항

- 계약당사자가 상호 합의하여 결정할 사항에 대하여 사업자의 일방적 의사만을 앞세우고 고객에게 의사표시를 할 수 있는 실질적 기회를 주지 않는 것을 방지하기 위한 조항이다.
- 고객의 어떠한 작위나 부작위의 행태가 고객의 진정한 의사와는 관계없이 일정한 의사표시의 가치를 가진 것으로 간주하는 경우에는 고객이 알지 못하는 사이에 자기의 행위로 인하여 자신이 불리해지거나 원하지 않는 효과가 발생될 수 있다는 위험을 부담하게 되는 것은 고객에게 부당하게 불리하다.
- 어떠한 작위나 부작위가 사회통념상 특정한 의사를 표시하는 것으로 인식되고 있는 경우에는 당연히 그에 따른 법률효과가 인정되지만 도저히 특정한 의사를 표시하는 것으로 볼 수 없는 경우에도 약관상 그 의사를 표시한 것으로 간주하는 것은 무효이다.
- 고객에게 상당한 기간 내에 의사표시를 하지 않으면 의사표시가 표명되거나 표명되지 아니한 것으로 본다는 뜻을 명확히 따로 고지하거나 부득이한 사유로 고지를 할 수 없는 경우에는 예외적으로 의사표시 의제조항이 허용될 수 있다. 이때 '고지'는 의사표시를 의제할 필요가 있는 때에 별도로 하는 개별적 고지를 말하고 계약 체결시 교부된 약관에 의한 고지는 해당되지 않는다.

법 위반에 해당될 수 있는 조항

- 가스공급에 사용할 시설의 매매 · 임대 등으로 가스사용자가 변경되었을 경우 변경된 가스사용자로부터 명의변경의 신청이 없을 때에는 종전 가스사용자의 모든 권리 · 의무를 변경된 가스사용자가 승계하는 것으로 하는 조항
- 연대보증계약의 보증기간이 만료된 경우 보증인 또는 카드회원의 탈회 최고나 별도 통지가 없는 한 보증기간이 자동적으로 연장되도록 하는 조항
- 고객의 채무불이행시 사업자가 일방적으로 물건을 회수할 수 있고, 이에 대하여 고객은 동의의 의사표시를 한 것으로 간주하는 조항
- 고객이 채무를 이행하지 않았다 하더라도 모든 경우에 손해가 발생하는 것은 아닐 뿐만 아니라 손해액에 대한 다툼이 있을 수 있음에도 합리적인 기준도 없이 고객이 채무를 불이행하는 경우에는 사업자에게 유형 · 무형의 손해가 발생한 것으로 인정하도록 하는 조항
- 카드사의 카드발급기준에 의거 해당 신용카드 발급이 불가능한 경우 고객의 신청서를 다른 카드의 발급 신청서로 갈음한다는 조항

고객의 의사표시의 형식이나 요건에 대하여 부당하게 엄격한 제한을 두는 조항

- 고객의 의사표시에 부당하게 엄격한 형식이나 요건을 요구함으로써 고객의 의사표시 기회를 사실상 박탈하는 것을 막기 위한 조항이다. 법률 · 관습 · 계약에 의하여 특별한 방식이 요구되거나 또는 방식을 요구할 특별한 필요가 있는 경우 외에 의사표시의 형식이나 요건을 엄격히 제한하는 조항은 무효이다.
- 고객에게는 원칙적으로 자신이 원하는 방식에 따라 의사표시를 할 자유가 인정되므로, 당사자에게 신중하게 행위를 하게 하거나 또는 법률관계를 명확하게 하기 위하여 일정한 방식이 필요한 특별한 경우를 제외하고는 의사표시의 방식에 엄격한 제한을 가하여 의사표시 자체를 사실상 곤란하게 하여서는 아니된다.
- '의사표시'에는 본래적 의미의 의사표시 외에 의사의 통지나 관념의 통지도 포함된다. 또한 '요건'이란 의사표시의 효력을 발생시키기 위한 실체법상의 요건을 가리키는 것이 아니라 의사표시의 형식과 관련된 요건을 말한다.
- '부당'한지의 여부는 당해 약관을 설정한 의도 및 목적, 당해 업종에서의 통상적인 거래관행, 관계법령, 거래대상 상품 또는 용역의 특성, 의사표시의 성격, 사업자의 영업상의 필요 및 고객이 입을 불이익의 내용과 정도 등을 종합적으로 고려하여 판단한다.

법 위반에 해당될 수 있는 조항

- 고객이 진료예약을 취소 · 변경하고자 할 경우 병원을 직접 방문하지 않고 다른 방법을 이용하거나 예약 당일에 취소 · 변경하더라도 병원에 특별한 불이익이 발생한다고 보기 어려움에도 예약 전일 특정시간까지 내원하여 취소 · 변경 절차를 밟도록 하는 조항

고객의 이익에 중대한 영향을 미치는 사업자의 의사표시가 상당한 이유 없이 고객에게 도달된 것으로 보는 조항

- 상대방 있는 의사표시는 그 통지가 상대방에게 도달한 때부터 그 효력이 생긴다(민법 제111조 제1항). 이때 '도달'이란 의사표시가 상대방의 사회적 지배 범위 내에 들어가 상대방이 일반적 · 객관적으로 의사표시의 내용을 알 수 있는 상태에 놓이는 것을 말한다. 실제로 통지가 전달된 바 없음에도 전달된 것으로 의제하여 의사표시의 효력을 발생시킨다면 고객이 알지도 못하는 사이에 고객에게 불리한 효과가 발생할 위험을 지게 되므로 무효이다.
- 계약의 취소나 해제, 급부변경의 청약, 이행지체를 발생시키거나 시효중단사유가 되는 이행의 청구 등은 고객의 계약상 지위와 급부내용에 중대한 영향을 미치는 의사표시로 볼 수 있다. 반면 거래상황 등 각종 정보의 고지, 상계의 통지, 고객의 요청사항에 대한 승인 등은 고객의 이익에 중대한 영향을 미치는 것은 아니다.
- '상당한 이유'가 있는지의 여부는 당해 약관을 설정한 의도 및 목적, 당해 업종에서의 통상적인 거래관행, 관계법령, 거래대상 상품 또는 용역의 특성, 사업자의 영업상의 필요 및 고객이 입을 불이익의 내용과 정도 등을 종합적으로 고려하여 판단한다.

법 위반에 해당될 수 있는 조항

- 사업자의 의사표시에 관하여 발신만으로 효력을 발생하게 하거나 연착이나 도착하지 않은 경우에도 통상 도착하여야 하는 때에 고객에게 도착한 것으로 간주하는 조항
- 보험회사가 보험계약자 등의 변경된 주소 등 소재를 알았거나 보통 일반인의 주의만 기울였더라면 알 수 있었음에도 이를 게을리 하여 알지 못한 경우에도 보험증권에 기재된 종전 주소지를 의사표시의 수령 장소로 의제하는 조항
- 카드회사가 회원의 이해관계에 큰 영향을 미치는 사항들을 변경할 때에는 도달주의 원칙을 준수하여야 함에도 회원규약 변경시 카드회사의 통지 또는 송부서류 등이 연착하거나 도착하지 아니한 경우에도 획일적으로 통상 도착하여야 할 때에 도달한 것으로 간주하는 조항
- 고객의 책임 없는 사유로 사업자의 의사표시가 도달되지 않거나 연착하는 경우가 있음에도 불구하고, 금융기관의 각종 통지가 보통의 우송기간이 경과한 때에 도달된 것으로 보는 조항

고객의 이익에 중대한 영향을 미치는 사업자의 의사표시 기한을 부당하게 길게 정하거나 불확정하게 정하는 조항

- 고객이 사업자의 의사표시를 지나치게 오래 기다리게 하는 등 고객의 계약상 지위를 불안정하게 만드는 것을 방지하기 위하여 사업자가 어떤 의사표시를 할 수 있는 기한을 부당하게 장기 또는 불확정적으로 정하는 조항은 무효이다.
- '부당'한지의 여부는 당해 약관을 설정한 의도 및 목적, 당해 업종에서의 통상적인 거래관행, 관계법령, 거래대상 상품 또는 용역의 특성, 사업자의 영업상의 필요 및 고객이 입을 불이익의 내용과 정도 등을 종합적으로 고려하여 판단한다.

7. 대리인의 책임가중

고객의 대리인에 의하여 계약이 체결된 경우 고객이 그 의무를 이행하지 아니하는 경우에는 대리인에게 그 의무의 전부 또는 일부를 이행할 책임을 지우는 내용의 약관 조항은 무효로 한다(§13).

- 대리인은 본인과 상대방과의 법률관계만을 매개할 뿐 스스로 아무런 책임을 지지 않는 것이 원칙이다.
- 단순히 계약체결의 대리인이 아니라 계약이행자로서의 지위도 겸하고 있는 경우에는 법 제13조의 대리인에 해당되지 않는다.
- 대리권 없이 행한 무권대리의 경우에도 그 무권대리인의 사업자에 대한 책임을 법률이 정한 책임범위(민법 제135조)보다 가중할 수 없다.

법 위반에 해당될 수 있는 조항

- 고객의 대리인에 의하여 체결된 계약이 무효 · 취소로 되는 경우 대리인이 그에 대한 무과실의 손해배상책임을 지도록 하는 조항
- 고객이 약관을 이행하지 않을 경우에 대리인이 그 이행 책임을 진다는 조항

8. 소송제기의 금지 등

소송 제기 등과 관련된 약관의 내용 중 다음 각 호의 어느 하나에 해당하는 조항은 무효로 한다(§14).

1. 고객에게 부당하게 불리한 소송 제기 금지 조항 또는 재판관할의 합의 조항
2. 상당한 이유 없이 고객에게 입증책임을 부담시키는 약관 조항

고객에게 부당하게 불리한 소송 제기 금지 조항 또는 재판관할의 합의조항

(1) 부제소 합의

- 부제소의 합의란 당사자가 소를 제기하지 않겠다고 합의하는 것을 말한다.
- 소제기라 함은 본안소송과 보전소송 등 강제집행절차에 있어서의 신청까지를 포함한 소송절차상의 일체의 행위를 의미한다.
- '부당'한지의 여부는 당해 약관을 설정한 의도, 당해 업종에서의 통상적인 거래관행, 관계법령, 거래대상 상품 등의 특성, 사업자의 영업상의 필요 및 고객이 입을 불이익의 내용과 정도 등을 종합적으로 고려하여 판단한다.

법 위반에 해당될 수 있는 조항

- 계약당사자간의 귀책사유를 따지지 아니하고 어떠한 사유로도 일체의 민 · 형사상의 책임을 묻지 못하도록 하는 조항
- 아파트 공급계약에서 아파트의 구조 및 위치에 따라 조망권, 일조권 등이 침해되거나 소음이 발생할 수 있음을 사전인지하고 계약을 체결하는 경우, 통상의 일반인이 수인할 수 있는 한도를 초과하여 정상적인 주거생활을 심각하게 저해하는 상황이 발생하는 때에는 이의를 제기할 수 있어야 함에도, 이에 대한 이의제기를 금지하는 조항

(2) 재판관할 합의

- 관할이란 재판권을 행사하는 여러 법원 사이에서 재판권의 분장관계를 정해놓은 것을 말한다. 이러한 관할제도는 법원간에 재판사무의 공평한 분배를 참작하는 외에 주로 당사자의 편의를 고려하여 정하여진 것이다.
- '부당'한지의 여부는 당해 약관을 설정한 의도 및 목적, 당해 업종에서의 통상적인 거래관행, 관계법령, 거래대상 상품 또는 용역의 특성, 고객에게 불리한 정도 등을 종합적으로 고려하여 판단한다.
- 당사자간의 개별적이고 명백한 합의에 의하여 법정 관할법원과 다른 법원을 관할법원으로 정할 수 있으나 약관으로 고객에게 불리한 관할합의조항을 정하는 것은 사업자에게만 유리하고 고객에게는 소제기 또는 응소에 큰 불편을 초래하여 소송을 포기하게 하는 결과를 초래할 수도 있으므로 무효이다.

법 위반에 해당될 수 있는 조항

- 계약과 관련된 소송의 관할법원을 사업자의 소재지 법원 또는 사업자가 지정한 법원(예 : ㅇㅇ지방법원)으로 정하는 조항
- 외국사업자가 국내에서 영업행위를 하면서 계약과 관련된 모든 분쟁을 외국사업자의 본사 소재지 법원을 관할법원으로 정하는 조항

상당한 이유 없이 고객에게 입증책임을 부담시키는 약관 조항

- 증명책임이라 함은 소송상 어느 사실의 존부가 확인되지 않은 때에 당해 사실이 존재하지 않는 것으로 취급하고 법률판단을 받게 되는 당사자 일방의 위험 또는 불이익을 말한다.
- '상당한 이유'가 있는지의 여부는 당해 약관을 설정한 의도 및 목적, 당해 업종에서의 통상적인 거래관행, 관계법령, 거래대상 상품 또는 용역의 특성, 사업자와 고객의 증명의 난이, 사업자의 영업상의 필요 및 고객이 입을 불이익의 내용과 정도 등을 종합적으로 고려하여 판단한다.
- 증명이 곤란한 사실에 대해서는 누가 증명책임을 부담하는가에 따라 소송의 승패가 결정적으로 좌우되므로 약관에 의하여 사업자의 영역내에 속하는 사항을 고객에게 증명하도록 책임을 부담시키는 것은 무효이다.

법 위반에 해당될 수 있는 조항

- 게임이용약관에서 사업자가 인지할 수 없는 사유로 인하여 발생한 인터넷 접속지연 등의 손해에 대해서는 책임을 지지 않도록 하는 조항
- 화물 및 여객운송에서 운송업자가 자기에게 명백한 고의 · 과실이 있는 때에만 손해배상책임을 진다고 하는 조항

9. 표준약관의 표지 사용

표준약관

(1) 표준약관의 의의

표준약관이란 일정한 거래분야에서 사업자들이 최소한 지켜야 하는 표준적인 거래 규범을 명시한 문서를 말한다. 표준약관은 건전한 거래질서를 확립하고 불공정한 내용의 약관이 통용되는 것을 방지하는 데 작성 목적이 있다. 표준약관은 사업자 및 사업자단체가 약관의 내용이 약관규제법에 위반되는지의 여부에 관하여 공정거래위원회로 심사를 청구하고 이것이 승인됨으로써 제정된다.

표준약관에는 거래 내용 및 약정 기간 등을 정확히 기재해야 하며, 계약 위반에 대한 책임 사항 등을 명시하여 향후 발생할 수 있는 분쟁을 방지하도록 한다. 표준약관은 소비자들이 억울한 피해를 당했을 경우 이를 보상 받을 수 있는 근거가 되며, 나아가 법원에 민사소송을 제기할 때 판결의 준거가 된다.

(2) 법률의 규정

사업자 및 사업자단체는 건전한 거래질서를 확립하고 불공정한 내용의 약관이 통용되는 것을 방지하기 위하여 일정한 거래 분야에서 표준이 될 약관을 마련하여 그 내용이 이 법에 위반되는지 여부에 관하여 공정거래위원회에 심사를 청구할 수 있다.

「소비자기본법」 제29조에 따라 등록된 소비자단체 또는 같은 법 제33조에 따라 설립된 한국소비자원(이하 "소비자단체 등"이라 한다)은 소비자 피해가 자주 일어나는 거래 분야에서 표준이 될 약관을 마련할 것을 공정거래위원회에 요청할 수 있다.

공정거래위원회는 일정한 거래 분야에서 여러 고객에게 피해가 발생하거나, 피해 발생 상황을 조사하여 약관이 없거나 불공정약관조항이 있는 경우에 사업자 및 사업자단체에 대하여 표준이 될 약관을 마련하여 심사 청구할 것을 권고할 수 있다. 또한 사업자 및 사업자단체가 제3항의 권고를 받은 날부터 4개월 이내에 필요한 조치를 하지 아니하면 관련 분야의 거래 당사자 및 소비자단체등의 의견을 듣고 관계 부처의 협의를 거쳐 표준이 될 약관을 마련할 수 있다. 마련된 약관은 공정거래위원회가 공시하고 사업자 및 사업자단체에 표준약관을 사용할 것을 권장할 수 있다. 공정거래위원회로부터 표준약관의 사용을 권장받은 사업자 및 사업자단체는 표준약관과 다른 약관을 사용하는 경우 표준약관과 다르게 정한 주요 내용을 고객이 알기 쉽게 표시하여야 한다.

공정거래위원회는 표준약관의 사용을 활성화하기 위하여 표준약관 표지를 정할 수 있고, 사업자 및 사업자단체는 표준약관을 사용하는 경우 공정거래위원회가 고시하는 바에 따라 표준약관 표지를 사용할 수 있다.

(3) 분쟁 조정

가. 약관분쟁조정협의회

약관과 관련된 분쟁을 조정하기 위하여 약관분쟁조정협의회를 둔다.

회의는 위원 전원으로 구성되는 회의(전체회의)와 위원장이 지명하는 3명의 위원으로 구성되는 회의(분과회의)로 구분된다. 전체회의는 위원장이 주재하며, 재적위원 과반수의 출석으로 개의하고, 출석위원 과반수의 찬성으로 의결한다. 분과회의는 위원장이 지명하는 위원이 주재하며, 구성위원 전원의 출석과 출석위원 전원의 찬성으로 의결한다.

나. 분쟁조정 신청

약관으로 인하여 피해를 입은 고객은 대통령령으로 정하는 사항을 기재한 서면(이하 "분쟁조정 신청서"라 한다)을 협의회에 제출함으로써 분쟁조정을 신청할 수 있다. 다만, 다음의 어느 하나에 해당하는 경우에는 그러하지 아니하다(§27).

1. 분쟁조정 신청이 있기 이전에 공정거래위원회가 조사 중인 사건
2. 분쟁조정 신청의 내용이 약관의 해석이나 그 이행을 요구하는 사건
3. 약관의 무효판정을 요구하는 사건
4. 해당 분쟁조정사항에 대하여 법원에 소를 제기한 사건
5. 그 밖에 분쟁조정에 적합하지 아니한 것으로 대통령령으로 정하는 사건

참고 조문

「약관의 규제에 관한 법률」 제27조 제1항 5호 '대통령령으로 정하는 사건'

1. 고객과 사업자 간에 분쟁해결이나 피해보상에 관한 합의가 이루어진 사건
2. 「중재법」에 따라 중재가 진행 중이거나 신청된 사건

다. 약관분쟁조정협의회의 조정 절차

약관분쟁조정협의회는 분쟁당사자에게 분쟁조정사항을 스스로 조정하도록 권고하거나 조정안을 작성하여 이를 제시할 수 있다. 또한 해당 분쟁조정사항에 관한 사실을 확인하기 위하여 필요한 경우 조사를 하거나 분쟁당사자에게 관련 자료의 제출이나 출석을 요구할 수 있다.

약관분쟁조정협의회는 다음의 사항에 해당하는 경우 조정절차를 종료하여야 한다.

1. 분쟁당사자가 협의회의 권고 또는 조정안을 수락하거나 스스로 조정하는 등 조정이 성립된 경우
2. 조정을 신청 또는 의뢰받은 날부터 60일(분쟁당사자 쌍방이 기간연장에 동의한 경우에는 90일로 한다)이 경과하여도 조정이 성립되지 아니한 경우
3. 분쟁당사자의 일방이 조정을 거부하거나 해당 분쟁조정사항에 대하여 법원에 소를 제기하는 등 조정절차를 진행할 실익이 없는 경우

조정신청을 종료한 경우에는 공정거래위원회에 조정절차 종료의 사유 등과 관계 서류를 서면으로 지체 없이 보고하여야 하고 분쟁당사자에게 그 사실을 통보하여야 한다.

만약 조정절차를 개시하기 전에 분쟁당사자가 분쟁조정사항을 스스로 조정하고 조정조서의 작성을 요청하는 경우에는 그 조정조서를 작성한다.

약관분쟁조정협의회는 분쟁조정사항의 조정이 성립된 경우 조정에 참가한 위원과 분쟁당사자가 기명날인한 조정조서를 작성한다. 이 경우 분쟁당사자 간에 조정조서와 동일한 내용의 합의가 성립된 것으로 본다.

표준약관 표지 무단사용 금지

사업자 및 사업자단체는 표준약관과 다른 내용을 약관으로 사용하는 경우 표준약관 표지를 사용하여서는 아니 된다. 만약 이에 위반하여 표준약관 표지를 사용하는 경우 표준약관의 내용보다 고객에게 더 불리한 약관의 내용은 무효로 한다(§19의 3).

표준약관의 표지의 사용에 관한 공정거래위원회 고시(제2012-37호)에 의하면 표준약관 표지의 사용에 대한 기준을 다음과 같이 정하고 있다.

표준약관 표지를 사용할 수 있는 경우(고시 제2조)
①표준약관과 동일한 약관을 사용하는 사업자 등은 공정거래위원회가 별지에서 정한 표준약관표지를 사용할 수 있다. ②사업자 등이 사용하는 약관의 주요 내용이 표준약관과 동일하지만 약관의 일부 내용이 표준약관과 다른 경우에는 그 일부 내용이 표준약관에 비해 고객에게 불리하지 않은 경우에 표준약관표지를 사용할 수 있다. ③ 사업자 등이 표준약관과 동일한 약관을 기본적인 약관으로 사용하면서 표준약관에서 정하지 않은 내용을 새로 추가하거나 표준약관의 내용을 구체화하는 등 별도의 약관을 마련하여 사용하는 경우, 그 별도의 약관이 표준약관에서 정한 취지와 내용에 모순되지 않으면 기본적인 약관에 한해 표준약관표지를 사용할 수 있다. ④공정거래위원회가 표준약관을 개정하여 공시한 경우, 변경 전의 표준약관표지를 사용하던 사업자 등은 표준약관표지를 사용할 수 없다. 다만, 사업자 등의 약관이 제1항 내지 제3항의 규정에 합치되는 경우에는 변경된 표준약관표지를 사용할 수 있다.

참고

표준약관 표지

표준약관이 새로 제정된 경우	표준약관이 개정된 경우
공정거래위원회 표준약관 제 ○○○○○ 호 [. . . 제정)	공정거래위원회 표준약관 제 ○○○○○ 호 [. . . 개정]

10. 벌칙

약관의 규제에 관한 법률은 약관과 관련하여 금지행위와 위반 시 벌칙을 규정하고 있다. 주요 내용은 다음과 같다.

<table>
<tr><th>금지 행위</th><th>위반 시 벌칙</th></tr>
<tr><td>불공정한 약관조항을 사용한 사업자가 공정거래위원회의 시정조치에 따른 조치명령 불이행자 (§17의2②)</td><td>2년 이하의 징역 또는
1억원 이하의 벌금(§32)</td></tr>
<tr><td>표준약관과 다른 내용을 약관으로 사용하면서 표준약관 표지를 사용한 자(§19의3⑧)</td><td rowspan="2">5천만원 이하의 과태료(§34)</td></tr>
<tr><td>공정거래위원회의 조사를 거부 · 방해 또는 기피한 자(§20)</td></tr>
<tr><td>고객에게 약관의 내용을 밝히지 아니하거나 그 약관의 사본을 내주지 아니한 자(§3②1호)</td><td rowspan="3">500만원 이하의 과태료(§34)</td></tr>
<tr><td>고객에게 약관의 중요한 내용을 설명하지 아니한 자(§3②2호)</td></tr>
<tr><td>표준약관과 다르게 정한 주요 내용을 고객이 알기 쉽게 표시하지 아니한 자(§3②3호)</td></tr>
</table>

제8장 제조물책임법

I 제정 목적

대량생산·대량유통·대량소비를 위주로 하는 현대사회에서는 결함 상품이 갈수록 늘어나고 있고, 이로 인한 소비자의 피해 사례들이 연일 보도 되고 있다. 소비자들이 상품의 결함으로 신체상·재산상 손해를 입었을 경우 제조물 회사를 상대로 법원에 소송을 제기하는 등 제조물책임을 둘러싼 분쟁이 중대한 사회문제의 하나로 대두되고 있다. 이와 같은 제조물 관련 피해자들을 보호할 목적으로 제조물책임법이 제정되었다.

「제조물책임법」은 제조물의 결함으로 인하여 발생한 손해에 대한 제조업자 등의 손해배상책임을 규정함으로써 피해자의 보호를 도모하고 국민생활의 안전향상과 국민경제의 건전한 발전에 기여함을 목적으로 한다(§1).

제조물책임법상 손해배상책임은 민법상 불법행위로 인한 손해배상책임(민법 § 750)의 특칙으로 볼 수 있다.

Ⅱ 제조물책임

1. 제조물책임

제조물책임의 의의

제조물책임(Product Liability)은 제조물의 제조업자 등이 제조물의 결함으로 생명·신체 또는 재산에 손해를 입은 자에게 직접 배상책임을 지는 손해배상책임을 말한다.

종래 제조물에 의한 피해가 발생한 경우 피해자는 민법 제750조에 의하여 제조업자에게 손해배상을 청구했다. 민법 제750조에 의하면 결함 제조물에 의한 손해가 발생하여도 그 결함이 가해자인 제조업자의 고의 또는 과실에 의한 것인지 여부에 따라 제조업자의 책임유무가 결정되었다.

그러나 제조물책임법은 제조업자의 고의 또는 과실 유무와는 관계없이 제조물의 결함만 존재하면 제조업자는 손해배상책임을 부담하게 된다. 즉, 제조업자에게 고의 또는 과실이 없다고 하더라도 제조물에 결함이 있다는 사실을 원고인 피해자가 입증을 하게 되면 피고인 제조업자가 손해배상책임을 지게 되는 것이다. 이처럼 제조물책임법은 민법과는 달리 무과실책임의 원칙을 채택하고 있기 때문에 소비자의 피해구제가 수월하다.

제조물책임의 주체

제조물책임을 지는 '제조업자'는 제조물의 제조·가공 또는 수입을 업으로 하는 자, 제조물에 성명·상호·상표 기타 식별 가능한 기호 등을 사용하여 자신을 제조·가공·수입업자로 표시하거나, 제조·가공·수입업자로 오인시킬 수 있는 표시를 한 자를 말한다(§2).

(1) 완성품 제조업자 · 가공업자

제조물책임을 지는 자는 손해의 원인이 된 결함제조물을 직접 제조·가공한 자이다. 즉, 당해 제조물을 업으로서 제조·가공한 제조업자와 가공업자가 이에 해당한다. 여기서 '업으로서'의 의미는 동종의 행위를 반복·계속하는 것을 의미한다.

(2) 부품 또는 원재료 제조업자 · 가공업자

제조물이 완성품인지 부품·원재료인지를 불문하다. 그러므로 완성품의 결함이 부품이나 원재료의 결함에 기인하는 경우 완성품의 제조업자·가공업자와 부품·원재료의 제조업자·가공업자가 연대하여 책임을 져야 한다. 단, 부품 또는 원재료의 결함이 부품이나 원재료를 사용한 최종 제조물 제조업자의 설계 또는 제작에 관한 지시로 발생한 경우에는 부품 또는 원재료 제조업자 또는 가공업자는 책임을 면한다(§4① 4호).

(3) 수입업자

수입품에 결함이 있는 경우 수입업자가 제조물책임을 부담한다. 수입품에 대한 결함이 있는 경우 외국의 제조업자가 당연히 제조물책임을 부담하지만, 제조업자가 국내에 있지 않아 소송절차에 의한 책임추궁이 어렵기 때문에 수입업자를 제조업자로 취급하고 있는 것이다.

(4) 표시상의 제조업자

표시상의 제조업자란 자신은 제조·가공에 관여하지 않고, 타인이 제조·가공한 결함제조물에 제조업자·수입업자로서 성명, 상호, 상표 등을 표시한 자를 말한다. OEM(Original Equipment Manufacturing) 상품이나 PB(Private Brand)상품의 발주자가 이에 해당한다.

이 경우 표시자가 제조업자가 아니라는 것을 소비자가 알고 있어도 그 사실만으로 면책되는 것은 아니다. 또한 제조업자나 수입업자로서 표시하지는 않았지만, 제조물에 브랜드명을 부착함으로써 사회통념상 제조업자로 오인될만한 표시를 한 경우는 표시상의 제조업자에 해당한다.

(5) 유통업자 · 임대업자

피해자가 결함제조물의 제조업자를 알 수 없는 경우에는 자신에게 결함제조물을 공급한 유통업자·임대업자 등 공급업자를 상대로 손해배상을 청구할 수 있다. 다만, 공급업자는 제조업자와는 달리 반드시 제조물을 영리목적으로 판매하거나 대여하는 등의 방법을 공급한 경우에 한하여 제조물책임을 진다.

(6) 용역제공자

설치업자, 운반업자, 수리업자 등 단순하게 용역만을 제공하는 자는 제조물책임을 지지 않는다. 그러나 설치업자의 경우 단순한 조립이 아니라 설치를 통하여 새로운 제조물을 만들어내는 경우에는 제조업자로서 제조물책임을 부담한다.

제조물의 범위

제조물책임법상 제조물은 동산이나 부동산의 일부를 구성하는 경우를 포함한 제조 또는 가공된 동산을 말한다. 소비재·중간재·자본재 여부, 유상·무상 여부, 신제품·중고제품 여부를 묻지 않는다. 부동산은 제조물책임법이 적용되지 않는다. 그러나 부동산에 부합된 동산과 완성품에 포함된 원재료나 부품은 제조물에 해당한다. 또한 다른 동산이나 부동산의 일부를 구성하는 동산에 대해서는 제조물책임법이 적용된다. 예컨대, 배관자재, 조명설비, 승강기, 창호 등이 이에 해당한다.

용역은 제조물에 해당하지 않는다. 예컨대, 의료행위, 자동차 수리, 여객의 운송 등과 같은 용역은 제조물에 포함되지 않는다.

용어 정리

제조
일반적으로 원재료에 인공을 가해 새로운 제조물을 만드는 것을 말한다. 서비스는 포함되지 않는다. 제조물의 설계 · 가공 · 검사 · 표시를 포함한 일련의 행위로서 생산보다는 좁은 개념이다.

가공
원재료나 다른 제조물에 그 본질을 유지하면서 새로운 속성을 부가하거나 그 가치를 더한 것을 말한다. 서비스는 제외된다.

부동산
토지 및 그 정착물을 부동산으로 한다. 정착물은 토지에 고정적으로 부착되어 쉽게 이동할 수 없는 물건으로서 건물 · 수목 · 도로의 포장 · 담장 · 철탑 · 둑 · 교량 등이 이에 속한다. 제조물책임법은 그 적용대상을 동산으로 한다.

동산
부동산 이외의 물건으로서 일체의 유체물 및 관리할 수 있는 자연력을 말한다. 유체물은 공간의 일부를 차지하는 유형적 존재, 즉 분자가 존재하는 물질로 고체, 액체, 기체를 불문한다. 분자가 존재하지 않는 전기, 열, 빛 등의 무체물도 관리와 지배가 가능하면 동산에 포함된다.

---

2. 제조물책임법상 제조물의 결함

제조물책임법에서의 '결함'은 해당 제조물에 제조·설계·표시상의 결함이나 그 밖에 통상적으로 기대할 수 있는 안전성이 결여되어 있는 것을 말한다. 여기서 안전성은 인간의 신체나 생명, 재산에 영향을 주는 위험이 없는 것을 말한다.

결함은 제조상의 결함, 설계상의 결함, 표시상의 결함으로 나누어진다.

제조상의 결함	제조물이 원래 의도한 설계와 다르게 제조 · 가공됨으로써 안전하지 못하게 된 경우를 말함
설계상의 결함	합리적인 대체설계를 채용하였더라면 피해나 위험을 줄이거나 피할 수 있었음에도 대체설계를 채용하지 아니하여 해당 제조물이 안전하지 못하게 된 경우를 말함
표시상의 결함	합리적인 설명 · 지시 · 경고 또는 그 밖의 표시를 하였더라면 해당 제조물에 의하여 발생할 수 있는 피해나 위험을 줄이거나 피할 수 있었음에도 이를 하지 아니한 경우를 말함

결함의 정의

제조물책임법상 결함은 생명, 신체, 재산상 위험을 발생시키는 것을 의미한다. 단순한 품질불량, 성능장애 등 제조물의 품질이 낮다는 것은 결함의 문제로 볼 수 없다. 인적 손해나 해당 제조물 이외의 물적 손해를 초래하는 것과 같이 제조물에 안정성의 문제가 있는 경우에 비로소 결함이 인정된다.

결함의 종류

(1) 제조상의 결함

제조물책임법상 제조상의 결함은 제조업자의 제조물에 대한 제조·가공상의 주의의무의 이행여부에 불구하고 제조물이 원래 의도한 설계와 다르게 제조·가공됨으로써 안전하지 못하게 된 경우를 말한다. 제조과정에서 조악한 재료를 사용하거나 부정확한 조립 등으로 안전성을 결여한 경우가 이에 해당한다.

(2) 설계상의 결함

제조물책임법상 설계상의 결함은 제조업자가 합리적 대체설계를 채용하였더라면 피해나 위험을 줄이거나 피할 수 있었음에도 대체설계를 채용하지 아니하여 해당 제조물이 안전하지 못하게 된 경우를 말한다. 예컨대, 소비자가 가스레인지를 잠그는 것을 잊고 외출하는 경우가 많으므로, 일정온도 이상으로 가열되었을 때 자동으로 꺼지는 온도감지센서를 채택하지 않은 경우는 설계결함에 해당한다고 볼 수 있다. 이처럼 설계상의 결함은 제조물의 설계단계에서 안전성에 대한 배려가 결여되어 있기 때문에 발생하는 것이다.

(3) 표시상의 결함

제조물책임법상 표시상의 결함은 제조업자가 합리적인 설명·지시·경고 기타의 표시를 하였더라면 해당 제조물에 의하여 발생될 수 있는 피해나 위험을 줄이거나 피할 수 있었음에도 이를 하지 않은 경우를 말한다.

표시상의 결함은 제조업자가 제조물을 사용·소비할 때 올바르게 사용할 수 있도록 설명·지시하고, 잘못 사용하면 발생할 수 있는 위험을 예방하고 회피할 수 있도록 경고를 충분하게 하지 않은 경우라고 할 수 있다.

표시상의 결함이 문제되는 경우는 i) 경고해야 할 위험이나 설명해야 할 지시가 표시되지 않은 경우, ii) 표시된 경고 내지 지시의 내용이 불충분하거나 불분명한 경우, iii) 부착방법이나 기재 방법 등이 부적절한 경우 등이다.

3. 제조물책임의 내용

손해 배상의 범위와 종류

(1) 확대손해

제조물책임법은 제조물 자체에 발생한 손해에 대해서는 적용되지 않는다. 제조물책임법은 확대손해 즉, 제조물의 결함으로 인하여 사고의 원인인 제조물 이외의 사람이나 다른 재산에 발생한 손해에 대해서만 적용된다. 제조물 자체에 대한 손해는 민법상 하자담보책임 등의 규정이 적용된다.

(2) 손해의 종류

확대손해인 이상 인적 손해이든 물적 손해이든 불문한다. 인적 손해는 사람의 생명 또는 신체에 대한 침해가 발생한 경우의 손해로서, 치료비·일실소득·위자료 등이 이에 속한다. 반면 물적 손해는 결함제조물에 의하여 다른 재산에 대한 침해가 발생한 경우의 손해를 말한다. 예컨대 피해물의 교환가치, 수리비, 가치감소액 등이 이에 속한다. 물적 손해는 적극적 손해와 소극적 손해를 포함한다.

손해배상의 범위는 결함과 상당인과관계가 있는 손해로 한정하되, 통상의 손해를 그 한도로 한다. 다만 특별한 사정으로 인한 손해는 가해자(제조업자)가 그 특별한 사정을 알았거나 알 수 있었을 때 한하여 배상책임이 있다.

참고 조문

민법상 하자담보책임 규정

제575조(제한물권있는 경우와 매도인의 담보책임) ①매매의 목적물이 지상권, 지역권, 전세권, 질권 또는 유치권의 목적이 된 경우에 매수인이 이를 알지 못한 때에는 이로 인하여 계약의 목적을 달성할 수 없는 경우에 한하여 매수인은 계약을 해제할 수 있다. 기타의 경우에는 손해배상만을 청구할 수 있다.②전항의 규정은 매매의 목적이 된 부동산을 위하여 존재할 지역권이 없거나 그 부동산에 등기된 임대차계약이 있는 경우에 준용한다. ③전2항의 권리는 매수인이 그 사실을 안 날로부터 1년 내에 행사하여야 한다.

제580조(매도인의 하자담보책임) ① 매매의 목적물에 하자가 있는 때에는 제575조제1항의 규정을 준용한다. 그러나 매수인이 하자있는 것을 알았거나 과실로 인하여 이를 알지 못한 때에는 그러하지 아니하다. ②전항의 규정은 경매의 경우에 적용하지 아니한다.

용어 정리

상당인과관계설

일정한 행위가 우리들의 사회생활상 일반적인 지지경험에 비추어 통상의 경과를 거쳐서 그 행위로부터 그러한 결과가 발생하는 것이 상당하다고 인정될 때 즉, 결과 발생의 개연성이 인정될 때에 그 행위와 결과 사이에 인과관계가 있다고 하는 견해를 말한다.

적극적 손해와 소극적 손해

– 적극적 손해는 재산에 대한 기존의 이익의 멸실 또는 감소를 주는 손해를 말한다. 치료 관련 비용(치료비 · 약대 · 입원비 · 진단비 · 교통비 · 잡비 · 영양비 · 식대 · 요양비 · 기타 부대비용)과 장례비용 등이 이에 속한다.

– 소극적 손해는 장래의 이익의 획득이 방해됨으로써 받는 손해를 말한다. 소극적 손해는 휴업보상과 일실이익(일실수익)이 있다. 일실이익은 손해배상 청구의 발생 사실이 없었다면 얻을 수 있었다고 생각되는 이익을 말한다. 예컨대 사망사고의 경우 사고로 사망하지 않았다면 장차 어느 정도의 수입을 올렸을 것인데, 사망함으로써 잃어버린 손해를 의미한다.

연대책임

동일한 손해에 대하여 배상할 책임이 있는 자가 2인 이상인 경우에는 연대하여 그 손해를 배상할 책임이 있다. 이는 이미 제조물의 결함으로 인한 책임에 2인 이상의 배상의무자가 존재하는 경우 공동불법행위가 인정되어 함께 배상책임을 지도록 한 것이다. 예컨대, 원재료·부품제조업자와 완성품제조업자간 또는 표시제조업자와 실제로 제조물을 만든 제조업자간의 책임 등에서 볼 수 있다.

용어 정리

연대책임

– 여러 사람이 각각 동일한 내용의 책임을 부담하는 관계를 말한다.

– 연대책임의 내용은 당해 법률관계에 따라서 다를 수 있으나, 실정법상 거의 대부분은 채무의 이행 또는 손해배상에 있어서의 연대책임을 의미한다. 가사로 인한 채무의 부부 연대책임(민법 제832조), 공동수탁자의 연대책임(신탁법 제46조), 예금 등에 대한 임원 등의 연대책임(상호신용금고법 제37조의 3) 등은 채무의 이행에 대한 연대책임의 예이며, 순차운송인의 연대책임(상법 제138조), 제조물에 대한 연대책임(제조물책임법 제5조), 공동광업권자 등의 광해배상 연대책임(광업법 제91조), 지급보증이나 공공차관에 대한 이사 또는 업무집행사원의 연대책임(공공차관의 도입 및 관리에 관한 법률 제12조) 등은 손해배상에 있어서의 연대책임의 예이다. 이러한 경우에 그 책임은 당연히 연대채무의 법률관계가 된다.

- 제조물책임법상 연대책임은 소비자 또는 피해자보호라는 측면에서 피해자가 공동불법행위자 중 누구에게나 손해의 전부를 배상청구할 수 있고, 공동불법행위자 중 한 사람이 손해를 전부 배상한 때에는 배상한 사람이 다른 배상의무자에게 구상권을 행사할 수 있는 것으로 보면 된다.

부진정연대채무

- 연대채무자의 의사와 관계없이 우연히 발생한 채무를 말한다.
- 여러 명의 채무자가 동일한 내용의 채무에 관해 각각 독립해서 그 전부의 급부를 이행할 의무를 부담하기로 하고, 그중 한 사람 또는 여러 사람이 급부를 하면 모든 채무자의 채무가 소멸하는 점은 연대채무와 같다.
  그러나 채무자 사이에 주관적 관련성이 없으므로 그중 한 사람에 대해 생긴 사유는 변제 등 채권의 목적을 달성하는 사유 이외에는 다른 채무자에게 영향을 미치지 않는다.
  예를 들면, 자가용 운전기사가 사고를 낸 경우에 그 운전기사는 불법행위자로서 당연히 책임이 있으며, 자가용 소유자는 사용자로서 책임을 지게 된다. 여기서 자가용 소유자는 본인의 의사와 관계없이 우연히 연대책임 관계가 성립하게 되는데, 이를 부진정연대채무라 한다.
  그런데 이 경우에 피해자가 사고를 낸 자가용 운전기사에 대해 손해배상에 관한 권리를 포기하거나 채무를 면제할 의사표시를 했다고 하더라도 다른 채무자인 자가용 소유자에 대해서는 그 효력이 미치지 않는다. 즉, 피해자는 운전기사와 소유자를 상대로 각각 손해배상을 청구할 수도 있고, 자력(自力 ; 갚을 능력)이 있다고 판단되는 소유자만을 상대로 손해배상을 청구할 수도 있는 것이다. 또 운전기사와 소유자 가운데 어느 한쪽과 합의를 했더라도 다른 한쪽에 대해서는 손해배상을 청구할 수 있다.
- 부진정연대채무가 발생하는 경우에 대한 민법의 규정을 살펴보면, 법인은 이사 등 대표자가 그 직무에 관해 타인에게 가한 손해를 배상할 책임이 있고, 법인의 목적범위 이외의 행위로 인해 타인에게 손해를 가한 경우에는 그 의결을 집행한 이사 및 그 밖의 대표자가 연대하여 배상해야 한다(35조). 이밖에 책임무능력자에 대한 법정 감독의무자의 책임과 감독대행자의 책임(755조), 동물의 가해행위에 대한 점유자와 보관자의 책임(759조), 공동불법행위자의 책임(760조) 등이 있다.
- 부진정연대채무는 채무자간에 주관적 관련성 없이 우연히 채무가 발생한 것에 지나지 않으므로 채무자간에 부담부분(여러 사람이 같은 급부 의무를 지는 경우에 그 내부에서의 채무 분담의 비율)이 없으며, 이를 전제로 하는 구상권도 특별한 규정이 없는 한 발생하지 않는다.
  대법원 판례에서는 채무자 사이에 내부적으로 특별한 법률관계가 있는 경우에는 공동불법행위자 상호간에 구상권을 인정한다.

입증책임

입증책임이란 어떤 사실의 존재가 불분명한 경우에 그 사실을 증명하는 의무를 의미한다.

제조물책임법에서는 입증책임에 관한 규정을 두고 있지 않으므로, 민사소송의 일반원칙에 따라 해결된다. 따라서 피해자가 i) 제조물에 결함이 존재한다는 사실, ii) 손해가 발생하였다는 사실, iii) 결함과 손해 사이에 인과관계가 있다는 사실을 입증해야 한다.

그러나 결함과 손해 사이의 인과관계를 피해자가 입증하는 것은 어렵기 때문에 오늘날 판례의 경향을 살펴보면, 피해자의 입증책임을 완화시키고 있다.

예컨대, 텔레비전 폭발사건의 경우 제조업자 측에서 그 사고가 제품의 결함이 아닌 다른 원인으로 말미암아 발생한 것임을 입증하지 못하는 이상 결함이 있다고 보고, 이러한 결함으로 말미암아 사고가 발생하였다고 추정하여 손해배상책임을 지울 수 있도록 입증책임을 완화하는 것이 손해의 공평·타당한 부담을 그 지도 원리로 하는 손해배상제도의 이상에 맞는다고 보는 것이다.

용어 정리

입증책임

- 소송법상의 증거의무로서 의무자가 법원을 설득할 수 있는 증거를 제출하지 않는 경우에 입게 되는 소송상의 불이익을 말한다. 거증책임이라고도 한다.
- 법원이 일정한 법률관계의 존부를 판단함에 있어 필요한 사실의 존부를 확정할 수 없는 경우에는, 어느 한쪽의 당사자에게 불리하게 가정하여 판단하지 않을 수 없다. 이러한 가정에 의하여 당사자의 한쪽이 입게 되는 위험 또는 불이익을 말한다.
- 입증책임은 법원이 심리를 끝낸 다음에 비로소 문제되는 것이고, 당사자가 소송상 자기에게 유리한 증거를 제출할 사실상의 필요와는 직접 관계가 없다. 어느 쪽이 입증책임을 지는가에 대하여는 법률에 정해져 있으므로 구체적인 소송상태에 따라서 그 책임이 한쪽에서 다른 쪽으로 전환되는 일은 없다.
- 입증책임을 어느 당사자에게 부담시킬 것인가를 정하는 일을 입증책임의 분배라 한다. 입증책임의 분배는 공평의 요구, 경험상의 개연성, 그 권리의 실질적 목적 등 여러 가지를 고려하여 정하여진다.
- 일반적으로 권리관계의 발생 · 변경 · 소멸 등의 법률효과를 주장하는 사람은 이것을 직접 규정하는 법조의 요건사실의 입증책임을 진다.

Ⅲ 기타 주요 내용

1. 면책사유

제조업자가 다음과 같은 사유가 있음을 입증할 경우 손해배상책임을 면한다(§4).

> 1. 제조업자가 해당 제조물을 공급하지 아니하였다는 사실
> 2. 제조업자가 해당 제조물을 공급한 당시의 과학 · 기술 수준으로는 결함의 존재를 발견할 수 없었다는 사실
> 3. 제조물의 결함이 제조업자가 해당 제조물을 공급한 당시의 법령에서 정하는 기준을 준수함으로써 발생하였다는 사실
> 4. 원재료나 부품의 경우에는 그 원재료나 부품을 사용한 제조물 제조업자의 설계 또는 제작에 관한 지시로 인하여 결함이 발생하였다는 사실

제조업자가 해당 제조물을 공급하지 아니하였다는 사실

제조업자가 제조물책임을 지기 위해서는 자신의 의사에 의하여 제조물을 공급하는 것이 필요하다. 예컨대, 제조업자의 의사에 반하여 창고에서 도난당한 제조물에 대해서는 제조업자가 책임을 지지 않는다. 또한 판매를 위해 제조되었으나, 아직 공급되지 않은 제조물의 경우에도 제조물책임을 부담하지 않는다.

제조업자가 해당 제조물을 공급한 당시의 과학 · 기술 수준으로는 결함의 존재를 발견할 수 없었다는 사실

제조업자가 개발위험의 경우 항변을 할 수 있다. 여기서 개발위험이란 제조물을 공급한 시점의 과학·기술 수준에 의해서는 제조물에 내재하는 결함을 발견하는 것이 불가능한 위험을 의미한다. 여기서 '과학·기술 수준'이라 함은 결함 유무를 판단함에 있어 영향을 받을 수 있는 정도로 확립된 모든 과학 기술로서, 특정인이 지고 있는 것이 아니라 객관적으로 사회에 존재하는 과학·기술의 총체를 의미한다.

결국 제조업자가 개발위험의 항변으로 제조물책임을 면하기 위해서는 해당 결함의 유무 판단에 필요한 입수 가능한 최고 수준의 과학·기술에 비추어 결함이라고

인식하기가 불가능한 것을 증명할 필요가 있다.

제조물의 결함이 제조업자가 해당 제조물을 공급한 당시의 법령에서 정하는 기준을 준수함으로써 발생하였다는 사실

'법령에서 정한 기준'이라 함은 국가가 제조업자에 대하여 법률이나 명령 등으로 일정한 제조방법을 강제하고 있는 기준을 말한다. 제조업자는 이 기준에 따를 수밖에 없으므로, 국가가 정한 기준이 안전성에 합치되지 않음으로 인하여 필연적으로 결함제조물이 나올 수밖에 없는 경우에는 제조업자의 책임을 면해주는 것이다.

다만, 해당 제조업계가 채택하고 있는 기준이 '법령에서 정한 기준'이 아니라 해당 제조업체의 자체 기준에 의한 경우에는 제조물의 결함에 대해 제조물책임을 면하지 못한다.

원재료나 부품의 경우에는 그 원재료나 부품을 사용한 제조물 제조업자의 설계 또는 제작에 관한 지시로 인하여 결함이 발생하였다는 사실

제조물책임이 해당 제조물에 결함이 있다는 점에서 손해배상책임을 인정하게 되는 이상, 부품이나 원재료에 결함이 있는 경우에는 그 제조업자도 완성품의 제조업자와 함께 당연히 손해배상책임을 부담한다. 그러나 그 결함이 완성품의 제조업자가 한 설계·제작에 관한 지시에 따라 발생한 경우에는 면책을 요구하는 부품·원재료 제조업자의 항변이 가능하다. 다만, 부품이나 원재료 제조업자에게 고의 또는 과실이 인정되는 경우에는 불법행위책임이 인정된다.

2. 면책사유의 부인

제조물책임을 지는 자가 제조물을 공급한 후에 그 제조물에 결함이 존재한다는 사실을 알거나 알 수 있었음에도 그 결함으로 인한 손해의 발생을 방지하기 위한 적절한 조치를 하지 아니한 경우에는 위의 면책을 주장할 수 없다.

따라서 제조업자는 사후에 제조물을 주의 깊게 관찰하고 만약 결함이 확인되면 즉시 리콜 등의 개선조치를 취하거나 설계변경 등 안전조치를 취해야 한다.

3. 공급업자의 면책

공급업자는 상당한 기간 내에 제조업자 또는 자신에게 제조물을 공급한 자를 피해자에게 고지하면 책임을 면한다.

4. 면책특약의 제한

제조업자가 제조물책임을 회피하기 위해 약관 또는 품질보증서 등에 면책조항을 둔다거나 사전에 면책특약을 하는 경우가 있다.

이에 제조물책임법은 이 법에 따른 손해배상책임을 배제하거나 제한하는 특약은 무효로 한다고 규정함으로써 책임제한특약을 사전에 방지하고 있다. 다만, 자신의 영업에 이용하기 위하여 제조물을 공급받은 자가 자신의 영업용 재산에 발생한 손해에 관하여 그와 같은 특약을 체결한 경우에는 유효하다(§6).

5. 소멸시효

제조물의 결함으로 인한 손해배상청구권은 피해자 또는 그 법정대리인이 손해 및 손해배상책임을 지는 자를 모두 안 날부터 3년간 행사하지 아니하면 시효의 완성으로 소멸한다.

또한 제조물책임법상 손해배상청구권은 제조업자가 손해를 발생시킨 제조물을 공급한 날부터 10년 이내에 이를 행사하여야 한다. 다만, 신체에 누적되어 사람의 건강을 해치는 물질에 의하여 발생한 손해 또는 일정한 잠복기간(潛伏期間)이 지난 후에 증상이 나타나는 손해에 대하여는 그 손해가 발생한 날부터 기산(起算)한다(§7).

제조물책임법에 의한 손해배상청구권은 제척기간이 10년이다. 피해자는 제조업자가 손해를 발생시킨 제조물을 공급한 날로부터 10년 내에 손해배상을 위한 민사소송을 제기하지 않으면 더 이상 제조업자에게 손해배상을 요구할 수 없게 된다.

다만 신체에 누적되어 장기간 경과한 후에 건강을 해치는 물질 또는 일정한 잠복기간의 경과 후에 증상이 나타나는 물질의 경우 제조물책임법은 피해자보호의 관점에서 제척기간의 가산점을 제조물을 공급한 때가 아니라 손해가 발생한 때로 하는 특칙을 두고 있다.

소비자기본법본법

[시행 2011.8.20.]
[법률 제10678호, 2011.5.19. 일부개정]

제1장 총칙

제1조(목적) 이 법은 소비자의 권익을 증진하기 위하여 소비자의 권리와 책무, 국가·지방자치단체 및 사업자의 책무, 소비자단체의 역할 및 자유시장경제에서 소비자와 사업자 사이의 관계를 규정함과 아울러 소비자정책의 종합적 추진을 위한 기본적인 사항을 규정함으로써 소비생활의 향상과 국민경제의 발전에 이바지함을 목적으로 한다.

제2조(정의) 이 법에서 사용하는 용어의 정의는 다음과 같다.

1. "소비자"라 함은 사업자가 제공하는 물품 또는 용역(시설물을 포함한다. 이하 같다)을 소비생활을 위하여 사용(이용을 포함한다. 이하 같다)하는 자 또는 생산활동을 위하여 사용하는 자로서 대통령령이 정하는 자를 말한다.
2. "사업자"라 함은 물품을 제조(가공 또는 포장을 포함한다. 이하 같다)·수입·판매하거나 용역을 제공하는 자를 말한다.
3. "소비자단체"라 함은 소비자의 권익을 증진하기 위하여 소비자가 조직한 단체를 말한다.
4. "사업자단체"라 함은 2 이상의 사업자가 공동의 이익을 증진할 목적으로 조직한 단체를 말한다.

제3조(다른 법률과의 관계) 소비자의 권익에 관하여 다른 법률에서 특별한 규정을 두고 있는 경우를 제외하고는 이 법을 적용한다.

제2장 소비자의 권리와 책무

제4조(소비자의 기본적 권리) 소비자는 다음 각 호의 기본적 권리를 가진다.

1. 물품 또는 용역(이하 "물품 등"이라 한다)으로 인한 생명·신체 또는 재산에 대한 위해로부터 보호받을 권리
2. 물품 등을 선택함에 있어서 필요한 지식 및 정보를 제공받을 권리
3. 물품 등을 사용함에 있어서 거래상대방·구입장소·가격 및 거래조건 등을 자유로이 선택할 권리
4. 소비생활에 영향을 주는 국가 및 지방자치단체의 정책과 사업자의 사업활동

등에 대하여 의견을 반영시킬 권리
5. 물품 등의 사용으로 인하여 입은 피해에 대하여 신속·공정한 절차에 따라 적절한 보상을 받을 권리
6. 합리적인 소비생활을 위하여 필요한 교육을 받을 권리
7. 소비자 스스로의 권익을 증진하기 위하여 단체를 조직하고 이를 통하여 활동할 수 있는 권리
8. 안전하고 쾌적한 소비생활 환경에서 소비할 권리

제5조(소비자의 책무) ① 소비자는 사업자 등과 더불어 자유시장경제를 구성하는 주체임을 인식하여 물품 등을 올바르게 선택하고, 제4조의 규정에 따른 소비자의 기본적 권리를 정당하게 행사하여야 한다.

②소비자는 스스로의 권익을 증진하기 위하여 필요한 지식과 정보를 습득하도록 노력하여야 한다.

③소비자는 자주적이고 합리적인 행동과 자원절약적이고 환경친화적인 소비생활을 함으로써 소비생활의 향상과 국민경제의 발전에 적극적인 역할을 다하여야 한다.

제3장 국가 · 지방자치단체 및 사업자의 책무

제1절 국가 및 지방자치단체의 책무 등

제6조(국가 및 지방자치단체의 책무) 국가 및 지방자치단체는 제4조의 규정에 따른 소비자의 기본적 권리가 실현되도록 하기 위하여 다음 각 호의 책무를 진다.
1. 관계 법령 및 조례의 제정 및 개정·폐지
2. 필요한 행정조직의 정비 및 운영 개선
3. 필요한 시책의 수립 및 실시
4. 소비자의 건전하고 자주적인 조직활동의 지원·육성

제7조(지방행정조직에 대한 지원) 국가는 지방자치단체의 소비자권익과 관련된 행정조직의 설치·운영 등에 관하여 대통령령이 정하는 바에 따라 필요한 지원을 할 수 있다.

제8조(위해의 방지) ① 국가는 사업자가 소비자에게 제공하는 물품 등으로 인한 소비자의 생명·신체 또는 재산에 대한 위해를 방지하기 위하여 다음 각 호의 사항에 관하여 사업자가 지켜야 할 기준을 정하여야 한다.
1. 물품등의 성분·함량·구조 등 안전에 관한 중요한 사항
2. 물품 등을 사용할 때의 지시사항이나 경고 등 표시할 내용과 방법
3. 그 밖에 위해방지를 위하여 필요하다

고 인정되는 사항

②중앙행정기관의 장은 제1항의 규정에 따라 국가가 정한 기준을 사업자가 준수하는지 여부를 정기적으로 시험·검사 또는 조사하여야 한다.

제9조(계량 및 규격의 적정화) ① 국가 및 지방자치단체는 소비자가 사업자와의 거래에 있어서 계량으로 인하여 손해를 입지 아니하도록 물품 등의 계량에 관하여 필요한 시책을 강구하여야 한다.

②국가 및 지방자치단체는 물품 등의 품질개선 및 소비생활의 향상을 위하여 물품 등의 규격을 정하고 이를 보급하기 위한 시책을 강구하여야 한다.

제10조(표시의 기준) ① 국가는 소비자가 사업자와의 거래에 있어서 표시나 포장 등으로 인하여 물품 등을 잘못 선택하거나 사용하지 아니하도록 물품 등에 대하여 다음 각 호의 사항에 관한 표시기준을 정하여야 한다.

1. 상품명·용도·성분·재질·성능·규격·가격·용량·허가번호 및 용역의 내용
2. 물품 등을 제조·수입 또는 판매하거나 제공한 사업자의 명칭(주소 및 전화번호를 포함한다) 및 물품의 원산지
3. 사용방법, 사용·보관할 때의 주의사항 및 경고사항
4. 제조연월일, 품질보증기간 또는 식품이나 의약품 등 유통과정에서 변질되기 쉬운 물품은 그 유효기간
5. 표시의 크기·위치 및 방법
6. 물품 등에 따른 불만이나 소비자피해가 있는 경우의 처리기구(주소 및 전화번호를 포함한다) 및 처리방법
7. 「장애인차별금지 및 권리구제 등에 관한 법률」 제20조에 따른 시각장애인을 위한 표시방법

② 국가는 소비자가 사업자와의 거래에 있어서 표시나 포장 등으로 인하여 물품 등을 잘못 선택하거나 사용하지 아니하도록 사업자가 제1항 각 호의 사항을 변경하는 경우 그 변경 전후 사항을 표시하도록 기준을 정할 수 있다.<신설 2011.5.19>

제11조(광고의 기준) 국가는 물품 등의 잘못된 소비 또는 과다한 소비로 인하여 발생할 수 있는 소비자의 생명·신체 또는 재산에 대한 위해를 방지하기 위하여 다음 각 호의 어느 하나에 해당하는 경우에는 광고의 내용 및 방법에 관한 기준을 정하여야 한다.

1. 용도·성분·성능·규격 또는 원산지 등을 광고하는 때에 허가 또는 공인된 내용만으로 광고를 제한할 필요가 있거나 특정내용을 소비자에게 반드시 알릴 필요가 있는 경우

2. 소비자가 오해할 우려가 있는 특정용어 또는 특정표현의 사용을 제한할 필요가 있는 경우

3. 광고의 매체 또는 시간대에 대하여 제한이 필요한 경우

제12조(거래의 적정화) ① 국가는 사업자의 불공정한 거래조건이나 거래방법으로 인하여 소비자가 부당한 피해를 입지 아니하도록 필요한 시책을 수립·실시하여야 한다.

②국가는 소비자의 합리적인 선택을 방해하고 소비자에게 손해를 끼칠 우려가 있다고 인정되는 사업자의 부당한 행위를 지정·고시할 수 있다.

③국가 및 지방자치단체는 약관에 따른 거래 및 방문판매·다단계판매·할부판매·통신판매·전자거래 등 특수한 형태의 거래에 대하여는 소비자의 권익을 위하여 필요한 시책을 강구하여야 한다.

제13조(소비자에의 정보제공) ① 국가 및 지방자치단체는 소비자의 기본적인 권리가 실현될 수 있도록 소비자의 권익과 관련된 주요시책 및 주요결정사항을 소비자에게 알려야 한다.

②국가 및 지방자치단체는 소비자가 물품 등을 합리적으로 선택할 수 있도록 하기 위하여 물품 등의 거래조건·거래방법·품질·안전성 및 환경성 등에 관련되는 사업자의 정보가 소비자에게 제공될 수 있도록 필요한 시책을 강구하여야 한다.

제14조(소비자의 능력 향상) ① 국가 및 지방자치단체는 소비자의 올바른 권리행사를 이끌고, 물품 등과 관련된 판단능력을 높이며, 소비자가 자신의 선택에 책임을 지는 소비생활을 할 수 있도록 필요한 교육을 하여야 한다.

②국가 및 지방자치단체는 경제 및 사회의 발전에 따라 소비자의 능력 향상을 위한 프로그램을 개발하여야 한다.

③국가 및 지방자치단체는 소비자교육과 학교교육·평생교육을 연계하여 교육적 효과를 높이기 위한 시책을 수립·시행하여야 한다.

④국가 및 지방자치단체는 소비자의 능력을 효과적으로 향상시키기 위한 방법으로 「방송법」에 따른 방송사업을 할 수 있다.

⑤제1항의 규정에 따른 소비자교육의 방법 등에 관하여 필요한 사항은 대통령령으로 정한다.

제15조(개인정보의 보호) ① 국가 및 지방자치단체는 소비자가 사업자와의 거래에서 개인정보의 분실·도난·누출·변조 또는 훼손으로 인하여 부당한 피해를 입지 아니하도록 필요한 시책을 강구하여

야 한다.

②국가는 제1항의 규정에 따라 소비자의 개인정보를 보호하기 위한 기준을 정하여야 한다.

제16조(소비자분쟁의 해결) ① 국가 및 지방자치단체는 소비자의 불만이나 피해가 신속·공정하게 처리될 수 있도록 관련기구의 설치 등 필요한 조치를 강구하여야 한다.

②국가는 소비자와 사업자 사이에 발생하는 분쟁을 원활하게 해결하기 위하여 대통령령이 정하는 바에 따라 소비자분쟁해결기준을 제정할 수 있다.

③제2항의 규정에 따른 소비자분쟁해결기준은 분쟁당사자 사이에 분쟁해결방법에 관한 별도의 의사표시가 없는 경우에 한하여 분쟁해결을 위한 합의 또는 권고의 기준이 된다.

제17조(시험 · 검사시설의 설치 등) ① 국가 및 지방자치단체는 물품 등의 규격·품질 및 안전성 등에 관하여 시험·검사 또는 조사를 실시할 수 있는 기구와 시설을 갖추어야 한다.

②국가·지방자치단체 또는 소비자나 소비자단체는 필요하다고 인정되는 때 또는 소비자의 요청이 있는 때에는 제1항의 규정에 따라 설치된 시험·검사기관이나 제33조의 규정에 따른 한국소비자원(이하 "한국소비자원"이라 한다)에 시험·검사 또는 조사를 의뢰하여 시험 등을 실시할 수 있다.

③국가 및 지방자치단체는 제2항의 규정에 따라 시험 등을 실시한 경우에는 그 결과를 공표하고 소비자의 권익을 위하여 필요한 조치를 취하여야 한다.

④국가 및 지방자치단체는 소비자단체가 물품 등의 규격·품질 또는 안전성 등에 관하여 시험·검사를 실시할 수 있는 시설을 갖출 수 있도록 지원할 수 있다.

⑤국가 및 지방자치단체는 제8조·제10조 내지 제13조 또는 제15조의 규정에 따라 기준을 정하거나 소비자의 권익과 관련된 시책을 수립하기 위하여 필요한 경우에는 한국소비자원, 국립 또는 공립의 시험·검사기관 등 대통령령이 정하는 기관에 조사·연구를 의뢰할 수 있다.

제2절 사업자의 책무 등

제18조(소비자권익 증진시책에 대한 협력 등) ① 사업자는 국가 및 지방자치단체의 소비자권익 증진시책에 적극 협력하여야 한다.

②사업자는 소비자단체 및 한국소비자원의 소비자 권익증진과 관련된 업무의 추진에 필요한 자료 및 정보제공 요청에

적극 협력하여야 한다.

③사업자는 안전하고 쾌적한 소비생활 환경을 조성하기 위하여 물품 등을 제공함에 있어서 환경친화적인 기술의 개발과 자원의 재활용을 위하여 노력하여야 한다.

제19조(사업자의 책무) ① 사업자는 물품 등으로 인하여 소비자에게 생명·신체 또는 재산에 대한 위해가 발생하지 아니하도록 필요한 조치를 강구하여야 한다.

②사업자는 물품 등을 공급함에 있어서 소비자의 합리적인 선택이나 이익을 침해할 우려가 있는 거래조건이나 거래방법을 사용하여서는 아니 된다.

③사업자는 소비자에게 물품 등에 대한 정보를 성실하고 정확하게 제공하여야 한다.

④사업자는 소비자의 개인정보가 분실·도난·누출·변조 또는 훼손되지 아니하도록 그 개인정보를 성실하게 취급하여야 한다.

⑤사업자는 물품 등의 하자로 인한 소비자의 불만이나 피해를 해결하거나 보상하여야 하며, 채무불이행 등으로 인한 소비자의 손해를 배상하여야 한다.

제20조(소비자의 권익증진 관련기준의 준수) ① 사업자는 제8조 제1항의 규정에 따라 국가가 정한 기준에 위반되는 물품 등을 제조·수입·판매하거나 제공하여서는 아니 된다.

②사업자는 제10조의 규정에 따라 국가가 정한 표시기준을 위반하여서는 아니 된다.

③사업자는 제11조의 규정에 따라 국가가 정한 광고기준을 위반하여서는 아니 된다.

④사업자는 제12조 제2항의 규정에 따라 국가가 지정·고시한 행위를 하여서는 아니 된다.

⑤사업자는 제15조 제2항의 규정에 따라 국가가 정한 개인정보의 보호기준을 위반하여서는 아니 된다.

제4장 소비자정책의 추진체계

제1절 소비자정책의 수립

제21조(기본계획의 수립 등) ① 공정거래위원회는 제23조의 규정에 따른 소비자정책위원회의 심의·의결을 거쳐 소비자정책에 관한 기본계획(이하 "기본계획"이라 한다)을 3년마다 수립하여야 한다.

②기본계획에는 다음 각 호의 사항이 포함되어야 한다.

1. 소비자정책과 관련된 경제·사회 환경의 변화

2. 소비자정책의 기본방향
3. 다음 각 목의 사항이 포함된 소비자정책의 목표
가. 소비자안전의 강화
나. 소비자와 사업자 사이의 거래의 공정화 및 적정화
다. 소비자교육 및 정보제공의 촉진
라. 소비자피해의 원활한 구제
마. 국제소비자문제에 대한 대응
바. 그 밖에 소비자의 권익과 관련된 주요한 사항
4. 소비자정책의 추진과 관련된 재원의 조달방법
5. 어린이 위해방지를 위한 연령별 안전기준의 작성
6. 그 밖에 소비자정책의 수립과 추진에 필요한 사항
③공정거래위원회는 제23조의 규정에 따른 소비자정책위원회의 심의·의결을 거쳐 기본계획을 변경할 수 있다.
④기본계획의 수립·변경 절차 등에 관하여 필요한 사항은 대통령령으로 정한다.

제22조(시행계획의 수립 등) ① 관계 중앙행정기관의 장은 기본계획에 따라 매년 10월 31일까지 소관 업무에 관하여 다음 연도의 소비자정책에 관한 시행계획(이하 "중앙행정기관별시행계획"이라 한다)을 수립하여야 한다.
②특별시장·광역시장·도지사 또는 특별자치도지사(이하 "시·도지사" 한다)는 기본계획과 중앙행정기관별시행계획에 따라 매년 11월 30일까지 소비자정책에 관한 다음 연도의 시·도별시행계획(이하 "시·도별시행계획"이라 한다)을 수립하여야 한다.
③공정거래위원회는 매년 12월 31일까지 중앙행정기관별시행계획 및 시·도별시행계획을 취합·조정하여 제23조의 규정에 따른 소비자정책위원회의 심의·의결을 거쳐 종합적인 시행계획(이하 "종합시행계획"이라 한다)을 수립하여야 한다.
④관계 중앙행정기관의 장 및 시·도지사는 종합시행계획이 실효성 있게 추진될 수 있도록 매년 소요비용에 대한 예산편성 등 필요한 재정조치를 강구하여야 한다.
⑤종합시행계획의 수립 및 그 집행실적의 평가 등에 관하여 필요한 사항은 대통령령으로 정한다.

제2절 소비자정책위원회

제23조(소비자정책위원회의 설치) 소비자의 권익증진 및 소비생활의 향상에 관한 기본적인 정책을 심의·의결하기 위하여

공정거래위원회에 소비자정책위원회(이하 "정책위원회"라 한다)를 둔다.

제24조(정책위원회의 구성) ① 정책위원회는 위원장 2인을 포함한 25인 이내의 위원으로 구성한다.

②위원장은 공정거래위원회위원장과 소비자문제에 관하여 학식과 경험이 풍부한 자 중에서 대통령이 위촉하는 자가 된다.

③위원은 관계 중앙행정기관의 장 및 제38조의 규정에 따른 한국소비자원의 원장(이하 "원장"이라 한다)과 다음 각 호의 어느 하나에 해당하는 자 중에서 공정거래위원회위원장이 위촉하는 자가 된다.

1. 소비자문제에 관한 학식과 경험이 풍부한 자
2. 제29조의 규정에 따라 등록한 소비자단체(이하 "등록소비자단체"라 한다) 및 대통령령이 정하는 경제단체에서 추천하는 소비자대표 및 경제계대표

④제2항의 규정에 따른 위촉위원장 및 제3항의 규정에 따른 위촉위원의 임기는 3년으로 한다.

⑤ 정책위원회에 간사 1인을 두되, 공정거래위원회 소속공무원 중에서 공정거래위원회위원장이 임명한다.

제25조(정책위원회의 기능 등) ① 정책위원회는 다음 각 호의 사항을 심의·의결한다.

1. 기본계획 및 종합시행계획
2. 소비자정책의 종합적 추진에 관한 사항
3. 소비자정책의 평가 및 제도개선에 관한 사항
4. 그 밖에 위원장이 소비자의 권익증진 및 소비생활의 향상을 위하여 토의에 부치는 사항

②정책위원회는 업무를 효율적으로 수행하기 위하여 정책위원회에 실무위원회와 분야별 전문위원회를 둘 수 있다.

③이 법에 규정한 것 외에 정책위원회·실무위원회 및 전문위원회의 조직과 운영에 관하여 필요한 사항은 대통령령으로 정한다.

제26조(의견청취 등) ① 정책위원회는 제25조 제1항 각 호의 사항을 심의하기 위하여 필요한 경우에는 소비자문제에 관하여 전문지식이 있는 자, 소비자 또는 관계사업자의 의견을 들을 수 있다.

②공정거래위원회는 소비자권익증진, 정책위원회의 운영 등을 위하여 필요한 경우 중앙행정기관의 장 및 지방자치단체의 장 등 관계 행정기관에 의견제시 및 자료제출을 요청할 수 있다.<개정 2008.2.29>

제3절 국제협력

제27조(국제협력) ① 국가는 소비자문제의 국제화에 대응하기 위하여 국가 사이의 상호협력방안을 마련하는 등 필요한 대책을 강구하여야 한다.

②공정거래위원회는 관계 중앙행정기관의 장과 협의하여 국제적인 소비자문제에 대응하기 위한 정보의 공유, 국제협력창구 또는 협의체의 구성·운영 등 관련 시책을 수립·시행하여야 한다.<개정 2008.2.29>

③제2항의 규정에 따른 관련 시책의 수립 등에 관하여 필요한 사항은 대통령령으로 정한다.

제5장 소비자단체

제28조(소비자단체의 업무 등) ① 소비자단체는 다음 각 호의 업무를 행한다.

1. 국가 및 지방자치단체의 소비자의 권익과 관련된 시책에 대한 건의
2. 물품 등의 규격·품질·안전성·환경성에 관한 시험·검사 및 가격 등을 포함한 거래조건이나 거래방법에 관한 조사·분석
3. 소비자문제에 관한 조사·연구
4. 소비자의 교육
5. 소비자의 불만 및 피해를 처리하기 위한 상담·정보제공 및 당사자 사이의 합의의 권고

②소비자단체는 제1항 제2호의 규정에 따른 조사·분석 등의 결과를 공표할 수 있다. 다만, 공표되는 사항 중 물품 등의 품질·성능 및 성분 등에 관한 시험·검사로서 전문적인 인력과 설비를 필요로 하는 시험·검사인 경우에는 대통령령이 정하는 시험·검사기관의 시험·검사를 거친 후 공표하여야 한다.

③소비자단체는 제78조의 규정에 따라 자료 및 정보의 제공을 요청하였음에도 사업자 또는 사업자단체가 정당한 사유 없이 이를 거부·방해·기피하거나 거짓으로 제출한 경우에는 그 사업자 또는 사업자단체의 이름(상호 그 밖의 명칭을 포함한다), 거부 등의 사실과 사유를 「신문 등의 진흥에 관한 법률」에 따른 일반일간신문에 게재할 수 있다.

④소비자단체는 업무상 알게 된 정보를 소비자의 권익을 증진하기 위한 목적이 아닌 용도에 사용하여서는 아니 된다.

⑤소비자단체는 사업자 또는 사업자단체로부터 제공받은 자료 및 정보를 소비자의 권익을 증진하기 위한 목적이 아닌 용도로 사용함으로써 사업자 또는 사업자단체에 손해를 끼친 때에는 그 손해에

대하여 배상할 책임을 진다.

제29조(소비자단체의 등록) ① 다음 각 호의 요건을 모두 갖춘 소비자단체는 대통령령이 정하는 바에 따라 공정거래위원회 또는 지방자치단체에 등록할 수 있다.

1. 제28조 제1항 제2호 및 제5호의 업무를 수행할 것
2. 물품 및 용역에 대하여 전반적인 소비자문제를 취급할 것
3. 대통령령이 정하는 설비와 인력을 갖출 것
4. 「비영리민간단체 지원법」 제2조 각 호의 요건을 모두 갖출 것

②공정거래위원회 또는 지방자치단체의 장은 제1항의 규정에 따라 등록을 신청한 소비자단체가 제1항 각 호의 요건을 갖추었는지 여부를 심사하여 등록 여부를 결정하여야 한다.

제30조(등록의 취소) ① 공정거래위원회 또는 지방자치단체의 장은 소비자단체가 거짓 그 밖의 부정한 방법으로 제29조의 규정에 따른 등록을 한 경우에는 등록을 취소하여야 한다.

②공정거래위원회 또는 지방자치단체의 장은 등록소비자단체가 제29조 제1항 각 호의 요건을 갖추지 못하게 된 경우에는 3월 이내에 보완을 하도록 명할 수 있고, 그 기간이 경과하여도 요건을 갖추지 못하는 경우에는 등록을 취소할 수 있다.

제31조(자율적 분쟁조정) ① 제29조의 규정에 따라 공정거래위원회에 등록한 소비자단체의 협의체는 제28조 제1항 제5호의 규정에 따른 소비자의 불만 및 피해를 처리하기 위하여 자율적 분쟁조정(紛爭調停)을 할 수 있다. 다만, 다른 법률의 규정에 따라 설치된 전문성이 요구되는 분야의 분쟁조정기구(紛爭調停機構)로서 대통령령이 정하는 기구에서 관장하는 사항에 대하여는 그러하지 아니하다.

②제1항의 규정에 따른 자율적 분쟁조정은 당사자가 이를 수락한 경우에는 당사자 사이에 자율적 분쟁조정의 내용과 동일한 합의가 성립된 것으로 본다.

③제1항 본문의 규정에 따른 소비자단체의 협의체 구성 및 분쟁조정의 절차 등에 관하여 필요한 사항은 대통령령으로 정한다.

제32조(보조금의 지급) 국가 또는 지방자치단체는 등록소비자단체의 건전한 육성·발전을 위하여 필요하다고 인정될 때에는 보조금을 지급할 수 있다.

제6장 한국소비자원

제1절 설립 등

제33조(설립) ① 소비자권익 증진시책의 효과적인 추진을 위하여 한국소비자원을 설립한다.
②한국소비자원은 법인으로 한다.
③한국소비자원은 공정거래위원회의 승인을 얻어 필요한 곳에 그 지부를 설치할 수 있다.
④한국소비자원은 그 주된 사무소의 소재지에서 설립등기를 함으로써 성립한다.

제34조(정관) 한국소비자원의 정관에는 다음 각 호의 사항을 기재하여야 한다.
1. 목적
2. 명칭
3. 주된 사무소 및 지부에 관한 사항
4. 임원 및 직원에 관한 사항
5. 이사회의 운영에 관한 사항
6. 제51조의 규정에 따른 소비자안전센터에 관한 사항
7. 제60조의 규정에 따른 소비자분쟁조정위원회에 관한 사항
8. 업무에 관한 사항
9. 재산 및 회계에 관한 사항
10. 공고에 관한 사항
11. 정관의 변경에 관한 사항
12. 내부규정의 제정 및 개정·폐지에 관한 사항

제35조(업무) ① 한국소비자원의 업무는 다음 각 호와 같다.
1. 소비자의 권익과 관련된 제도와 정책의 연구 및 건의
2. 소비자의 권익증진을 위하여 필요한 경우 물품 등의 규격·품질·안전성·환경성에 관한 시험·검사 및 가격 등을 포함한 거래조건이나 거래방법에 대한 조사·분석
3. 소비자의 권익증진·안전 및 소비생활의 향상을 위한 정보의 수집·제공 및 국제협력
4. 소비자의 권익증진·안전 및 능력개발과 관련된 교육·홍보 및 방송사업
5. 소비자의 불만처리 및 피해구제
6. 소비자의 권익증진 및 소비생활의 합리화를 위한 종합적인 조사·연구
7. 국가 또는 지방자치단체가 소비자의 권익증진과 관련하여 의뢰한 조사 등의 업무
8. 그 밖에 소비자의 권익증진 및 안전에 관한 업무

②한국소비자원이 제1항 제5호의 규정에 따른 업무를 수행함에 있어서 다음 각 호의 사항은 그 처리대상에서 제외한다.
1. 국가 또는 지방자치단체가 제공한 물

품 등으로 인하여 발생한 피해구제. 다만, 대통령령으로 정하는 물품 등에 관하여는 그러하지 아니하다.

2. 그 밖에 다른 법률의 규정에 따라 설치된 전문성이 요구되는 분야의 분쟁조정기구에 신청된 피해구제 등으로서 대통령령이 정하는 피해구제

③한국소비자원은 업무수행 과정에서 취득한 사실 중 소비자의 권익증진, 소비자피해의 확산 방지, 물품 등의 품질향상 그 밖에 소비생활의 향상을 위하여 필요하다고 인정되는 사실은 이를 공표하여야 한다. 다만, 사업자 또는 사업자단체의 영업비밀을 보호할 필요가 있다고 인정되거나 공익상 필요하다고 인정되는 때에는 그러하지 아니하다.

제36조(시험 · 검사의 의뢰) ① 원장은 제35조 제1항 제2호 및 제5호의 업무를 수행함에 있어서 필요하다고 인정되는 때에는 국립 또는 공립의 시험·검사기관에 물품 등에 대한 시험·검사를 의뢰할 수 있다.

②제1항의 규정에 따른 의뢰를 받은 기관은 특별한 사유가 없는 한 우선하여 이에 응하여야 한다.

제37조(유사명칭의 사용금지) 이 법에 따른 한국소비자원이 아닌 자는 한국소비자원 또는 이와 유사한 한국소비자보호원 등의 명칭을 사용하여서는 아니 된다.

제2절 임원 및 이사회

제38조(임원 및 임기) ① 한국소비자원에 원장·부원장 및 제51조의 규정에 따른 소비자안전센터의 소장(이하 "소장"이라 한다) 각 1인을 포함한 10인 이내의 이사와 감사 1인을 둔다.

②원장·부원장·소장 및 대통령령이 정하는 이사는 상임으로 하고 그 밖의 임원은 비상임으로 한다.

③원장은 소비자문제에 관하여 학식과 경험이 풍부한 자 중에서 공정거래위원회위원장의 제청으로 대통령이 임명한다.

④부원장 및 이사는 소비자문제에 관하여 학식과 경험이 풍부한 자 중에서, 소장은 소비자안전에 관하여 학식과 경험이 풍부한 자 중에서 각각 원장의 제청으로 공정거래위원회위원장이 임명한다.

⑤감사는 공정거래위원회위원장이 임명한다.

⑥임원의 임기는 3년으로 한다.

제39조(임원의 직무) ① 원장은 한국소비자원을 대표하고 한국소비자원의 업무

를 총괄한다.

②부원장은 원장을 보좌하며, 원장이 부득이한 사유로 직무를 수행할 수 없는 경우에 그 직무를 대행한다.

③소장은 원장의 지휘를 받아 제51조 제1항의 규정에 따라 설치되는 소비자안전센터의 업무를 총괄하며, 원장·부원장 및 소장이 아닌 이사는 정관이 정하는 바에 따라 한국소비자원의 업무를 분장한다.

④원장·부원장이 모두 부득이한 사유로 직무를 수행할 수 없는 때에는 상임이사·비상임이사의 순으로 정관이 정하는 순서에 따라 그 직무를 대행한다.

⑤감사는 한국소비자원의 업무 및 회계를 감사한다.

제40조(이사회) ① 한국소비자원의 업무와 운영에 관한 중요사항을 심의·의결하기 위하여 한국소비자원에 이사회를 둔다.

②이사회는 원장·부원장·소장 그 밖의 이사로 구성한다.

③원장은 이사회를 소집하고 이사회의 의장이 된다.

④감사는 이사회에 출석하여 의견을 진술할 수 있다.

제3절 회계、감독 등

제41조(재원) 한국소비자원의 설립·시설·운영 및 업무에 필요한 경비는 다음 각 호의 재원으로 충당한다.

1. 국가 및 지방자치단체의 출연금
2. 그 밖에 한국소비자원의 운영에 따른 수입금

제42조(감독) ① 공정거래위원회는 한국소비자원(제51조의 규정에 따른 소비자안전센터를 포함한다. 이하 이 절에서 같다)을 지도·감독하고, 필요하다고 인정되는 때에는 한국소비자원에 대하여 그 사업에 관한 지시 또는 명령을 할 수 있다.

②한국소비자원은 매년 업무계획서와 예산서를 작성하여 공정거래위원회의 승인을 얻어야 하며, 매년 결산보고서와 이에 대한 감사의 의견서를 작성하여 공정거래위원회에 보고하여야 한다. 이 경우 그 절차 등에 관하여는 대통령령으로 정한다.

③공정거래위원회는 필요하다고 인정되는 때에는 한국소비자원에 대하여 그 업무·회계 및 재산에 관한 사항을 보고하게 하거나 감사할 수 있다.

제43조(벌칙 적용에서의 공무원 의제) 한국소비자원의 임원, 제60조의 규정에 따른 소비자분쟁조정위원회의 위원 및 대통령령이 정하는 직원은 「형법」 제129조 내지 제132조를 적용할 때에는 이를 공

무원으로 본다.

제44조(준용) 한국소비자원에 관하여 이 법에 규정하지 아니한 사항에 관하여는 「민법」 중 재단법인에 관한 규정을 준용한다.

제7장 소비자안전

제1절 총칙

제45조(취약계층의 보호) ① 국가 및 지방자치단체는 어린이·노약자 및 장애인 등 안전취약계층에 대하여 우선적으로 보호시책을 강구하여야 한다.

②사업자는 어린이·노약자 및 장애인 등 안전취약계층에 대하여 물품 등을 판매·광고 또는 제공하는 경우에는 그 취약계층에게 위해가 발생하지 아니하도록 제19조 제1항의 규정에 따른 조치와 더불어 필요한 예방조치를 취하여야 한다.

제46조(시정요청 등) 공정거래위원회는 사업자가 제공한 물품 등으로 인하여 소비자에게 위해발생이 우려되는 경우에는 관계중앙행정기관의 장에게 다음 각 호의 조치를 요청할 수 있다.

1. 사업자가 다른 법령에서 정한 안전조치를 취하지 아니하는 경우에는 그 법령의 규정에 따른 조치
2. 다른 법령에서 안전기준이나 규격을 정하고 있지 아니하는 경우에는 다음 각 목의 조치
가. 제49조의 규정에 따른 수거·파기 등의 권고
나. 제50조의 규정에 따른 수거·파기 등의 명령
다. 제86조 제1항 제1호의 규정에 따른 과태료 처분
3. 그 밖에 물품 등에 대한 위해방지대책의 강구

제2절 소비자안전조치

제47조(결함정보의 보고의무) ① 사업자는 소비자에게 제공한 물품 등에 소비자의 생명·신체 또는 재산에 위해를 끼치거나 끼칠 우려가 있는 제조·설계 또는 표시 등의 중대한 결함이 있는 사실을 알게 된 때에는 그 결함의 내용을 소관 중앙행정기관의 장에게 보고(전자적 보고를 포함한다. 이하 같다)하여야 한다.

②제1항의 규정에 따른 보고를 받은 중앙행정기관의 장은 사업자가 보고한 결함의 내용에 관하여 제17조의 규정에 따른 시험·검사기관 또는 한국소비자원 등에 시험·검사를 의뢰하고, 시험·검사

의 결과 그 물품 등이 제49조 또는 제50조의 요건에 해당하는 경우에는 사업자에게 각각에 해당하는 규정에 따른 필요한 조치를 취하여야 한다.

③제1항의 규정에 따라 결함의 내용을 보고하여야 할 사업자는 다음 각 호와 같다.

1. 물품 등을 제조·수입 또는 제공하는 자
2. 물품에 성명·상호 그 밖에 식별 가능한 기호 등을 부착함으로써 자신을 제조자로 표시한 자
3. 「유통산업발전법」 제2조 제3호의 규정에 따른 대규모점포 중 대통령령이 정하는 대규모점포를 설치하여 운영하는 자
4. 그 밖에 소비자의 생명·신체 및 재산에 위해를 끼치거나 끼칠 우려가 있는 물품 등을 제조·수입·판매 또는 제공하는 자로서 대통령령이 정하는 자

④제1항의 규정에 따라 사업자가 보고하여야 할 중대한 결함의 범위, 보고기한 및 보고절차 등에 관하여 필요한 사항은 대통령령으로 정한다.

제48조(물품 등의 자진수거 등) 사업자는 소비자에게 제공한 물품 등의 결함으로 인하여 소비자의 생명·신체 또는 재산에 위해를 끼치거나 끼칠 우려가 있는 경우에는 대통령령이 정하는 바에 따라 당해 물품 등의 수거·파기·수리·교환·환급 또는 제조·수입·판매·제공의 금지 그 밖의 필요한 조치를 취하여야 한다.

제49조(수거 · 파기 등의 권고 등) ① 중앙행정기관의 장은 사업자가 제공한 물품 등의 결함으로 인하여 소비자의 생명·신체 또는 재산에 위해를 끼치거나 끼칠 우려가 있다고 인정되는 경우에는 그 사업자에 대하여 당해 물품 등의 수거·파기·수리·교환·환급 또는 제조·수입·판매·제공의 금지 그 밖의 필요한 조치를 권고할 수 있다.

②제1항의 규정에 따른 권고를 받은 사업자는 그 권고의 수락 여부를 소관 중앙행정기관의 장에게 통지하여야 한다.

③사업자는 제1항의 규정에 따른 권고를 수락한 경우에는 제48조의 규정에 따른 조치를 취하여야 한다.

④중앙행정기관의 장은 제1항의 규정에 따른 권고를 받은 사업자가 정당한 사유 없이 그 권고를 따르지 아니하는 때에는 사업자가 권고를 받은 사실을 공표할 수 있다.

⑤제1항 내지 제4항의 규정에 따른 권고, 권고의 수락 및 공표의 절차에 관하여 필요한 사항은 대통령령으로 정한다.

제50조(수거 · 파기 등의 명령 등) ① 중앙

행정기관의 장은 사업자가 제공한 물품 등의 결함으로 인하여 소비자의 생명·신체 또는 재산에 위해를 끼치거나 끼칠 우려가 있다고 인정되는 경우에는 대통령령이 정하는 절차에 따라 그 물품 등의 수거·파기·수리·교환·환급을 명하거나 제조·수입·판매 또는 제공의 금지를 명할 수 있고, 그 물품 등과 관련된 시설의 개수(改修) 그 밖의 필요한 조치를 명할 수 있다. 다만, 소비자의 생명·신체 또는 재산에 긴급하고 현저한 위해를 끼치거나 끼칠 우려가 있다고 인정되는 경우로서 그 위해의 발생 또는 확산을 방지하기 위하여 불가피하다고 인정되는 경우에는 그 절차를 생략할 수 있다.

②중앙행정기관의 장은 사업자가 제1항의 규정에 따른 명령에 따르지 아니하는 경우에는 대통령령이 정하는 바에 따라 직접 그 물품 등의 수거·파기 또는 제공금지 등 필요한 조치를 취할 수 있다.

제3절 위해정보의 수집 등

제51조(소비자안전센터의 설치) ① 소비자안전시책을 지원하기 위하여 한국소비자원에 소비자안전센터를 둔다.

②소비자안전센터에 소장 1인을 두고, 그 조직에 관한 사항은 정관으로 정한다.

③소비자안전센터의 업무는 다음 각 호와 같다.

1. 제52조의 규정에 따른 위해정보의 수집 및 처리
2. 소비자안전을 확보하기 위한 조사 및 연구
3. 소비자안전과 관련된 교육 및 홍보
4. 위해 물품 등에 대한 시정 건의
5. 소비자안전에 관한 국제협력
6. 그 밖에 소비자안전에 관한 업무

제52조(위해정보의 수집 및 처리) ① 소비자안전센터는 물품 등으로 인하여 소비자의 생명·신체 또는 재산에 위해가 발생하였거나 발생할 우려가 있는 사안에 대한 정보(이하 "위해정보"라 한다)를 수집할 수 있다.

②소장은 제1항의 규정에 따라 수집한 위해정보를 분석하여 그 결과를 원장에게 보고하여야 하고, 원장은 위해정보의 분석결과에 따라 필요한 경우에는 다음 각 호의 조치를 할 수 있다.

1. 위해방지 및 사고예방을 위한 소비자안전경보의 발령
2. 물품 등의 안전성에 관한 사실의 공표
3. 위해 물품 등을 제공하는 사업자에 대한 시정 권고
4. 국가 또는 지방자치단체에의 시정조

치·제도개선 건의

5. 그 밖에 소비자안전을 확보하기 위하여 필요한 조치로서 대통령령이 정하는 사항

③제1항 및 제2항의 규정에 따라 위해정보를 수집·처리하는 자는 물품 등의 위해성이 판명되어 공표되기 전까지 사업자명·상품명·피해정도·사건경위에 관한 사항을 누설하여서는 아니 된다.

④공정거래위원회는 소비자안전센터가 위해정보를 효율적으로 수집할 수 있도록 하기 위하여 필요한 경우에는 행정기관·병원·학교·소비자단체 등을 위해정보 제출기관으로 지정·운영할 수 있다.

⑤제1항 및 제2항의 규정에 따른 위해정보의 수집 및 처리 등에 관하여 필요한 사항은 대통령령으로 정한다.

제8장 소비자분쟁의 해결

제1절 사업자의 불만처리 등

제53조(소비자상담기구의 설치 · 운영) ① 사업자 및 사업자단체는 소비자로부터 제기되는 의견이나 불만 등을 기업경영에 반영하고, 소비자의 피해를 신속하게 처리하기 위한 기구(이하 "소비자상담기구"라 한다)의 설치·운영에 적극 노력하여야 한다.

②사업자 및 사업자단체는 소비자의 불만 또는 피해의 상담을 위하여 「국가기술자격법」에 따른 관련 자격이 있는 자 등 전담직원을 고용·배치하도록 적극 노력하여야 한다.

제54조(소비자상담기구의 설치 권장) ① 중앙행정기관의 장은 사업자 또는 사업자단체에게 소비자상담기구의 설치·운영을 권장하거나 그 설치·운영에 필요한 지원을 할 수 있다.

②공정거래위원회는 소비자상담기구의 설치·운영에 관한 권장기준을 정하여 고시할 수 있다.

제2절 한국소비자원의 피해구제

제55조(피해구제의 신청 등) ① 소비자는 물품 등의 사용으로 인한 피해의 구제를 한국소비자원에 신청할 수 있다.

②국가·지방자치단체 또는 소비자단체는 소비자로부터 피해구제의 신청을 받은 때에는 한국소비자원에 그 처리를 의뢰할 수 있다.

③사업자는 소비자로부터 피해구제의 신청을 받은 때에는 다음 각 호의 어느 하나에 해당하는 경우에 한하여 한국소비자원에 그 처리를 의뢰할 수 있다.

1. 소비자로부터 피해구제의 신청을 받은 날부터 30일이 경과하여도 합의에 이르지 못하는 경우
2. 한국소비자원에 피해구제의 처리를 의뢰하기로 소비자와 합의한 경우
3. 그 밖에 한국소비자원의 피해구제의 처리가 필요한 경우로서 대통령령이 정하는 사유에 해당하는 경우
④원장은 제1항의 규정에 따른 피해구제의 신청(제2항 및 제3항의 규정에 따른 피해구제의 의뢰를 포함한다. 이하 이 절에서 같다)을 받은 경우 그 내용이 한국소비자원에서 처리하는 것이 부적합하다고 판단되는 때에는 신청인에게 그 사유를 통보하고 그 사건의 처리를 중지할 수 있다.

제56조(위법사실의 통보 등) 원장은 피해구제신청사건을 처리함에 있어서 당사자 또는 관계인이 법령을 위반한 것으로 판단되는 때에는 관계기관에 이를 통보하고 적절한 조치를 의뢰하여야 한다. 다만, 다음 각 호의 경우에는 그러하지 아니하다.
1. 피해구제신청사건의 당사자가 피해보상에 관한 합의를 하고 법령위반행위를 시정한 경우
2. 관계 기관에서 위법사실을 이미 인지하여 조사하고 있는 경우

제57조(합의권고) 원장은 피해구제신청의 당사자에 대하여 피해보상에 관한 합의를 권고할 수 있다.

제58조(처리기간) 원장은 제55조 제1항 내지 제3항의 규정에 따라 피해구제의 신청을 받은 날부터 30일 이내에 제57조의 규정에 따른 합의가 이루어지지 아니하는 때에는 지체 없이 제60조의 규정에 따른 소비자분쟁조정위원회에 분쟁조정을 신청하여야 한다. 다만, 피해의 원인규명 등에 상당한 시일이 요구되는 피해구제신청사건으로서 대통령령이 정하는 사건에 대하여는 60일 이내의 범위에서 처리기간을 연장할 수 있다.

제59조(피해구제절차의 중지) ① 한국소비자원의 피해구제 처리절차 중에 법원에 소를 제기한 당사자는 그 사실을 한국소비자원에 통보하여야 한다.
②한국소비자원은 당사자의 소제기 사실을 알게 된 때에는 지체 없이 피해구제절차를 중지하고, 당사자에게 이를 통지하여야 한다.

제3절 소비자분쟁의 조정(調停) 등

제60조(소비자분쟁조정위원회의 설치) ① 소비자와 사업자 사이에 발생한 분쟁을 조정하기 위하여 한국소비자원에 소비

자분쟁조정위원회(이하 "조정위원회"라 한다)를 둔다.

②조정위원회는 다음 각 호의 사항을 심의·의결한다.

1. 소비자분쟁에 대한 조정결정
2. 조정위원회의 의사(議事)에 관한 규칙의 제정 및 개정·폐지
3. 그 밖에 조정위원회의 위원장이 토의에 부치는 사항

③조정위원회의 운영 및 조정절차 등에 관하여 필요한 사항은 대통령령으로 정한다.

제61조(조정위원회의 구성) ① 조정위원회는 위원장 1인을 포함한 50인 이내의 위원으로 구성하며, 위원장을 포함한 2인은 상임으로 하고, 나머지는 비상임으로 한다.

②위원은 다음 각 호의 어느 하나에 해당하는 자 중에서 대통령령이 정하는 바에 따라 원장의 제청에 의하여 공정거래위원회위원장이 임명 또는 위촉한다.

1. 대학이나 공인된 연구기관에서 부교수 이상 또는 이에 상당하는 직에 있거나 있었던 자로서 소비자권익 관련분야를 전공한 자
2. 4급 이상의 공무원 또는 이에 상당하는 공공기관의 직에 있거나 있었던 자로서 소비자권익과 관련된 업무에 실무경험이 있는 자
3. 판사·검사 또는 변호사의 자격이 있는 자
4. 소비자단체의 임원의 직에 있거나 있었던 자
5. 사업자 또는 사업자단체의 임원의 직에 있거나 있었던 자
6. 그 밖에 소비자권익과 관련된 업무에 관한 학식과 경험이 풍부한 자

③위원장은 상임위원 중에서 공정거래위원회위원장이 임명한다.

④위원장이 부득이한 사유로 직무를 수행할 수 없는 때에는 위원장이 아닌 상임위원이 위원장의 직무를 대행하고, 위원장이 아닌 상임위원이 부득이한 사유로 위원장의 직무를 대행할 수 없는 때에는 공정거래위원회위원장이 지정하는 위원이 그 직무를 대행한다.

⑤위원의 임기는 3년으로 하며, 연임할 수 있다.

⑥조정위원회의 업무를 효율적으로 수행하기 위하여 조정위원회에 분야별 전문위원회를 둘 수 있다.

⑦제6항의 규정에 따른 전문위원회의 구성 및 운영에 관하여 필요한 사항은 대통령령으로 정한다.

제62조(위원의 신분보장) 조정위원회의 위원은 다음 각 호의 어느 하나에 해당

하는 경우를 제외하고는 그의 의사와 다르게 면직되지 아니한다.

1. 자격정지 이상의 형을 선고받은 경우
2. 신체상·정신상 또는 그 밖의 사유로 직무를 수행할 수 없는 경우[전문개정 2011.5.19]

제63조(조정위원회의 회의) ① 조정위원회의 회의는 다음 각 호에 따라 구분한다.

1. 분쟁조정회의: 위원장, 상임위원과 위원장이 회의마다 지명하는 5명 이상 9명 이하의 위원으로 구성하는 회의
2. 조정부: 위원장 또는 상임위원과 위원장이 회의마다 지명하는 2명 이상 4명 이하의 위원으로 구성하는 회의

② 조정위원회의 회의는 다음 각 호의 구분에 따라 주재한다.

1. 분쟁조정회의: 위원장
2. 조정부: 위원장 또는 상임위원

③ 조정위원회의 회의는 위원 과반수 출석과 출석위원 과반수의 찬성으로 의결한다. 이 경우 조정위원회의 회의에는 소비자 및 사업자를 대표하는 위원이 각 1명 이상 균등하게 포함되어야 한다.

제63조의2(분쟁조정회의와 조정부의 관장사항) ① 분쟁조정회의는 다음 각 호의 사항을 심의·의결한다.

1. 제60조 제2항 제1호에 따른 소비자분쟁 중 대통령령으로 정하는 금액 이상의 소비자분쟁에 대한 조정
2. 제60조 제2항 제2호에 따른 조정위원회의 의사에 관한 규칙의 제정 및 개정·폐지
3. 제68조 제1항에 따라 조정위원회에 의뢰 또는 신청된 분쟁조정
4. 조정부가 분쟁조정회의에서 처리하도록 결정한 사항

② 조정부는 제1항 각 호의 사항 외의 사항을 심의·의결한다.[본조신설 2011.5.19]

제64조(위원의 제척 · 기피 · 회피) ① 조정위원회의 위원은 다음 각 호의 어느 하나에 해당하는 경우에는 제58조 또는 제65조 제1항의 규정에 따라 조정위원회에 신청된 그 분쟁조정사건(이하 이 조에서 "사건"이라 한다)의 심의·의결에서 제척된다.

1. 위원 또는 그 배우자나 배우자이었던 자가 그 사건의 당사자가 되거나 그 사건에 관하여 공동의 권리자 또는 의무자의 관계에 있는 경우
2. 위원이 그 사건의 당사자와 친족관계에 있거나 있었던 경우
3. 위원이 그 사건에 관하여 증언이나 감정을 한 경우
4. 위원이 그 사건에 관하여 당사자의 대

리인으로서 관여하거나 관여하였던 경우

②당사자는 위원에게 심의·의결의 공정을 기대하기 어려운 사정이 있는 경우에는 원장에게 기피신청을 할 수 있다. 이 경우 원장은 기피신청에 대하여 조정위원회의 의결을 거치지 아니하고 결정한다.

③위원이 제1항 또는 제2항의 사유에 해당하는 경우에는 스스로 그 사건의 심의·의결에서 회피할 수 있다.

제65조(분쟁조정) ① 소비자와 사업자 사이에 발생한 분쟁에 관하여 제16조 제1항의 규정에 따라 설치된 기구에서 소비자분쟁이 해결되지 아니하거나 제28조 제1항 제5호의 규정에 따른 합의권고에 따른 합의가 이루어지지 아니한 경우 당사자나 그 기구 또는 단체의 장은 조정위원회에 분쟁조정을 신청할 수 있다.

②조정위원회는 제58조 또는 제1항의 규정에 따라 분쟁조정을 신청받은 경우에는 대통령령이 정하는 바에 따라 지체 없이 분쟁조정절차를 개시하여야 한다.

③조정위원회는 제2항의 규정에 따른 분쟁조정을 위하여 필요한 경우에는 제61조 제6항의 규정에 따른 전문위원회에 자문할 수 있다.

④조정위원회는 제2항의 규정에 따른 분쟁조정절차에 앞서 이해관계인·소비자단체 또는 관계기관의 의견을 들을 수 있다.

⑤제59조의 규정은 분쟁조정절차의 중지에 관하여 이를 준용한다.

제66조(분쟁조정의 기간) ① 조정위원회는 제58조 또는 제65조 제1항의 규정에 따라 분쟁조정을 신청받은 때에는 그 신청을 받은 날부터 30일 이내에 그 분쟁조정을 마쳐야 한다.

②조정위원회는 제1항의 규정에 불구하고 부득이한 사정으로 30일 이내에 그 분쟁조정을 마칠 수 없는 경우에는 그 기간을 연장할 수 있다. 이 경우 그 사유와 기한을 명시하여 당사자 및 그 대리인에게 통지하여야 한다.

제67조(분쟁조정의 효력 등) ① 조정위원회의 위원장은 제66조의 규정에 따라 분쟁조정을 마친 때에는 지체 없이 당사자에게 그 분쟁조정의 내용을 통지하여야 한다.

②제1항의 규정에 따른 통지를 받은 당사자는 그 통지를 받은 날부터 15일 이내에 분쟁조정의 내용에 대한 수락 여부를 조정위원회에 통보하여야 한다. 이 경우 15일 이내에 의사표시가 없는 때에는 수락한 것으로 본다.

③제2항의 규정에 따라 당사자가 분쟁

조정의 내용을 수락하거나 수락한 것으로 보는 경우 조정위원회는 조정조서를 작성하고, 조정위원회의 위원장 및 각 당사자가 기명·날인하여야 한다. 다만, 수락한 것으로 보는 경우에는 각 당사자의 기명·날인을 생략할 수 있다.

④제2항의 규정에 따라 당사자가 분쟁조정의 내용을 수락하거나 수락한 것으로 보는 때에는 그 분쟁조정의 내용은 재판상 화해와 동일한 효력을 갖는다.

제68조(분쟁조정의 특례) ① 제65조 제1항의 규정에 불구하고, 국가·지방자치단체·한국소비자원 또는 소비자단체·사업자는 소비자의 피해가 다수의 소비자에게 같거나 비슷한 유형으로 발생하는 경우로서 대통령령이 정하는 사건에 대하여는 조정위원회에 일괄적인 분쟁조정(이하 "집단분쟁조정"이라 한다)을 의뢰 또는 신청할 수 있다.

②제1항의 규정에 따라 집단분쟁조정을 의뢰받거나 신청받은 조정위원회는 조정위원회의 의결로써 제3항 및 제5항부터 제7항까지의 규정에 따른 집단분쟁조정의 절차를 개시할 수 있다. 이 경우 조정위원회는 대통령령이 정하는 기간동안 그 절차의 개시를 공고하여야 한다.

③조정위원회는 집단분쟁조정의 당사자가 아닌 소비자 또는 사업자로부터 그 분쟁조정의 당사자에 추가로 포함될 수 있도록 하는 신청을 받을 수 있다.

④ 삭제

⑤조정위원회는 사업자가 조정위원회의 집단분쟁조정의 내용을 수락한 경우에는 집단분쟁조정의 당사자가 아닌 자로서 피해를 입은 소비자에 대한 보상계획서를 작성하여 조정위원회에 제출하도록 권고할 수 있다.

⑥제65조 제5항의 규정에 불구하고 조정위원회는 집단분쟁조정의 당사자인 다수의 소비자 중 일부의 소비자가 법원에 소를 제기한 경우에는 그 절차를 중지하지 아니하고, 소를 제기한 일부의 소비자를 그 절차에서 제외한다.

⑦ 제66조 제1항에도 불구하고 집단분쟁조정은 제2항에 따른 공고가 종료된 날의 다음 날부터 30일 이내에 마쳐야 한다. 다만, 부득이한 사유로 해당 기간 내에 분쟁조정을 마칠 수 없는 경우에는 2회에 한하여 각각 30일의 범위에서 그 기간을 연장할 수 있으며, 이 경우 그 사유와 기한을 구체적으로 밝혀 당사자 및 그 대리인에게 통지하여야 한다.

⑧집단분쟁조정의 절차 등에 관하여 필요한 사항은 대통령령으로 정한다.

제68조의2(대표당사자의 선임 등) ① 집단

분쟁조정에 이해관계가 있는 당사자들은 그 중 3명 이하를 대표당사자로 선임할 수 있다.

② 조정위원회는 당사자들이 제1항에 따라 대표당사자를 선임하지 아니한 경우에 필요하다고 인정하는 때에는 당사자들에게 대표당사자를 선임할 것을 권고할 수 있다.

③ 대표당사자는 자기를 선임한 당사자들을 위하여 그 사건의 조정에 관한 모든 행위를 할 수 있다. 다만, 조정신청의 철회 및 조정안의 수락·거부는 자기를 선임한 당사자들의 서면에 의한 동의를 받아야 한다.

④ 대표당사자를 선임한 당사자들은 대표당사자를 통하여서만 그 사건의 조정에 관한 행위를 할 수 있다.

⑤ 대표당사자를 선임한 당사자들은 필요하다고 인정하는 경우에는 대표당사자를 해임하거나 변경할 수 있다. 이 경우 당사자들은 그 사실을 지체 없이 조정위원회에 통지하여야 한다.

제69조(「민사조정법」의 준용) 조정위원회의 운영 및 조정절차에 관하여 이 법에서 규정하지 아니한 사항에 대하여는 「민사조정법」을 준용한다.

제4절 소비자단체소송

제70조(단체소송의 대상 등) 다음 각 호의 어느 하나에 해당하는 단체는 사업자가 제20조의 규정을 위반하여 소비자의 생명·신체 또는 재산에 대한 권익을 직접적으로 침해하고 그 침해가 계속되는 경우 법원에 소비자권익침해행위의 금지·중지를 구하는 소송(이하 "단체소송"이라 한다)을 제기할 수 있다.

1. 제29조의 규정에 따라 공정거래위원회에 등록한 소비자단체로서 다음 각 목의 요건을 모두 갖춘 단체

가. 정관에 따라 상시적으로 소비자의 권익증진을 주된 목적으로 하는 단체일 것

나. 단체의 정회원수가 1천명 이상일 것

다. 제29조의 규정에 따른 등록 후 3년이 경과하였을 것

2. 「상공회의소법」에 따른 대한상공회의소, 「중소기업협동조합법」에 따른 중소기업협동조합중앙회 및 전국 단위의 경제단체로서 대통령령이 정하는 단체

3. 「비영리민간단체 지원법」 제2조의 규정에 따른 비영리민간단체로서 다음 각 목의 요건을 모두 갖춘 단체

가. 법률상 또는 사실상 동일한 침해를 입은 50인 이상의 소비자로부터 단체소송의 제기를 요청받을 것

나. 정관에 소비자의 권익증진을 단체의

목적으로 명시한 후 최근 3년 이상 이를 위한 활동실적이 있을 것
다. 단체의 상시 구성원수가 5천명 이상일 것
라. 중앙행정기관에 등록되어 있을 것

제71조(전속관할) ① 단체소송의 소는 피고의 주된 사무소 또는 영업소가 있는 곳, 주된 사무소나 영업소가 없는 경우에는 주된 업무담당자의 주소가 있는 곳의 지방법원 본원 합의부의 관할에 전속한다.

②제1항의 규정을 외국사업자에 적용하는 경우 대한민국에 있는 이들의 주된 사무소·영업소 또는 업무담당자의 주소에 따라 정한다.

제72조(소송대리인의 선임) 단체소송의 원고는 변호사를 소송대리인으로 선임하여야 한다.

제73조(소송허가신청) ① 단체소송을 제기하는 단체는 소장과 함께 다음 각 호의 사항을 기재한 소송허가신청서를 법원에 제출하여야 한다.

1. 원고 및 그 소송대리인
2. 피고
3. 금지·중지를 구하는 사업자의 소비자권익 침해행위의 범위

②제1항의 규정에 따른 소송허가신청서에는 다음 각 호의 자료를 첨부하여야 한다.

1. 소제기단체가 제70조 각 호의 어느 하나에 해당하는 요건을 갖추고 있음을 소명하는 자료
2. 소제기단체가 제74조 제1항 제3호의 규정에 따라 요청한 서면 및 이에 대한 사업자의 의견서. 다만, 동호에서 정하는 기간 내에 사업자의 응답이 없을 경우에는 사업자의 의견서를 생략할 수 있다.

제74조(소송허가요건 등) ① 법원은 다음 각 호의 요건을 모두 갖춘 경우에 한하여 결정으로 단체소송을 허가한다.

1. 물품 등의 사용으로 인하여 소비자의 생명·신체 또는 재산에 피해가 발생하거나 발생할 우려가 있는 등 다수 소비자의 권익보호 및 피해예방을 위한 공익상의 필요가 있을 것
2. 제73조의 규정에 따른 소송허가신청서의 기재사항에 흠결이 없을 것
3. 소제기단체가 사업자에게 소비자권익 침해행위를 금지·중지할 것을 서면으로 요청한 후 14일이 경과하였을 것

②단체소송을 허가하거나 불허가하는 결정에 대하여는 즉시항고할 수 있다.

제75조(확정판결의 효력) 원고의 청구를 기각하는 판결이 확정된 경우 이와 동일한 사안에 관하여는 제70조의 규정에 따

른 다른 단체는 단체소송을 제기할 수 없다. 다만, 다음 각 호의 어느 하나에 해당하는 경우에는 그러하지 아니하다.

1. 판결이 확정된 후 그 사안과 관련하여 국가 또는 지방자치단체가 설립한 기관에 의하여 새로운 연구결과나 증거가 나타난 경우

2. 기각판결이 원고의 고의로 인한 것임이 밝혀진 경우

제76조(「민사소송법」의 적용 등) ① 단체소송에 관하여 이 법에 특별한 규정이 없는 경우에는 「민사소송법」을 적용한다.

②제74조의 규정에 따른 단체소송의 허가결정이 있는 경우에는 「민사집행법」 제4편의 규정에 따른 보전처분을 할 수 있다.

③단체소송의 절차에 관하여 필요한 사항은 대법원규칙으로 정한다.

제9장 조사절차 등

제77조(검사와 자료제출 등) ① 중앙행정기관의 장은 다음 각 호의 어느 하나에 해당하는 경우에는 대통령령이 정하는 바에 따라 소속공무원으로 하여금 사업자의 물품·시설 및 제조공정 그 밖의 물건을 검사하게 하거나 그 사업자에게 그 업무에 관한 보고 또는 관계 물품·서류 등의 제출을 명할 수 있다.

1. 제13조의 규정에 따라 소비자에게 정보제공을 하기 위하여 필요한 경우

2. 제16조 제1항의 규정에 따라 소비자의 불만 및 피해를 처리하기 위하여 필요한 경우

3. 이 법의 위반 여부를 확인하기 위하여 필요한 경우

②중앙행정기관의 장은 물품 등의 안전성을 의심할 만한 정당한 이유가 있는 경우로서 대통령령이 정하는 사유가 있는 때에는 소속 공무원으로 하여금 사업자의 영업장소, 제조장소, 창고 등 저장소, 사무소 그 밖의 이와 유사한 장소에 출입하여 제1항의 규정에 따른 검사 등을 할 수 있다.

③제1항 또는 제2항의 규정에 따라 검사 등을 하는 공무원은 그 권한을 나타내는 증표를 지니고 이를 관계인에게 내보여야 한다.

④이 법에 따른 직무에 종사하는 공무원은 제1항 또는 제2항의 규정에 따른 검사나 제출된 물품 또는 서류 등으로 알게 된 내용을 이 법의 시행을 위한 목적 아닌 용도로 사용하여서는 아니 된다.

⑤중앙행정기관의 장은 소관 소비자권익 증진시책을 추진하기 위하여 필요한

경우에는 원장에게 소비자피해에 관한 정보 및 각종 실태조사 결과 등 소비자의 권익과 관련된 정보의 제공을 요청할 수 있다.

제78조(자료 및 정보제공요청 등) ① 소비자단체 및 한국소비자원은 그 업무를 추진함에 있어서 필요한 자료 및 정보의 제공을 사업자 또는 사업자단체에 요청할 수 있다. 이 경우 그 사업자 또는 사업자단체는 정당한 사유가 없는 한 이에 응하여야 한다.

②제1항의 규정에 따라 자료 및 정보의 제공을 요청하는 소비자단체 및 한국소비자원은 그 자료 및 정보의 사용목적·사용절차 등을 미리 사업자 또는 사업자단체에 알려야 한다.

③제1항의 규정에 따라 소비자단체가 자료 및 정보를 요청하는 때에는 제79조의 규정에 따른 소비자정보요청협의회의 협의·조정을 미리 거쳐야 한다.

④제1항의 규정에 따라 자료 및 정보를 요청할 수 있는 소비자단체의 요건과 자료 및 정보의 범위 등에 관한 사항은 대통령령으로 정한다.

⑤제1항 내지 제4항의 규정에 따라 사업자 또는 사업자단체로부터 소비자단체에 제공된 자료 및 정보는 미리 사업자 또는 사업자단체에 알린 사용목적이 아닌 용도 및 사용절차가 아닌 방법으로 사용하여서는 아니 된다.

제79조(소비자정보요청협의회) ① 제78조 제1항의 규정에 따른 소비자단체의 자료 및 정보의 제공요청과 관련한 다음 각 호의 사항을 협의·조정하기 위하여 한국소비자원에 소비자정보요청협의회(이하 "협의회"라 한다)를 둔다.

1. 소비자단체가 요청하는 자료 및 정보의 범위·사용목적·사용절차에 관한 사항
2. 그 밖에 대통령령이 정하는 사항

②협의회의 구성과 운영 그 밖에 필요한 사항은 대통령령으로 정한다.

제10장 보칙

제80조(시정조치 등) ① 중앙행정기관의 장은 사업자가 제20조의 규정을 위반하는 행위를 한 경우에는 그 사업자에게 그 행위의 중지 등 시정에 필요한 조치를 명할 수 있다.

②중앙행정기관의 장은 사업자에게 제1항의 규정에 따라 시정명령을 받은 사실을 공표하도록 명할 수 있다.

제81조(시정조치의 요청 등) ① 국가 및 지방자치단체는 사업자가 제20조의 규정을 위반하는지 여부를 판단하기 위하

여 필요한 경우에는 등록소비자단체 또는 한국소비자원에 조사를 의뢰할 수 있다.

②공정거래위원회는 사업자가 제20조의 규정을 위반하는 행위를 한 사실을 알게 된 때에는 그 물품 등을 주관하는 중앙행정기관의 장에게 위반행위의 시정에 필요한 적절한 조치를 요청할 수 있다.

제82조(청문) 중앙행정기관의 장은 제30조·제50조 또는 제80조의 규정에 따른 명령 등의 조치를 하고자 하는 경우에는 청문을 실시하여야 한다. 다만, 제50조 제1항 단서의 경우에는 그러하지 아니하다.

제83조(권한의 위임 · 위탁 등) ① 중앙행정기관의 장은 이 법에 따른 권한의 일부를 대통령령이 정하는 바에 따라 시·도지사에게 위임할 수 있다.

②중앙행정기관의 장은 다음 각 호의 어느 하나에 해당하는 경우에는 제77조 제1항에 따른 권한을 한국소비자원에 위탁할 수 있다.

1. 제17조 제2항의 규정에 따라 한국소비자원에 시험·검사 또는 조사를 의뢰하는 경우
2. 제55조 제1항 내지 제3항의 규정에 따라 한국소비자원에 신청 또는 의뢰된 피해구제사건을 처리함에 있어서 사실확인을 위하여 필요하다고 인정되는 경우
3. 원장이 제52조 제2항 제1호부터 제3호까지의 조치를 하기 위하여 필요하다고 요청하는 경우

③ 제77조 제3항 및 제4항은 제2항에 따라 중앙행정기관의 장으로부터 제77조 제1항에 따른 검사 등의 권한을 위탁받은 한국소비자원의 직원으로서 그 검사 등의 권한을 행하는 직원에 대하여 준용한다.

제11장 벌칙

제84조(벌칙) ① 다음 각 호의 어느 하나에 해당하는 자는 3년 이하의 징역 또는 5천만원 이하의 벌금에 처한다.

1. 제50조 또는 제80조의 규정에 따른 명령을 위반한 자
2. 제77조 제4항(제83조 제3항의 규정에 따라 준용되는 경우를 포함한다)의 규정을 위반하여 검사 등으로 알게 된 내용을 이 법의 시행을 위한 목적이 아닌 용도로 사용한 자
3. 제78조 제5항의 규정을 위반하여 제공된 자료 및 정보를 사용목적이 아닌 용도 또는 사용절차가 아닌 방법으로 사용한 자

②제52조 제3항의 규정을 위반하여 위해정보에 관한 사항을 누설한 자는 1년 이하의 징역 또는 3천만원 이하의 벌금에 처한다.

③제1항의 경우에 징역형과 벌금형은 이를 병과(倂科)할 수 있다.

제85조(양벌규정) 법인의 대표자나 법인 또는 개인의 대리인, 사용인, 그 밖의 종업원이 그 법인 또는 개인의 업무에 관하여 제84조의 위반행위를 하면 그 행위자를 벌하는 외에 그 법인 또는 개인에게도 해당 조문의 벌금형을 과(科)한다. 다만, 법인 또는 개인이 그 위반행위를 방지하기 위하여 해당 업무에 관하여 상당한 주의와 감독을 게을리하지 아니한 경우에는 그러하지 아니하다.

제86조(과태료) ① 다음 각 호의 어느 하나에 해당하는 자는 3천만원 이하의 과태료에 처한다.

1. 제20조의 규정을 위반한 자
2. 제37조의 규정을 위반하여 동일 또는 유사명칭을 사용한 자
3. 제47조 제1항의 규정을 위반하여 물품 등의 중대한 결함의 내용을 보고하지 아니하거나 허위로 보고한 자
4. 제77조 제1항 또는 제2항의 규정에 따른 검사·출입을 거부·방해·기피한 자, 업무에 관한 보고를 하지 아니하거나 허위로 보고한 자 또는 관계 물품·서류 등을 제출하지 아니하거나 허위로 제출한 자

②제1항의 규정에 따른 과태료는 대통령령으로 정하는 바에 따라 중앙행정기관의 장 또는 시·도지사가 부과·징수한다.<개정 2010.3.22>

③ 삭제<2010.3.22>

④ 삭제<2010.3.22>

⑤ 삭제<2010.3.22>

⑥ 삭제<2010.3.22.>

할부거래에 관한 법률

[시행 2012.9.2.]
[법률 제11461호, 2012.6.1, 타법개정]

제1장 총칙

제1조(목적) 이 법은 할부계약 및 선불식 할부계약에 의한 거래를 공정하게 함으로써 소비자의 권익을 보호하고 시장의 신뢰도를 높여 국민경제의 건전한 발전에 이바지함을 목적으로 한다.

제2조(정의) 이 법에서 사용하는 용어의 뜻은 다음과 같다.

1. "할부계약"이란 계약의 명칭·형식이 어떠하든 재화나 용역(일정한 시설을 이

용하거나 용역을 제공받을 수 있는 권리를 포함한다)(이하 "재화 등"이라 한다)에 관한 다음 각 목의 계약을 말한다.

가. 소비자가 사업자에게 재화의 대금(代金)이나 용역의 대가(이하 "재화 등의 대금"이라 한다)를 2개월 이상의 기간에 걸쳐 3회 이상 나누어 지급하고, 재화 등의 대금을 완납하기 전에 재화의 공급이나 용역의 제공(이하 "재화 등의 공급"이라 한다)을 받기로 하는 계약(이하 "직접할부계약"이라 한다)

나. 소비자가 신용제공자에게 재화 등의 대금을 2개월 이상의 기간에 걸쳐 3회 이상 나누어 지급하고, 재화 등의 대금을 완납하기 전에 사업자로부터 재화 등의 공급을 받기로 하는 계약(이하 "간접할부계약"이라 한다)

2. "선불식 할부계약"이란 계약의 명칭·형식이 어떠하든 소비자가 사업자로부터 다음 각 목의 어느 하나에 해당하는 재화 등의 대금을 2개월 이상의 기간에 걸쳐 2회 이상 나누어 지급함과 동시에 또는 지급한 후에 재화 등의 공급을 받기로 하는 계약을 말한다.

가. 장례 또는 혼례를 위한 용역(제공시기가 확정된 경우는 제외한다) 및 이에 부수한 재화

나. 가목에 준하는 소비자피해가 발생하는 재화 등으로서 소비자의 피해를 방지하기 위하여 대통령령으로 정하는 재화 등

3. "할부거래"란 할부계약에 의한 거래를 말하며, "할부거래업자"란 할부계약에 의한 재화 등의 공급을 업으로 하는 자를 말한다.

4. "선불식 할부거래"란 선불식 할부계약에 의한 거래를 말하며, "선불식 할부거래업자"란 선불식 할부계약에 의한 재화 등의 공급을 업으로 하는 자를 말한다.

5. "소비자"란 다음 각 목의 어느 하나에 해당하는 자를 말한다.

가. 할부계약 또는 선불식 할부계약에 의하여 제공되는 재화 등을 소비생활을 위하여 사용하거나 이용하는 자

나. 가목 외의 자로서 사실상 가목의 자와 동일한 지위 및 거래조건으로 거래하는 자 등 대통령령으로 정하는 자

6. "신용제공자"란 소비자·할부거래업자와의 약정에 따라 재화 등의 대금에 충당하기 위하여 신용을 제공하는 자를 말한다.

7. "지배주주"란 다음 각 목의 어느 하나에 해당하는 자를 말한다.

가. 대통령령으로 정하는 특수관계인과 함께 소유하고 있는 주식 또는 출자액의

합계가 해당 법인의 발행주식총수 또는 출자총액의 100분의 30 이상인 경우로서 그 합계가 가장 많은 주주 또는 출자자

나. 해당 법인의 경영을 사실상 지배하는 자. 이 경우 사실상 지배의 구체적인 내용은 대통령령으로 정한다.

제3조(적용제외) 이 법은 다음 각 호의 거래에는 적용하지 아니한다.

1. 사업자가 상행위(商行爲)를 위하여 재화 등의 공급을 받는 거래. 다만, 사업자가 사실상 소비자와 같은 지위에서 다른 소비자와 같은 거래조건으로 거래하는 경우는 적용한다.
2. 성질상 이 법을 적용하는 것이 적합하지 아니한 것으로서 대통령령으로 정하는 재화 등의 거래

제4조(다른 법률과의 관계) 할부거래 및 선불식 할부거래에서의 소비자보호와 관련하여 이 법과 다른 법률이 경합하여 적용되는 경우에는 이 법을 우선하여 적용한다. 다만, 다른 법률을 적용하는 것이 소비자에게 유리한 경우에는 그 법률을 적용한다.

제2장 할부거래

제5조(계약체결 전의 정보제공) 할부거래업자는 할부계약을 체결하기 전에 소비자가 할부계약의 내용을 이해할 수 있도록 총리령으로 정하는 바에 따라 다음 각 호의 사항을 표시하여야 한다. 다만, 「여신전문금융업법」에 따른 신용카드회원과 신용카드가맹점 간의 간접할부계약의 경우에는 제3호, 제4호, 제6호 및 제7호의 사항을 표시하지 아니할 수 있다.

1. 재화 등의 종류 및 내용
2. 현금가격(할부계약에 의하지 아니하고 소비자가 재화 등의 공급을 받은 때에 할부거래업자에게 지급하여야 할 대금 전액을 말한다. 이하 같다)
3. 할부가격(소비자가 할부거래업자나 신용제공자에게 지급하여야 할 계약금과 할부금의 총합계액을 말한다. 이하 같다)
4. 각 할부금의 금액·지급횟수 및 지급시기
5. 할부수수료의 실제연간요율
6. 계약금(최초지급금·선수금 등 명칭이 무엇이든 할부계약을 체결할 때에 소비자가 할부거래업자에게 지급하는 금액을 말한다. 이하 같다)
7. 제12조1항에 따른 지연손해금 산정 시 적용하는 비율

제6조(할부계약의 서면주의) ① 할부거래업자는 총리령으로 정하는 바에 따라 다

음 각 호의 사항을 적은 서면(「전자문서 및 전자거래 기본법」 제2조 제1호에 따른 전자문서를 포함한다. 이하 같다)으로 할부계약을 체결하여야 한다. 다만, 「여신전문금융업법」에 따른 신용카드회원과 신용카드가맹점 간의 간접할부계약의 경우 제4호, 제5호 중 지급시기 및 제11호의 사항을 적지 아니할 수 있다.

1. 할부거래업자·소비자 및 신용제공자의 성명 및 주소
2. 재화 등의 종류·내용 및 재화 등의 공급 시기
3. 현금가격
4.할부가격
5. 각 할부금의 금액·지급횟수·지급기간 및 지급시기
6. 할부수수료의 실제연간요율
7. 계약금
8. 재화의 소유권 유보에 관한 사항
9. 제8조에 따른 청약철회의 기한·행사방법·효과에 관한 사항
10. 제11조 제1항에 따른 할부거래업자의 할부계약의 해제에 관한 사항
11. 제12조 제1항에 따른 지연손해금 산정 시 적용하는 비율
12. 제13조에 따른 소비자의 기한의 이익 상실에 관한 사항
13. 제16조에 따른 소비자의 항변권과 행사방법에 관한 사항

② 할부거래업자는 할부계약을 체결할 경우에는 제1항에 따른 계약서를 소비자에게 발급하여야 한다. 다만, 「여신전문금융업법」에 따른 신용카드회원과 신용카드가맹점 간의 간접할부계약의 경우 소비자의 동의를 받아 해당 계약의 내용을 팩스나 「전자문서 및 전자거래 기본법」 제2조 제1호에 따른 전자문서(이하 이 조에서 "전자문서"라 한다)로 보내는 것으로 대신할 수 있으며, 팩스나 전자문서로 보낸 계약서의 내용이나 도달에 다툼이 있으면 할부거래업자가 이를 증명하여야 한다.

③ 신용제공자는 제1항 제4호부터 제6호까지, 제9호, 제11호부터 제13호까지의 사항을 적은 서면을 소비자에게 발급하여야 한다.

④ 할부계약이 제1항 각 호의 요건을 갖추지 못하거나 그 내용이 불확실한 경우에는 소비자와 할부거래업자 간의 특약이 없으면 그 계약내용은 어떠한 경우에도 소비자에게 불리하게 해석되어서는 아니 된다.

제7조(할부수수료의 실제연간요율) 제5조 제5호 및 제6조 제1항 제6호에 따른 할부수수료의 실제연간요율의 계산방법과 최고한도는 「이자제한법」에서 정한

이자의 최고한도의 범위에서 대통령령으로 정한다.

제8조(청약의 철회) ① 소비자는 다음 각 호의 기간(거래당사자가 그 보다 긴 기간을 약정한 경우에는 그 기간을 말한다) 이내에 할부계약에 관한 청약을 철회할 수 있다.

1. 제6조 제1항에 따른 계약서를 받은 날부터 7일. 다만, 그 계약서를 받은 날보다 재화 등의 공급이 늦게 이루어진 경우에는 재화 등을 공급받은 날부터 7일
2. 다음 각 목의 어느 하나에 해당하는 경우에는 그 주소를 안 날 또는 알 수 있었던 날 등 청약을 철회할 수 있는 날부터 7일

가. 제6조 제1항에 따른 계약서를 받지 아니한 경우

나. 할부거래업자의 주소 등이 적혀 있지 아니한 계약서를 받은 경우

다. 할부거래업자의 주소 변경 등의 사유로 제1호의 기간 이내에 청약을 철회할 수 없는 경우

3. 제6조 제1항에 따른 계약서에 청약의 철회에 관한 사항이 적혀 있지 아니한 경우에는 청약을 철회할 수 있음을 안 날 또는 알 수 있었던 날부터 7일
4. 할부거래업자가 청약의 철회를 방해한 경우에는 그 방해 행위가 종료한 날부터 7일

② 소비자는 다음 각 호의 어느 하나에 해당하는 경우에는 제1항에 따른 청약의 철회를 할 수 없다. 다만, 할부거래업자가 청약의 철회를 승낙하거나 제6항에 따른 조치를 하지 아니한 경우에는 제2호부터 제4호까지에 해당하는 경우에도 청약을 철회할 수 있다.

1. 소비자에게 책임있는 사유로 재화 등이 멸실되거나 훼손된 경우. 다만, 재화 등의 내용을 확인하기 위하여 포장 등을 훼손한 경우는 제외한다.
2. 사용 또는 소비에 의하여 그 가치가 현저히 낮아질 우려가 있는 것으로서 대통령령으로 정하는 재화 등을 사용 또는 소비한 경우
3. 시간이 지남으로써 다시 판매하기 어려울 정도로 재화 등의 가치가 현저히 낮아진 경우
4. 복제할 수 있는 재화 등의 포장을 훼손한 경우
5. 그 밖에 거래의 안전을 위하여 대통령령으로 정하는 경우

③ 소비자가 제1항에 따라 청약을 철회할 경우 제1항에 따른 기간 이내에 할부거래업자에게 청약을 철회하는 의사표시가 적힌 서면을 발송하여야 한다.

④ 제1항에 따른 청약의 철회는 제3항에

따라 서면을 발송한 날에 그 효력이 발생한다.

⑤ 제1항 또는 제2항을 적용함에 있어서 계약서의 발급사실과 그 시기, 재화 등의 공급 사실과 그 시기 및 제2항 각 호 중 어느 하나에 해당하는지 여부에 관하여 다툼이 있는 경우에는 할부거래업자가 이를 입증하여야 한다.

⑥ 할부거래업자는 제2항 제2호부터 제4호까지의 규정에 따라 청약을 철회할 수 없는 재화 등에 대하여는 그 사실을 재화 등의 포장이나 그 밖에 소비자가 쉽게 알 수 있는 곳에 분명하게 표시하거나 시용(試用) 상품을 제공하는 등의 방법으로 소비자가 청약을 철회하는 것이 방해받지 아니하도록 조치하여야 한다.

제9조(간접할부계약에서의 청약의 철회 통보) ① 소비자가 할부거래업자에게 간접할부계약에 관한 청약을 철회한 경우 제8조 제1항에 따른 기간 이내에 신용제공자에게 청약을 철회하는 의사표시가 적힌 서면을 발송하여야 한다.

② 소비자가 신용제공자에게 제1항에 따른 서면을 발송하지 아니한 경우 신용제공자의 할부금지급청구를 거절할 수 없다. 다만, 다음 각 호의 어느 하나에 해당하는 경우에는 소비자가 그 서면을 발송하지 아니한 경우라도 신용제공자의 할부금지급청구를 거절할 수 있다.

1. 신용제공자가 제8조 제1항의 기간 이내에 할부거래업자에게 재화 등의 대금을 지급한 경우

2. 신용제공자가 할부거래업자로부터 제10조 제4항에 따른 할부금청구의 중지 또는 취소를 요청받은 경우

제10조(청약의 철회 효과) ① 소비자는 제8조에 따라 청약을 철회한 경우 이미 공급받은 재화 등을 반환하여야 한다.

② 소비자가 제8조에 따라 청약을 철회한 경우 할부거래업자(소비자로부터 재화 등의 계약금 또는 할부금을 지급받은 자 또는 소비자와 할부계약을 체결한 자를 포함한다. 이하 이 조에서 같다)는 다음 각 호의 어느 하나에 해당하는 영업일 이내에 이미 지급받은 계약금 및 할부금을 환급하여야 한다. 이 경우 할부거래업자가 소비자에게 재화 등의 계약금 및 할부금의 환급을 지연한 때에는 그 지연기간에 따라 「이자제한법」에서 정한 이자의 최고한도의 범위에서 대통령령으로 정하는 이율을 곱하여 산정한 지연이자(이하 "지연배상금"이라 한다)를 함께 환급하여야 한다.

1 재화를 공급한 경우에는 제1항에 따라 재화를 반환받은 날부터 3영업일

2. 용역을 제공한 경우에는 제8조 제3항에 따른 청약을 철회하는 서면을 수령한 날부터 3영업일

③ 할부거래업자는 제1항의 경우에 이미 용역(일정한 시설을 이용하거나 용역을 제공받을 권리는 제외한다)이 제공된 때에는 이미 제공된 용역과 동일한 용역의 반환을 청구할 수 없다.

④ 할부거래업자는 간접할부계약의 경우 제8조 제3항에 따른 청약을 철회하는 서면을 수령한 때에는 지체 없이 해당 신용제공자에게 재화 등에 대한 할부금의 청구를 중지 또는 취소하도록 요청하여야 한다. 이 경우 할부거래업자가 신용제공자로부터 해당 재화 등의 대금을 이미 지급받은 때에는 지체 없이 이를 신용제공자에게 환급하여야 한다.

⑤ 신용제공자는 제4항에 따라 할부거래업자로부터 할부금의 청구를 중지 또는 취소하도록 요청받은 경우 지체 없이 이에 필요한 조치를 취하여야 한다. 이 경우 소비자가 이미 지불한 할부금이 있는 때에는 지체 없이 이를 환급하여야 한다.

⑥ 할부거래업자가 제4항에 따른 요청을 지연하여 소비자로 하여금 신용제공자에게 할부금을 지불하게 한 경우 소비자가 지불한 금액에 대하여 소비자가 환급받는 날까지의 기간에 대한 지연배상금을 소비자에게 지급하여야 한다.

⑦ 신용제공자가 제5항에 따른 환급을 지연한 경우 그 지연기간에 따른 지연배상금을 소비자에게 지급하여야 한다. 다만, 할부거래업자가 제4항에 따른 요청을 지연하여 신용제공자로 하여금 소비자에 대한 할부금의 환급을 지연하게 한 경우에는 그 할부거래업자가 지연배상금을 지급하여야 한다.

⑧ 할부거래업자 또는 신용제공자는 소비자가 청약을 철회함에 따라 소비자와 분쟁이 발생한 경우 분쟁이 해결될 때까지 할부금 지급거절을 이유로 해당 소비자를 약정한 기일 이내에 채무를 변제하지 아니한 자로 처리하는 등 소비자에게 불이익을 주는 행위를 하여서는 아니 된다.

⑨ 할부거래업자는 소비자가 제8조에 따라 청약을 철회한 경우 이미 재화 등이 사용되었거나 일부 소비된 경우에는 그 재화 등을 사용하거나 일부 소비하여 소비자가 얻은 이익 또는 그 재화 등의 공급에 든 비용에 상당하는 금액으로서 대통령령으로 정하는 범위의 금액을 초과하여 소비자에게 청구할 수 없다.

⑩ 할부거래업자는 소비자가 제8조에 따라 청약을 철회한 경우 공급받은 재화

등의 반환에 필요한 비용을 부담하며, 소비자에게 청약의 철회를 이유로 위약금 또는 손해배상을 청구할 수 없다.

제11조(할부거래업자의 할부계약 해제) ① 할부거래업자는 소비자가 할부금 지급의무를 이행하지 아니하면 할부계약을 해제할 수 있다. 이 경우 할부거래업자는 그 계약을 해제하기 전에 14일 이상의 기간을 정하여 소비자에게 이행할 것을 서면으로 최고(催告)하여야 한다.

② 할부거래업자 또는 소비자는 제1항에 따라 할부계약이 해제된 경우에는 상대방에게 원상회복(原狀回復)하여 줄 의무를 진다. 이 경우 상대방이 원상회복할 때까지 자기의 의무이행을 거절할 수 있다.

③ 할부거래업자는 재화 등의 소유권이 할부거래업자에게 유보된 경우 그 할부계약을 해제하지 아니하고는 그 반환을 청구할 수 없다.

제12조(할부거래업자 등의 손해배상 청구금액의 제한) ① 할부거래업자 또는 신용제공자가 할부금 지급의무를 이행하지 아니한 것을 이유로 소비자에게 청구하는 손해배상액은 지연된 할부금에 「이자제한법」에서 정한 이자의 최고한도의 범위에서 대통령령으로 정하는 이율을 곱하여 산정한 금액에 상당하는 지연손해금을 초과하지 못한다.

② 할부거래업자가 제11조 제1항에 따라 할부계약을 해제한 경우에 소비자에게 청구하는 손해배상액은 다음 각 호의 어느 하나에 해당하는 금액과 제1항에 따른 지연손해금의 합계액을 초과하지 못한다.

1. 재화 등의 반환 등 원상회복이 된 경우에는 통상적인 사용료와 계약 체결 및 그 이행을 위하여 통상 필요한 비용의 합계액. 다만, 할부가격에서 재화 등이 반환된 당시의 가액을 공제한 금액이 그 사용료와 비용의 합계액을 초과하는 경우에는 그 공제한 금액
2. 재화 등의 반환 등 원상회복이 되지 아니한 경우에는 할부가격에 상당한 금액. 다만, 용역이 제공된 경우에는 이미 제공된 용역의 대가 또는 그 용역에 의하여 얻어진 이익에 상당하는 금액
3. 재화 등의 공급이 되기 전인 경우에는 계약체결 및 그 이행을 위하여 통상 필요한 금액

③ 할부거래업자 또는 신용제공자는 손해배상액의 예정, 위약금, 그 밖에 명칭·형식이 어떠하든 제1항 또는 제2항에 따른 금액을 초과하여 손해배상을 청구할 수 없다.

④ 할부거래업자 또는 신용제공자는 손

해배상을 청구하는 경우 소비자의 손해가 최소화되도록 신의에 따라 성실히 하여야 한다.

제13조(소비자의 기한의 이익 상실) ① 소비자는 다음 각 호의 어느 하나에 해당하는 경우에는 할부금의 지급에 대한 기한의 이익을 주장하지 못한다.

1. 할부금을 다음 지급기일까지 연속하여 2회 이상 지급하지 아니하고 그 지급하지 아니한 금액이 할부가격의 100분의 10을 초과하는 경우
2. 국내에서 할부금 채무이행 보증이 어려운 경우로서 대통령령으로 정하는 경우

② 할부거래업자 또는 신용제공자가 제1항에 따라 소비자로부터 한꺼번에 지급받을 금액은 나머지 할부금에서 나머지 기간에 대한 할부수수료를 공제한 금액으로 한다. 이 경우 할부수수료는 일단위로 계산한다.

제14조(소비자의 기한 전 지급) ① 소비자는 기한이 되기 전이라도 나머지 할부금을 한꺼번에 지급할 수 있다.

② 소비자가 제1항에 따라 할부거래업자 또는 신용제공자에게 지급하는 금액은 제13조 제2항에 따른 금액으로 한다.

제15조(할부대금채권의 소멸시효) 할부계약에 의한 할부대금채권은 3년간 행사하지 아니하면 소멸시효가 완성한다.

제16조(소비자의 항변권) ① 소비자는 다음 각 호의 어느 하나에 해당하는 사유가 있는 경우에는 할부거래업자에게 그 할부금의 지급을 거절할 수 있다.

1. 할부계약이 불성립·무효인 경우
2. 할부계약이 취소·해제 또는 해지된 경우
3. 재화 등의 전부 또는 일부가 제6조 제1항 제2호에 따른 재화 등의 공급 시기까지 소비자에게 공급되지 아니한 경우
4. 할부거래업자가 하자담보책임을 이행하지 아니한 경우
5. 그 밖에 할부거래업자의 채무불이행으로 인하여 할부계약의 목적을 달성할 수 없는 경우
6. 다른 법률에 따라 정당하게 청약을 철회한 경우

② 소비자는 간접할부계약인 경우 제1항 각 호의 어느 하나에 해당하는 사유가 있으면 할부가격이 대통령령으로 정한 금액 이상인 경우에만 신용제공자에게 할부금의 지급을 거절하는 의사를 통지한 후 할부금의 지급을 거절할 수 있다.

③ 소비자가 제2항에 따라 신용제공자에게 지급을 거절할 수 있는 금액은 할부금의 지급을 거절한 당시에 소비자가

신용제공자에게 지급하지 아니한 나머지 할부금으로 한다.

④ 소비자가 제1항에 따른 항변권의 행사를 서면으로 하는 경우 그 효력은 서면을 발송한 날에 발생한다.

⑤ 할부거래업자 또는 신용제공자는 소비자의 항변을 서면으로 수령한 경우 지체 없이 그 항변권의 행사가 제1항에 해당하는지를 확인하여야 한다. 제1항에 해당하지 아니하는 경우 소비자의 항변을 수령한 날부터 다음 각 호의 어느 하나에 해당하는 영업일 이내에 서면으로 소비자의 항변을 수용할 수 없다는 의사(意思)와 항변권의 행사가 제1항 각 호의 어느 하나에 해당하지 아니한다는 사실을 소비자에게 서면으로 통지하여야 한다.

1. 할부거래업자는 5영업일
2. 신용제공자는 7영업일

⑥ 할부거래업자 또는 신용제공자가 제5항에 따른 통지를 하지 아니한 경우에는 소비자의 할부금 지급 거절의사를 수용한 것으로 본다.

⑦ 할부거래업자 또는 신용제공자는 제1항부터 제6항까지의 규정에 따라 소비자가 할부금의 지급을 거절한 경우 소비자와 분쟁이 발생하면 분쟁이 해결될 때까지 할부금 지급 거절을 이유로 해당 소비자를 약정한 기일 이내에 채무를 변제하지 아니한 자로 처리하는 등 소비자에게 불이익을 주는 행위를 하여서는 아니 된다.

제17조(휴업기간 등에서의 청약의 철회에 관한 업무처리) 할부거래업자 또는 신용제공자는 그 휴업기간 또는 영업정지기간 중에도 제10조에 따른 청약의 철회에 관한 업무를 계속하여야 한다.

제3장 선불식 할부거래

제1절 영업의 등록 등

제18조(영업의 등록 등) ① 선불식 할부거래업자는 대통령령으로 정하는 바에 따라 다음 각 호의 서류를 갖추어 특별시장·광역시장·도지사 또는 특별자치도지사(이하 "시·도지사"라 한다)에게 등록하여야 한다.

1. 상호·주소·전화번호·전자우편주소(영업소 및 대리점을 포함한다)·대표자의 이름·주민등록번호·주소 등을 적은 신청서
2. 자본금이 3억원 이상임을 증명하는 서류
3. 제27조에 따른 소비자피해보상보험계약 등의 체결 증명 서류

4. 그 밖에 선불식 할부거래업자의 신원을 확인하기 위하여 필요한 사항으로서 총리령으로 정하는 서류

② 제1항에 따라 선불식 할부거래업의 등록을 한 경우 시·도지사는 지체 없이 선불식 할부거래업 등록증을 교부하여야 한다.

③ 선불식 할부거래업자는 제1항에 따라 등록한 사항 중 같은 항 제1호부터 제3호까지의 사항이 변경된 경우에는 대통령령으로 정하는 바에 따라 시·도지사에게 신고하여야 한다.

④ 선불식 할부거래업자는 휴업 또는 폐업을 하거나 휴업 후 영업을 다시 시작할 때에는 대통령령으로 정하는 바에 따라 시·도지사에게 신고하여야 한다. 이 경우 시·도지사는 폐업신고를 받은 때에는 그 등록을 말소하여야 한다. 다만, 폐업신고 전 등록취소 요건에 해당되는 경우에는 폐업신고일에 등록이 취소된 것으로 본다.

⑤ 공정거래위원회는 선불식 할부거래업자에 대한 다음 각 호의 사항을 대통령령으로 정하는 바에 따라 공개하여야 한다. 다만, 선불식 할부거래업자의 경영·영업상 비밀에 관한 사항으로서 공개될 경우 선불식 할부거래업자의 정당한 이익을 현저히 해칠 우려가 있다고 인정되는 사항과 개인에 관한 사항으로서 사생활의 비밀 또는 자유를 침해할 우려가 있다고 인정되는 사항에 대하여는 공개하지 아니한다.

1. 제1항에 따라 등록한 사항 및 제3항에 따라 신고한 사항

2. 그 밖에 공정거래위원회가 공정거래질서 확립 및 소비자보호를 위하여 필요하다고 인정하여 총리령으로 정하는 사항

⑥ 공정거래위원회는 제5항에 따른 공개를 위하여 필요한 경우에는 선불식 할부거래업자에게 관련 자료의 제출을 요구할 수 있다. 이 경우 선불식 할부거래업자는 정당한 사유가 없으면 관련 자료를 제출하여야 한다.

제19조(자본금) 제18조에 따라 등록하려는 자는 「상법」 상 회사로서 자본금이 3억원 이상이어야 한다.

제20조(결격사유) 다음 각 호의 어느 하나에 해당하는 자는 제18조에 따른 등록을 할 수 없다.

1. 다음 각 목의 어느 하나에 해당하는 사람이 임원인 회사

가. 미성년자

나. 한정치산 또는 금치산의 선고를 받은 사람

다. 파산선고를 받고 복권되지 아니한

사람
라. 이 법을 위반하여 징역형을 선고받고 그 집행이 끝나거나(집행이 끝난 것으로 보는 경우를 포함한다) 집행이 면제된 날부터 5년이 지나지 아니한 사람
마. 이 법을 위반하여 형의 집행유예를 선고받고 그 유예기간 중에 있는 사람
바. 이 법을 위반하여 벌금형을 선고받고 3년이 지나지 아니한 사람
2. 다음 각 목의 어느 하나에 해당하는 사람이 지배주주인 회사
가. 이 법을 위반하여 징역형을 선고받고 그 집행이 끝나거나(집행이 끝난 것으로 보는 경우를 포함한다) 집행이 면제된 날부터 5년이 지나지 아니한 사람
나. 이 법을 위반하여 형의 집행유예를 선고받고 그 유예기간 중에 있는 사람
3. 제40조에 따라 등록이 취소된 후 5년이 지나지 아니한 회사
4. 제40조에 따른 등록취소 당시 임원 또는 지배주주였던 사람이 임원 또는 지배주주인 회사

제21조(등록의 직권말소) 제18조에 따라 등록한 선불식 할부거래업자가 파산선고를 받거나 관할 세무서에 폐업신고를 한 경우 또는 6개월을 초과하여 영업을 하지 아니하는 등 실질적으로 영업을 할 수 없다고 판단되는 경우에는 시·도지사는 그 등록을 직권으로 말소할 수 있다.

제22조(지위의 승계) ① 선불식 할부거래업자가 사업의 전부를 양도하거나 선불식 할부거래업자에 대하여 합병 또는 분할이 있는 경우 해당 사업의 전부를 양수한 회사, 합병 후 존속하는 회사, 합병에 의하여 설립된 회사 또는 분할에 의하여 해당 사업의 전부를 승계한 회사는 그 선불식 할부거래업자의 지위를 승계한다. 다만, 지위를 승계하려는 자가 제20조의 결격사유에 해당하는 경우에는 승계할 수 없다.

② 제18조에 따라 등록한 선불식 할부거래업자의 지위를 승계한 회사는 대통령령으로 정하는 바에 따라 그 사항을 증명하는 서류를 첨부하여 시·도지사에 신고하여야 한다.

제2절 소비자 권익의 보호

제23조(계약체결 전의 정보 제공 및 계약체결에 따른 계약서 발급) ① 선불식 할부거래업자는 선불식 할부계약을 체결하기 전에 소비자가 계약의 내용을 이해할 수 있도록 다음 각 호의 사항을 설명하여야 한다.
1. 선불식 할부거래업자의 상호·주소·전

화번호·전자우편주소·대표자의 이름
2. 재화 등의 종류 및 내용
3. 재화 등의 가격과 그 지급의 방법 및 시기
4. 재화 등을 공급하는 방법 및 시기
5. 계약금
6. 청약의 철회 및 계약 해제의 기한·행사방법·효과에 관한 사항 및 청약의 철회 및 계약 해제의 권리 행사에 필요한 서식으로서 총리령으로 정하는 것
7. 소비자 피해보상, 재화 등에 대한 불만 및 소비자와 사업자 사이의 분쟁 처리에 관한 사항
8. 선불식 할부거래에 관한 약관
9. 그 밖에 소비자의 구매 여부 판단에 영향을 주는 거래조건 또는 소비자의 피해구제에 필요한 사항으로서 대통령령으로 정하는 사항

② 선불식 할부거래업자는 선불식 할부계약을 체결할 경우에는 제1항 각 호의 사항을 적은 계약서를 소비자에게 발급하여야 한다.

제24조(소비자의 청약의 철회) ① 소비자는 다음 각 호의 기간(거래당사자가 다음 각 호의 기간보다 긴 기간으로 약정한 경우에는 그 기간을 말한다) 이내에 선불식 할부계약에 관한 청약을 철회할 수 있다.
1. 제23조 제2항에 따른 계약서를 받은 날부터 14일
2. 다음 각 목의 어느 하나에 해당하는 경우에는 그 주소를 안 날 또는 알 수 있었던 날 등 청약을 철회할 수 있는 날부터 14일
가. 선불식 할부거래업자의 주소 등이 적혀 있지 아니한 계약서를 받은 경우
나. 선불식 할부거래업자의 주소 변경 등의 사유로 제1호의 기간 이내에 청약을 철회할 수 없는 경우
3. 제23조 제2항에 따른 계약서에 청약의 철회에 관한 사항이 적혀 있지 아니한 경우에는 청약을 철회할 수 있음을 안 날 또는 알 수 있었던 날부터 14일
4. 선불식 할부거래업자가 청약의 철회를 방해한 경우에는 그 방해행위가 종료한 날부터 14일
5. 제23조 제2항에 따른 계약서를 받지 아니한 경우에는 계약일부터 3개월

② 소비자가 제1항에 따라 청약을 철회할 경우 제1항에 따른 기간 이내에 선불식 할부거래업자에게 청약을 철회하는 의사표시가 적힌 서면을 발송하여야 한다.

③ 제1항에 따른 청약의 철회는 제2항에 따라 서면을 발송한 날에 그 효력이 발생한다.

④ 제1항을 적용함에 있어서 계약서의

발급사실과 그 시기 등에 관하여 다툼이 있는 경우에는 선불식 할부거래업자가 이를 입증하여야 한다.

⑤ 소비자가 제1항에 따라 청약을 철회한 경우 선불식 할부거래업자는 제2항에 따른 청약철회의 서면을 접수한 날부터 3영업일 이내에 이미 지급받은 계약금 및 할부금을 환급하여야 한다. 이 경우 선불식 할부거래업자가 환급을 지연한 때에는 그 지연기간에 따라 지연배상금을 함께 환급하여야 한다.

제25조(소비자의 선불식 할부계약 해제) ① 소비자가 선불식 할부계약을 체결하고, 그 계약에 의한 재화 등의 공급을 받지 아니한 경우에는 그 계약을 해제할 수 있다.

② 선불식 할부거래업자는 제1항에 따라 계약이 해제된 경우 소비자에게 해제로 인한 손실을 초과하는 위약금을 청구하여서는 아니 된다.

③ 선불식 할부거래업자는 소비자가 다음 각 호의 어느 하나에 해당하는 사유로 계약을 해제하는 경우에는 위약금을 청구하여서는 아니 된다.

1. 휴업 또는 폐업신고를 한 때
2. 영업정지 처분을 받은 때
3. 등록이 취소되거나 말소된 때
4. 「은행법」에 따른 은행으로부터 당좌거래의 정지처분을 받은 때
5. 파산 또는 화의(和議) 개시의 신청이 있는 때

④ 선불식 할부거래업자는 선불식 할부계약이 해제된 경우에는 해제된 날부터 3영업일 이내에 이미 지급받은 대금에서 위약금을 뺀 금액을 소비자에게 환급하여야 한다. 이 경우 선불식 할부거래업자가 환급을 지연한 때에는 그 지연기간에 따라 지연배상금을 함께 환급하여야 한다.

⑤ 공정거래위원회는 총리령으로 정하는 바에 따라 위약금 및 대금의 환급에 관한 산정기준을 정하여 고시할 수 있다.

제26조(선불식 할부거래업자의 선불식 할부계약 해제) 선불식 할부거래업자는 소비자가 대금 지급의무를 이행하지 아니하면 선불식 할부계약을 해제할 수 있다. 이 경우 선불식 할부거래업자는 그 계약을 해제하기 전에 14일 이상의 기간을 정하여 소비자에게 이행할 것을 서면으로 최고(催告)하여야 한다.

제27조(소비자피해보상보험계약 등) ① 선불식 할부거래업자가 제18조에 따라 등록할 경우 소비자로부터 선불식 할부계약과 관련되는 재화 등의 대금으로서 미리 수령한 금액(이하 "선수금"이라 한다)

을 보전하기 위하여 다음 각 호의 어느 하나에 해당하는 계약(이하 "소비자피해보상보험계약 등"이라 한다)을 체결하여야 한다.

1. 소비자피해보상을 위한 보험계약
2. 소비자피해보상금의 지급을 확보하기 위한 「은행법」에 따른 은행과의 채무지급보증계약
3. 소비자피해보상금의 지급을 확보하기 위한 대통령령으로 정하는 기관(이하 "예치기관"이라 한다)과의 예치계약
4. 제28조에 따라 설립된 공제조합과의 공제계약

② 제1항에 따라 선불식 할부거래업자가 소비자피해보상보험계약 등에 따라 보전하여야 할 금액(제1항 각 호 중 둘 이상의 계약을 체결한 경우에는 각 계약에 따라 보전되는 금액을 합산한다) 및 그 산정기준은 선수금 합계액의 100분의 50을 초과하지 아니하는 범위에서 대통령령으로 정한다.

③ 누구든지 제1항 제3호에 따른 예치금을 상계·압류(가압류를 포함한다)하지 못하며, 선불식 할부거래업자는 대통령령으로 정하는 경우 외에는 예치금을 양도하거나 담보로 제공하여서는 아니 된다.

④ 소비자피해보상보험계약 등에 따라 소비자피해보상금을 지급할 의무가 있는 자(이하 "지급의무자"라 한다)는 다음 각 호의 어느 하나에 해당하는 지급사유가 발생한 경우에는 지체 없이 이를 지급하여야 한다. 정당한 사유 없이 이를 지연한 경우에는 지연배상금을 지급하여야 한다.

1. 선불식 할부거래업자가 폐업한 경우
2. 선불식 할부거래업자가 「은행법」에 따른 은행으로부터 당좌거래의 정지처분을 받은 경우
3. 제21조에 따라 등록이 말소된 경우 및 제40조에 따라 등록이 취소된 경우
4. 그 밖에 선불식 할부거래업자의 채무불이행 등으로 인한 소비자피해보상을 위하여 대통령령으로 정하는 경우

⑤ 예치기관은 제4항에 따른 지급사유가 발생한 경우에는 예치금을 인출하여 해당 선불식 할부거래업자와 선불식 할부계약을 체결한 소비자에게 우선하여 지급하여야 하며, 예치 및 예치금의 지급 등에 대한 구체적인 절차 및 방법에 대하여는 총리령으로 정한다.

⑥ 제1항에 따라 소비자피해보상보험계약 등을 체결한 선불식 할부거래업자 및 지급의무자는 소비자에게 소비자피해보상 증서를 발급하여야 하며, 그 구체적인 절차·발급방법 및 내용 등에 대하여는 총리령으로 정한다.

⑦ 공정거래위원회는 소비자피해보상 업무의 감독을 위하여 필요한 경우 지급의무자에게 선수금 보전과 관련된 자료의 제출을 요구할 수 있다.

⑧ 공정거래위원회는 지급의무자의 업무집행 등이 법령에 적합하지 아니한 경우 이의 시정을 명할 수 있고, 그 밖에 소비자의 피해구제 등과 관련하여 필요한 경우에는 적합한 조치를 요구할 수 있다.

⑨ 선불식 할부거래업자는 소비자피해보상보험계약 등을 체결 또는 유지하는 경우 선수금 등의 자료를 제출함에 있어 거짓의 자료를 제출하여서는 아니 된다.

⑩ 그 밖에 소비자피해보상보험계약 등의 운영에 관하여 필요한 사항은 대통령령으로 정한다.

제28조(공제조합의 설립) ① 선불식 할부거래업자는 제27조 제1항 제4호에 따른 공제사업을 운영하기 위하여 공정거래위원회의 인가를 받아 공제조합을 설립할 수 있다.

② 공제조합은 법인으로 하며, 주된 사무소의 소재지에서 설립등기를 함으로써 성립한다.

③ 공제조합에 가입한 자는 공제사업의 수행에 필요한 출자금 등을 공제조합에 내야 한다.

④ 공제조합의 기본재산은 조합원의 출자금 등으로 조성하되 출자금은 200억원 이상으로서 대통령령으로 정하는 규모 이상이어야 한다. 다만, 정부는 예산의 범위에서 출연(出捐)하거나 보조할 수 있다.

⑤ 공제조합의 설립인가 기준 및 절차, 운영 및 감독 등에 관하여 필요한 사항은 대통령령으로 정한다.

⑥ 공제조합에 관하여 이 법에 규정된 것을 제외하고는 「민법」 중 사단법인에 관한 규정을 준용한다.

제29조(공제조합의 사업) ① 공제조합은 다음 각 호의 사업을 수행한다.

1. 소비자피해보상을 위한 공제사업 및 소비자의 권익보호를 위한 공익사업
2. 소비자피해예방과 홍보를 위한 출판 및 교육사업
3. 시장의 건전한 발전을 위한 자율정화사업
4. 공정거래위원회로부터 위탁받은 사업

② 이 법에 따른 공제조합의 사업에 대하여는 「보험업법」을 적용하지 아니한다.

제30조(공제조합의 정관 및 공제규정) ① 공제조합은 다음 각 호의 사항을 적은 정관을 정하여 공정거래위원회의 인가

를 받아야 한다. 정관을 변경하는 경우에도 또한 같다.

1. 조합원의 자격과 가입·탈퇴에 관한 사항
2. 임원에 관한 사항
3. 출자금의 부담기준에 관한 사항
4. 이사회에 관한 사항
5. 이사장 선임에 관한 사항
6. 그 밖에 대통령령으로 정하는 사항

② 공제조합은 공제사업의 범위와 방식에 관한 공제규정을 정하여 공정거래위원회의 인가를 받아야 한다. 공제규정을 변경하는 경우에도 또한 같다.

제31조(공제조합의 감독) ① 공정거래위원회는 필요하다고 인정하면 공제조합에 대하여 업무 및 회계에 관한 보고서의 제출 또는 그 밖에 필요한 조치를 명하거나 소속 공무원으로 하여금 공제조합의 업무 및 회계 상황을 조사하거나 장부 또는 그 밖의 서류를 검사하게 할 수 있다.

② 공정거래위원회는 공제조합의 운영 및 업무 집행 등이 법령이나 정관 등에 적합하지 아니한 경우 그 시정을 명할 수 있고, 그 밖에 소비자의 피해구제 등과 관련하여 필요한 경우에는 적합한 조치를 요구할 수 있다.

③ 공정거래위원회는 공제조합의 임직원이 다음 각 호의 어느 하나에 해당하는 경우에는 관련 임직원에 대한 징계·해임을 요구하거나 해당 위반행위를 시정하도록 명할 수 있다.

1. 제30조 제2항에 따른 공제규정을 위반하여 업무를 처리한 경우
2. 제2항에 따른 시정명령이나 조치를 이행하지 아니한 경우

④ 제1항에 따라 조사 또는 검사를 하는 공무원은 그 권한을 표시하는 증표를 지니고 이를 관계인에게 보여 주어야 한다.

제32조(휴업기간 등에서의 청약의 철회 등에 관한 업무처리) 선불식 할부거래업자는 그 휴업기간 또는 영업정지기간 중에도 제24조에 따른 청약의 철회나 제25조에 따른 계약의 해제 업무를 계속하여야 한다.

제33조(거래기록 등의 열람) 선불식 할부거래업자는 대통령령으로 정하는 바에 따라 재화 등의 거래기록·소비자피해보상보험계약 등의 체결내용을 언제든지 소비자가 열람할 수 있게 하여야 한다.

제34조(금지행위) 선불식 할부거래업자는 다음 각 호의 어느 하나에 해당하는 행위를 하여서는 아니 된다.

1. 계약의 체결을 강요하거나 청약의 철회 또는 계약의 해제를 방해할 목적으로

상대방을 위협하는 행위

2. 거짓·과장된 사실을 알리거나 기만적 방법을 사용하여 상대방과의 거래를 유도하거나 청약의 철회 또는 계약의 해제를 방해하는 행위

3. 청약의 철회 또는 계약의 해제를 방해할 목적으로 주소·전화번호 등을 변경하는 행위

4. 분쟁이나 불만처리에 필요한 인력 또는 설비가 부족한 상태를 상당 기간 방치하여 상대방에게 피해를 주는 행위

5. 상대방의 청약이 없음에도 재화 등의 대금을 청구하는 행위

6. 소비자가 계약을 체결할 의사가 없음을 밝혔음에도 전화, 팩스, 컴퓨터통신 등을 통하여 계약체결을 강요하는 행위

7. 소비자피해보상보험계약 등을 체결하지 아니하고 영업하는 행위

8. 소비자피해보상보험계약 등을 체결하지 아니하였음에도 소비자피해보상보험계약 등을 체결한 사실을 나타내는 표지나 이와 유사한 표지를 제작 또는 사용하는 행위

9. 본인의 허락을 받지 아니하거나 허락받은 범위를 넘어 소비자에 관한 정보를 이용(제3자에게 제공하는 경우를 포함한다)하는 행위. 다만, 다음 각 목의 어느 하나에 해당하는 경우는 제외한다.

가. 재화 등의 배송 등 소비자와의 계약이행에 불가피한 경우로서 대통령령으로 정하는 경우

나. 재화 등의 거래에 따른 대금을 정산하기 위하여 필요한 경우

다. 도용을 방지하기 위하여 본인임을 확인할 때 필요한 경우로서 대통령령으로 정하는 경우

라. 다른 법률에 따라 불가피한 사유가 있는 경우

10. 소비자가 계약을 해제하였음에도 불구하고 정당한 사유 없이 이에 따른 조치를 지연하거나 거부하는 행위

11. 청약의 철회 또는 계약의 해제와 관련하여 분쟁이 발생한 경우 대금을 지급받기 위하여 소비자에게 위계를 사용하거나 위력을 가하는 행위

12. 자신이 공급하는 재화 등을 소비자가 양도·양수하는 것을 상당한 이유 없이 제한하거나 양도·양수함에 있어 과다한 비용을 부과하는 행위

13. 다른 사람에게 자기의 명의 또는 상호를 사용하여 선불식 할부거래업을 하게 하거나 선불식 할부거래업 등록증을 대여하는 행위

제3절 조사 및 감독

제35조(위반행위의 조사) ① 공정거래위원회, 시·도지사 또는 시장·군수·구청장(자치구의 구청장을 말한다. 이하 같다)은 선불식 할부거래업자가 이 법을 위반한 사실이 있다고 인정할 때에는 직권으로 필요한 조사를 할 수 있다.

② 시·도지사 또는 시장·군수·구청장이 제1항에 따른 조사를 하려는 경우에는 공정거래위원회에 통보하여야 하며, 공정거래위원회는 조사 등이 중복될 우려가 있는 경우에는 시·도지사 또는 시장·군수·구청장에게 조사의 중지를 요청할 수 있다. 이 경우 요청을 받은 시·도지사 또는 시장·군수·구청장은 상당한 이유가 없으면 그 조사를 중지하여야 한다.

③ 공정거래위원회, 시·도지사 또는 시장·군수·구청장은 제1항에 따라 조사를 한 경우에는 그 결과(조사 결과 시정조치 명령 등의 처분을 하려는 경우에는 그 처분의 내용을 포함한다)를 해당 사건의 당사자에게 문서로 알려야 한다.

④ 누구든지 선불식 할부거래업자가 이 법을 위반한 사실이 있다고 인정할 때에는 그 사실을 공정거래위원회, 시·도지사 또는 시장·군수·구청장에게 신고할 수 있다.

⑤ 공정거래위원회는 선불식 할부거래업자의 이 법 위반행위가 끝난 날부터 5년이 지난 경우 그 위반행위에 대하여는 이 법에 따른 시정조치를 명하지 아니하거나 과징금을 부과하지 아니한다. 다만, 시정조치 또는 과징금 부과처분이 판결의 취지에 따라 취소된 경우로서 그 판결이유에 따라 새로운 처분을 하는 경우에는 그러하지 아니하다.

⑥ 공정거래위원회는 제1항의 조사를 위하여 「소비자기본법」 제33조에 따른 한국소비자원(이하 이 조에서 "한국소비자원"이라 한다)과 합동으로 조사반을 구성할 수 있다. 이 경우 조사반의 구성과 조사에 관한 구체적 방법과 절차, 그 밖에 필요한 사항은 대통령령으로 정한다.

⑦ 제6항에 따라 해당 업무를 담당하는 한국소비자원의 임직원은 「형법」 제129조부터 제132조까지의 규정에 따른 벌칙을 적용할 때에는 공무원으로 본다.

제36조(부당행위에 대한 정보의 공개) 공정거래위원회는 선불식 할부거래에서의 공정거래질서 확립과 소비자 피해예방을 위하여 필요한 경우에는 대통령령으로 정하는 바에 따라 선불식 할부거래업자의 이 법 위반행위에 대한 조사 결과 등 부당행위에 대한 정보를 공개할 수 있다.

제37조(보고 및 감독) ① 시·도지사 또는 시장·군수·구청장은 제38조에 따른 시

정권고를 하는 경우에는 대통령령으로 정하는 바에 따라 공정거래위원회에 보고하여야 한다.

② 공정거래위원회는 이 법의 효율적인 시행을 위하여 필요하다고 인정할 때에는 그 소관 사항에 관하여 시·도지사 또는 시장·군수·구청장에게 조사·확인 또는 자료의 제출을 요구하거나 그 밖에 시정에 필요한 조치를 하도록 요구할 수 있다. 이 경우 시·도지사 또는 시장·군수·구청장은 특별한 사유가 없으면 이에 따라야 한다.

제4절 시정조치 및 과징금 부과

제38조(위반행위의 시정권고) ① 공정거래위원회, 시·도지사 또는 시장·군수·구청장(이하 이 조에서 "행정청"이라 한다)은 선불식 할부거래업자가 이 법에 위반되는 행위를 하거나 이 법에 따른 의무를 이행하지 아니하는 경우 제39조에 따른 시정조치를 하기 전에 그 선불식 할부거래업자가 해당 행위의 중지, 이 법에 따른 의무의 이행, 그 밖에 소비자 피해예방 및 구제에 필요한 조치를 하도록 시정 방안을 정하여 그 선불식 할부거래업자에게 이에 따를 것을 권고할 수 있다. 이 경우 해당 선불식 할부거래업자가 그 권고를 수락한 경우에는 제3항에 따라 시정조치가 내려진 것으로 본다는 뜻을 함께 통지하여야 한다.

② 제1항에 따라 시정권고를 받은 선불식 할부거래업자는 그 통지를 받은 날부터 10일 이내에 그 권고의 수락 여부를 시정권고를 한 행정청에 통지하여야 한다.

③ 제1항에 따라 시정권고를 받은 선불식 할부거래업자가 이를 수락한 때에는 제39조에 따른 시정조치가 내려진 것으로 본다.

제39조(시정조치) ① 공정거래위원회는 선불식 할부거래업자가 다음 각 호의 어느 하나에 해당하는 행위를 하거나 이 법에 따른 의무를 이행하지 아니한 경우 해당 선불식 할부거래업자에게 그 시정을 위한 조치를 명할 수 있다.

1. 제18조 제1항·제3항·제4항·제6항, 제19조, 제20조, 제22조부터 제26조까지, 제27조 제1항·제3항부터 제6항까지·제9항, 제32조, 제33조를 위반하는 경우
2. 제34조 각 호의 어느 하나에 해당하는 금지행위를 한 경우

② 제1항에 따른 시정을 위한 조치에는 다음 각 호의 어느 하나에 해당하는 조치를 포함한다.

1. 해당 위반행위의 중지

2. 이 법에 규정된 의무의 이행
3. 시정조치를 받은 사실의 공표
4. 소비자피해 예방 및 구제에 필요한 조치
5. 그 밖에 시정을 위하여 필요한 조치

③ 제2항 제3호에 따른 시정조치를 받은 사실의 공표에 관하여 필요한 사항은 대통령령으로 정한다.

제40조(영업정지 등) ① 공정거래위원회는 선불식 할부거래업자가 다음 각 호의 어느 하나에 해당하는 경우로서 제39조에 따른 시정조치에도 불구하고 위반행위가 반복되거나 시정조치를 이행하지 아니한 경우에는 대통령령으로 정하는 바에 따라 1년 이내의 기간을 정하여 그 영업의 전부 또는 일부의 정지를 명할 수 있다.

1. 제18조 제3항 또는 제4항에 따른 신고를 하지 아니하거나 거짓으로 신고한 경우
2. 제34조 제1호부터 제3호까지, 제8호 또는 제11호에 해당하는 금지행위를 한 경우

② 시·도지사는 선불식 할부거래업자가 다음 각 호의 어느 하나에 해당하는 경우 그 등록을 취소할 수 있다. 다만, 제1호 및 제2호에 해당하는 경우에는 그 등록을 취소하여야 한다.

1. 거짓이나 그 밖의 부정한 방법으로 제18조 제1항에 따른 등록을 한 경우
2. 제20조 각 호의 결격사유에 해당하게 된 경우
3. 소비자피해보상보험계약 등이 해지된 경우
4. 영업정지기간 중에 영업을 하는 경우

③ 시·도지사가 제2항에 따라 선불식 할부거래업자의 등록을 취소하려면 청문을 하여야 한다.

제41조(소비자피해분쟁조정의 요청) ① 공정거래위원회, 시·도지사 또는 시장·군수·구청장은 이 법 위반행위와 관련하여 소비자의 피해구제신청이 있으면 제38조에 따른 시정권고 또는 제39조에 따른 시정조치를 하기 전에 선불식 할부거래에 관한 소비자보호 관련 업무를 수행하는 기관 또는 단체 등 대통령령으로 정하는 소비자피해분쟁조정기구에 그 조정을 의뢰할 수 있다. 이 경우 공정거래위원회, 시·도지사 또는 시장·군수·구청장은 조정안을 당사자가 수락하고 이행하는 경우에는 제39조에 따른 시정조치를 하지 아니한다는 뜻을 당사자에게 알려야 한다.

② 제1항에 따른 소비자피해분쟁조정기구의 조정안에 대하여 당사자가 수락하고 이행한 경우에는 대통령령으로 정하

는 바에 따라 제39조에 따른 시정조치를 하지 아니한다.

③ 공정거래위원회는 제1항에 따라 분쟁의 조정을 요청하는 경우 예산의 범위에서 해당 분쟁의 조정에 필요한 예산을 지원할 수 있다.

제42조(과징금) ① 공정거래위원회는 제40조 제1항에 따라 영업정지를 명하여야 할 경우로서 영업정지가 소비자에게 심한 불편을 주거나 공익을 해할 우려가 있으면 영업정지를 갈음하여 해당 선불식 할부거래업자에 대하여 대통령령으로 정하는 위반행위 관련 매출액을 초과하지 아니하는 범위에서 과징금을 부과할 수 있다. 이 경우 관련 매출액이 없거나 이를 산정할 수 없는 경우 등에는 5천만원을 초과하지 아니하는 범위에서 과징금을 부과할 수 있다.

② 공정거래위원회는 제1항에 따른 과징금을 부과할 때 다음 각 호의 사항을 고려하여야 한다.

1. 위반행위로 인한 소비자 피해정도
2. 소비자피해에 대한 선불식 할부거래업자의 보상노력 정도
3. 위반행위로 인하여 취득한 이익의 규모
4. 위반행위의 내용·기간 및 횟수 등

③ 공정거래위원회는 이 법을 위반한 선불식 할부거래업자인 회사의 합병이 있는 경우에는 그 회사가 행한 위반행위를 합병 후 존속하거나 합병으로 새로 설립된 회사가 한 행위로 보아 과징금을 부과·징수할 수 있다.

④ 제1항에 따른 과징금의 납부기한의 연장, 분할납부, 징수, 체납처분 및 환급가산금에 관하여는 「독점규제 및 공정거래에 관한 법률」 제55조의4, 제55조의6 및 제55조의7을 준용한다.

⑤ 제1항에 따른 과징금의 부과기준은 대통령령으로 정한다.

제4장 보칙

제43조(소비자에게 불리한 계약의 금지) 제6조부터 제13조까지, 제15조, 제16조, 제23조부터 제26조까지의 규정을 위반한 약정으로서 소비자에게 불리한 것은 효력이 없다.

제44조(전속관할) 할부거래 및 선불식 할부거래와 관련된 소(訴)는 제소 당시 소비자의 주소를, 주소가 없는 경우에는 거소를 관할하는 지방법원의 전속관할로 한다. 다만, 제소 당시 소비자의 주소 및 거소가 분명하지 아니한 경우에는 「민사소송법」의 관련 규정을 준용한다.

제45조(사업자단체의 등록) ① 할부거래

및 선불식 할부거래의 건전한 발전과 소비자의 신뢰도 제고, 그 밖에 공동이익의 증진을 목적으로 설립된 사업자단체는 대통령령으로 정하는 바에 따라 공정거래위원회에 등록할 수 있다.

② 제1항에 따른 등록의 요건, 방법 및 절차 등에 관하여 필요한 사항은 대통령령으로 정한다.

제46조(사무의 위탁) ① 공정거래위원회는 이 법을 효율적으로 집행하기 위하여 필요한 경우 사무의 일부를 제45조에 따라 등록한 사업자단체에 위탁할 수 있다.

② 제1항에 따라 위탁한 사무에 대한 감독, 처리·보고, 조사·확인, 자료의 제출 또는 시정에 필요한 조치의 요구 등에 관하여 필요한 사항은 대통령령으로 정한다.

③ 제1항에 따라 사무를 위탁받은 사업자단체의 임직원은 「형법」 제129조부터 제132조까지의 규정에 따른 벌칙을 적용할 때에는 공무원으로 본다.

제47조(「독점규제 및 공정거래에 관한 법률」의 준용) ① 이 법에 따른 공정거래위원회의 심의·의결에 관하여는 「독점규제 및 공정거래에 관한 법률」 제42조, 제43조, 제43조의2, 제44조, 제45조 및 제52조를 준용한다.

② 이 법 시행을 위한 공정거래위원회, 시·도지사 또는 시장·군수·구청장의 조사 등에 관하여는 「독점규제 및 공정거래에 관한 법률」 제50조 제1항부터 제4항까지의 규정을 준용한다

③ 이 법에 따른 공정거래위원회의 처분 및 시·도지사의 처분에 대한 이의신청, 시정조치명령의 집행정지, 소의 제기 및 불복의 소의 전속관할에 관하여는 「독점규제 및 공정거래에 관한 법률」 제53조, 제53조의2, 제54조, 제55조 및 제55조의2를 준용한다.

④ 이 법에 따른 직무에 종사하거나 종사하였던 공정거래위원회의 위원 또는 공무원에 대하여는 「독점규제 및 공정거래에 관한 법률」 제62조를 준용한다.

제5장 벌칙

제48조(벌칙) ① 다음 각 호의 어느 하나에 해당하는 자는 3년 이하의 징역 또는 1억원 이하의 벌금에 처한다. 이 경우 다음 각 호의 어느 하나에 해당하는 자가 해당 법 위반행위와 관련하여 판매 또는 거래한 대금 총액의 3배에 상당하는 금액이 1억원을 초과하는 때에는 3년 이하의 징역 또는 판매하거나 거래한 대금 총액의 3배에 상당하는 금액 이하의 벌

금에 처한다.

1. 제18조 제1항을 위반하여 등록을 하지 아니하고(제40조 제2항에 따라 등록이 취소된 경우를 포함한다) 선불식 할부거래업을 하는 자

2. 거짓이나 그 밖의 부정한 방법으로 제18조 제1항에 따른 등록을 하고 선불식 할부거래업을 하는 자(제34조 제7호의 금지행위를 한 자를 포함한다)

3. 제39조 제1항에 따른 시정조치 명령에 응하지 아니한 자

4. 제40조 제1항에 따른 영업정지 명령을 위반하여 영업을 한 자

② 제1항의 징역형과 벌금형은 병과(倂科)할 수 있다.

제49조(벌칙) 제47조 제4항에 따라 준용되는 「독점규제 및 공정거래에 관한 법률」 제62조를 위반한 자는 2년 이하의 징역 또는 200만원 이하의 벌금에 처한다.

제50조(벌칙) ① 다음 각 호의 어느 하나에 해당하는 자는 1년 이하의 징역 또는 3천만원 이하의 벌금에 처한다.

1. 제27조 제9항을 위반하여 소비자피해보상보험계약 등을 체결 또는 유지함에 있어 거짓으로 선수금 등의 자료를 제출한 자

2. 제34조 제1호부터 제3호까지, 제8호·제11호 및 제13호에 해당하는 금지행위를 한 자

② 제1항의 징역형과 벌금형은 병과할 수 있다.

제51조(벌칙) 다음 각 호의 어느 하나에 해당하는 자는 1천만원 이하의 벌금에 처한다.

1. 제34조 제5호의 금지행위를 한 자

2. 제34조 제10호의 금지행위를 한 자

제52조(양벌규정) 법인의 대표자나 법인 또는 개인의 대리인, 사용인, 그 밖의 종업원이 그 법인 또는 개인의 업무에 관하여 제48조, 제50조 또는 제51조의 위반행위를 하면 그 행위자를 벌하는 외에 그 법인 또는 개인에게도 해당 조문의 벌금형을 과(科)한다. 다만, 법인 또는 개인이 그 위반행위를 방지하기 위하여 해당 업무에 관하여 상당한 주의와 감독을 게을리하지 아니한 경우에는 그러하지 아니하다.

제53조(과태료) ① 다음 각 호의 어느 하나에 해당하는 자에게는 5천만원 이하의 과태료를 부과한다.

1. 제18조 제3항 또는 제4항에 따른 신고를 거짓으로 한 자

2. 제22조 제2항에 따른 신고를 거짓으로 한 자

② 다음 각 호의 어느 하나에 해당하는

자에게는 3천만원 이하의 과태료를 부과한다.

1. 제18조 제3항 또는 제4항에 따른 신고를 하지 아니한 자

2. 제18조 제6항을 위반하여 자료를 제출하지 아니하거나 거짓 자료를 제출한 자

3. 제22조 제2항에 따른 신고를 하지 아니한 자

4. 제33조에 따른 소비자의 열람에 제공하는 재화 등의 거래기록·소비자피해보상보험계약 등의 체결내용을 거짓으로 작성한 자

5. 제33조에 따른 재화 등의 거래기록·소비자피해보상보험계약 등의 체결내용을 소비자가 열람할 수 있도록 하지 아니한 자

6. 제47조제2항에 따라 준용되는 「독점규제 및 공정거래에 관한 법률」 제50조 제1항 제1호에 따른 출석처분을 받은 당사자 중 정당한 사유 없이 2회 이상 응하지 아니한 자로서 이 법을 위반한 자

7. 제47조제2항에 따라 준용되는 「독점규제 및 공정거래에 관한 법률」 제50조 제1항 제3호 또는 제3항에 따른 보고 또는 필요한 자료나 물건의 제출을 하지 아니하거나 거짓 보고 또는 자료나 물건을 제출한 자

8. 제47조 제2항에 따라 준용되는 「독점규제 및 공정거래에 관한 법률」 제50조 제2항에 따른 조사를 거부·방해 또는 기피한 자

③ 다음 각 호의 어느 하나에 해당하는 자에게는 1천만원 이하의 과태료를 부과한다.

1. 제23조제2항에 따른 계약서를 발급하지 아니하거나 거짓으로 적은 계약서를 발급한 자

2. 제24조제5항을 위반하여 계약금, 할부금 또는 지연배상금을 환급하지 아니한 자

3. 제25조를 위반하여 대금 또는 지연배상금을 환급하지 아니하거나 과다한 위약금을 청구한 자

4. 제32조를 위반하여 휴업기간 또는 영업정지기간 중에 청약의 철회 등에 관한 업무를 계속하지 아니한 자

④ 다음 각 호의 어느 하나에 해당하는 자(간접할부계약의 경우 신용제공자를 포함한다)에게는 500만원 이하의 과태료를 부과한다.

1. 제5조를 위반하여 표시를 하지 아니하거나 거짓 표시를 한 자

2. 제6조 제2항에 따른 계약서를 발급하지 아니하거나 거짓으로 적은 계약서를 발급한 자

3. 제6조 제3항에 따른 서면을 발급하지 아니한 자

4. 제7조에 따른 할부수수료의 실제연간요율의 최고한도를 위반하여 할부수수료를 받은 자

5. 제10조를 위반하여 계약금, 할부금 또는 지연배상금을 환급하지 아니하거나 환급에 필요한 조치를 취하지 아니한 자

6. 제10조 제8항 또는 제16조 제7항을 위반하여 소비자에게 불이익을 주는 행위를 한 자

7. 제12조 제1항에 따른 지연손해금 산정 시 적용하는 이율의 최고한도를 위반하여 지연손해금을 받은 자

8. 제17조를 위반하여 휴업기간 또는 영업정지기간 중에 청약의 철회에 관한 업무를 계속하지 아니한 자

⑤ 제47조 제1항에 따라 준용되는 「독점규제 및 공정거래에 관한 법률」 제43조의2에 따른 질서유지명령에 따르지 아니한 자에게는 100만원 이하의 과태료를 부과한다.

⑥ 제1항부터 제3항까지 및 제5항에 따른 과태료는 공정거래위원회, 시·도지사 또는 시장·군수·구청장이 부과·징수한다.

⑦ 제4항에 따른 과태료는 시장·군수·구청장이 부과·징수한다.

⑧ 제1항부터 제5항까지의 규정에 따른 과태료의 부과기준은 대통령령으로 정한다.

방문판매 등에 관한 법률

[시행 2013.5.28.]
[법률 제11839호, 2013.5.28., 일부개정]

제1장 총칙

제1조(목적) 이 법은 방문판매, 전화권유판매, 다단계판매, 후원방문판매, 계속거래 및 사업권유거래 등에 의한 재화 또는 용역의 공정한 거래에 관한 사항을 규정함으로써 소비자의 권익을 보호하고 시장의 신뢰도를 높여 국민경제의 건전한 발전에 이바지함을 목적으로 한다.

제2조(정의) 이 법에서 사용하는 용어의 뜻은 다음과 같다.

1. "방문판매"란 재화 또는 용역(일정한 시설을 이용하거나 용역을 제공받을 수 있는 권리를 포함한다. 이하 같다)의 판매(위탁 및 중개를 포함한다. 이하 같다)를 업(業)으로 하는 자(이하 "판매업자"라 한다)가 방문을 하는 방법으로 그의 영업소, 대리점, 그 밖에 총리령으로 정하는 영업

장소(이하 "사업장"이라 한다) 외의 장소에서 소비자에게 권유하여 계약의 청약을 받거나 계약을 체결(사업장 외의 장소에서 권유 등 총리령으로 정하는 방법으로 소비자를 유인하여 사업장에서 계약의 청약을 받거나 계약을 체결하는 경우를 포함한다)하여 재화 또는 용역(이하 "재화 등"이라 한다)을 판매하는 것을 말한다.

2. "방문판매자"란 방문판매를 업으로 하기 위하여 방문판매조직을 개설하거나 관리·운영하는 자(이하 "방문판매업자"라 한다)와 방문판매업자를 대신하여 방문판매업무를 수행하는 자(이하 "방문판매원"이라 한다)를 말한다.

3. "전화권유판매"란 전화를 이용하여 소비자에게 권유를 하거나 전화회신을 유도하는 방법으로 재화 등을 판매하는 것을 말한다.

4. "전화권유판매자"란 전화권유판매를 업으로 하기 위하여 전화권유판매조직을 개설하거나 관리·운영하는 자(이하 "전화권유판매업자"라 한다)와 전화권유판매업자를 대신하여 전화권유판매업무를 수행하는 자(이하 "전화권유판매원"이라 한다)를 말한다.

5. "다단계판매"란 다음 각 목의 요건을 모두 충족하는 판매조직(이하 "다단계판매조직"이라 한다)을 통하여 재화 등을 판매하는 것을 말한다.

가. 판매업자에 속한 판매원이 특정인을 해당 판매원의 하위 판매원으로 가입하도록 권유하는 모집방식이 있을 것

나. 가목에 따른 판매원의 가입이 3단계(다른 판매원의 권유를 통하지 아니하고 가입한 판매원을 1단계 판매원으로 한다. 이하 같다) 이상 단계적으로 이루어질 것. 다만, 판매원의 단계가 2단계 이하라고 하더라도 사실상 3단계 이상으로 관리·운영되는 경우로서 대통령령으로 정하는 경우를 포함한다.

다. 판매업자가 판매원에게 제9호나목 또는 다목에 해당하는 후원수당을 지급하는 방식을 가지고 있을 것

6. "다단계판매자"란 다단계판매를 업으로 하기 위하여 다단계판매조직을 개설하거나 관리·운영하는 자(이하 "다단계판매업자"라 한다)와 다단계판매조직에 판매원으로 가입한 자(이하 "다단계판매원"이라 한다)를 말한다.

7. "후원방문판매"란 제1호 및 제5호의 요건에 해당하되, 대통령령으로 정하는 바에 따라 특정 판매원의 구매·판매 등의 실적이 그 직근 상위판매원 1인의 후원수당에만 영향을 미치는 후원수당 지급방식을 가진 경우를 말한다. 이 경우 제1호의 방문판매 및 제5호의 다단계판

매에는 해당하지 아니하는 것으로 한다.

8. "후원방문판매자"란 후원방문판매를 업으로 하기 위한 조직(이하 "후원방문판매조직"이라 한다)을 개설하거나 관리·운영하는 자(이하 "후원방문판매업자"라 한다)와 후원방문판매조직에 판매원으로 가입한 자(이하 "후원방문판매원"이라 한다)를 말한다.

9. "후원수당"이란 판매수당, 알선 수수료, 장려금, 후원금 등 그 명칭 및 지급 형태와 상관없이 판매업자가 다음 각 목의 사항과 관련하여 소속 판매원에게 지급하는 경제적 이익을 말한다.

가. 판매원 자신의 재화 등의 거래실적

나. 판매원의 수당에 영향을 미치는 다른 판매원들의 재화 등의 거래실적

다. 판매원의 수당에 영향을 미치는 다른 판매원들의 조직관리 및 교육훈련 실적

라. 그 밖에 가목부터 다목까지의 규정 외에 판매원들의 판매활동을 장려하거나 보상하기 위하여 지급되는 일체의 경제적 이익

10. "계속거래"란 1개월 이상에 걸쳐 계속적으로 또는 부정기적으로 재화 등을 공급하는 계약으로서 중도에 해지할 경우 대금 환급의 제한 또는 위약금에 관한 약정이 있는 거래를 말한다.

11. "사업권유거래"란 사업자가 소득 기회를 알선·제공하는 방법으로 거래 상대방을 유인하여 금품을 수수하거나 재화 등을 구입하게 하는 거래를 말한다.

12. "소비자"란 사업자가 제공하는 재화 등을 소비생활을 위하여 사용하거나 이용하는 자 또는 대통령령으로 정하는 자를 말한다.

13. "지배주주"란 다음 각 목의 어느 하나에 해당하는 자를 말한다.

가. 대통령령으로 정하는 특수관계인과 함께 소유하고 있는 주식 또는 출자액의 합계가 해당 법인의 발행주식총수 또는 출자총액의 100분의 30 이상인 경우로서 그 합계가 가장 많은 주주 또는 출자자

나. 해당 법인의 경영을 사실상 지배하는 자. 이 경우 사실상 지배의 구체적인 내용은 대통령령으로 정한다.

제3조(적용 범위) 이 법은 다음 각 호의 거래에는 적용하지 아니한다.

1. 사업자(다단계판매원, 후원방문판매원 또는 사업권유거래의 상대방은 제외한다. 이하 이 호에서 같다)가 상행위를 목적으로 재화 등을 구입하는 거래. 다만, 사업자가 사실상 소비자와 같은 지위에서 다른 소비자와 같은 거래조건으로 거래하는 경우는 제외한다.

2. 「보험업법」 제2조 제6호에 따른 보험회사와 보험계약을 체결하기 위한 거래

3. 개인이 독립된 자격으로 공급하는 재화 등의 거래로서 대통령령으로 정하는 거래

제4조(다른 법률과의 관계) ① 방문판매, 전화권유판매, 다단계판매, 후원방문판매, 계속거래 및 사업권유거래(이하 "특수판매"라 한다)에서의 소비자보호와 관련하여 이 법과 다른 법률이 경합하여 적용되는 경우에는 이 법을 우선 적용한다. 다만, 다른 법률을 적용하는 것이 소비자에게 유리한 경우에는 그 법률을 적용한다.

② 다른 법률에 이 법과는 다른 방법에 따른 계약서 발급의무 등이 규정되어 있는 거래에 대하여는 제7조·제16조 및 제30조에 따른 계약서 발급 의무에 관한 규정을 적용하지 아니한다.

③ 계속거래에 관하여 이 법에서 규정하고 있는 사항을 다른 법률에서 따로 정하고 있는 경우에는 그 법률을 적용한다.

④ 「할부거래에 관한 법률」 제2조 제4호에 따른 선불식 할부거래 및 선불식 할부거래업자에 대하여는 제8조, 제9조, 제17조, 제18조 및 제37조를 적용하지 아니한다.

제2장 방문판매 및 전화권유판매

제5조(방문판매업자 등의 신고 등) ① 방문판매업자 또는 전화권유판매업자(이하 "방문판매업자 등"이라 한다)는 상호, 주소, 전화번호, 전자우편주소(법인인 경우에는 대표자의 성명, 주민등록번호 및 주소를 포함한다), 그 밖에 대통령령으로 정하는 사항을 대통령령으로 정하는 바에 따라 공정거래위원회 또는 특별자치시장·특별자치도지사·시장·군수·구청장(자치구의 구청장을 말한다. 이하 같다)에게 신고하여야 한다. 다만, 다음 각 호의 자는 그러하지 아니하다.

1. 방문판매원 또는 전화권유판매원(이하 "방문판매원 등"이라 한다)을 두지 아니하는 소규모 방문판매업자 등 대통령령으로 정하는 방문판매업자 등

2. 제13조 제1항에 따라 등록한 다단계판매업자

3. 제29조 제3항에 따라 등록한 후원방문판매업자

② 제1항에 따라 신고한 사항이 변경된 경우에는 대통령령으로 정하는 바에 따라 이를 신고하여야 한다.

③ 제1항에 따라 신고한 방문판매업자 등은 휴업 또는 폐업을 하거나 휴업한

후 영업을 다시 시작할 때에는 대통령령으로 정하는 바에 따라 이를 신고하여야 한다.

④ 공정거래위원회는 제1항에 따라 방문판매업자 등이 신고한 사항을 대통령령으로 정하는 바에 따라 공개할 수 있다.

제6조(방문판매원 등의 명부 작성 등) ① 방문판매업자 등은 총리령으로 정하는 바에 따라 방문판매원 등의 명부를 작성하여야 한다.

② 방문판매업자 등은 소비자피해를 방지하거나 구제하기 위하여 소비자가 요청하면 언제든지 소비자로 하여금 방문판매원 등의 신원을 확인할 수 있도록 하여야 한다.

③ 방문판매자 또는 전화권유판매자(이하 "방문판매자등"이라 한다)가 재화 등을 판매하려는 경우에는 소비자에게 미리 해당 방문 또는 전화가 판매를 권유하기 위한 것이라는 점과 방문판매자등의 성명 또는 명칭, 판매하는 재화 등의 종류 및 내용을 밝혀야 한다.

제7조(방문판매자등의 소비자에 대한 정보제공의무 등) ① 방문판매자등은 재화 등의 판매에 관한 계약을 체결하기 전에 소비자가 계약의 내용을 이해할 수 있도록 다음 각 호의 사항을 설명하여야 한다.

1. 방문판매업자 등의 성명(법인인 경우에는 대표자의 성명을 말한다), 상호, 주소, 전화번호 및 전자우편주소
2. 방문판매원 등의 성명, 주소, 전화번호 및 전자우편주소. 다만, 방문판매업자 등이 소비자와 직접 계약을 체결하는 경우는 제외한다.
3. 재화 등의 명칭, 종류 및 내용
4. 재화 등의 가격과 그 지급의 방법 및 시기
5. 재화 등을 공급하는 방법 및 시기
6. 청약의 철회 및 계약의 해제(이하 "청약철회 등"이라 한다)의 기한·행사방법·효과에 관한 사항 및 청약철회 등의 권리 행사에 필요한 서식으로서 총리령으로 정하는 것
7. 재화 등의 교환·반품·수리보증 및 그 대금 환불의 조건과 절차
8. 전자매체로 공급할 수 있는 재화 등의 설치·전송 등과 관련하여 요구되는 기술적 사항
9. 소비자피해 보상, 재화 등에 대한 불만 및 소비자와 사업자 사이의 분쟁 처리에 관한 사항
10. 거래에 관한 약관
11. 그 밖에 소비자의 구매 여부 판단에 영향을 주는 거래조건 또는 소비자피해

구제에 필요한 사항으로서 대통령령으로 정하는 사항

② 방문판매자등은 재화 등의 판매에 관한 계약을 체결할 때에는 제1항 각 호의 사항을 적은 계약서를 소비자에게 발급하여야 한다.

③ 방문판매자등은 재화 등의 계약을 미성년자와 체결하려는 경우에는 법정대리인의 동의를 받아야 한다. 이 경우 법정대리인의 동의를 받지 못하면 미성년자 본인 또는 법정대리인이 계약을 취소할 수 있음을 알려야 한다.

④ 제2항에 따른 계약서 중 전화권유판매에 관한 계약서의 경우에는 소비자의 동의를 받아 그 계약의 내용을 팩스나 전자문서(「전자문서 및 전자거래 기본법」 제2조 제1호에 따른 전자문서를 말한다. 이하 같다)로 송부하는 것으로써 갈음할 수 있다. 이 경우 팩스나 전자문서로 송부한 계약서의 내용이나 도달에 관하여 다툼이 있으면 전화권유판매자가 이를 증명하여야 한다.

⑤ 방문판매업자 등은 제1항 및 제2항에 따라 소비자에게 설명하거나 표시한 거래조건을 신의에 좇아 성실하게 이행하여야 한다.

제8조(청약철회 등) ① 방문판매 또는 전화권유판매(이하 "방문판매 등"이라 한다)의 방법으로 재화 등의 구매에 관한 계약을 체결한 소비자는 다음 각 호의 기간(거래 당사자 사이에 다음 각 호의 기간보다 긴 기간으로 약정한 경우에는 그 기간) 이내에 그 계약에 관한 청약철회 등을 할 수 있다.

1. 제7조 제2항에 따른 계약서를 받은 날부터 14일. 다만, 그 계약서를 받은 날보다 재화 등이 늦게 공급된 경우에는 재화 등을 공급받거나 공급이 시작된 날부터 14일

2. 다음 각 목의 어느 하나의 경우에는 방문판매자등의 주소를 안 날 또는 알 수 있었던 날부터 14일

가. 제7조 제2항에 따른 계약서를 받지 아니한 경우

나. 방문판매자등의 주소 등이 적혀 있지 아니한 계약서를 받은 경우

다. 방문판매자등의 주소 변경 등의 사유로 제1호에 따른 기간 이내에 청약철회 등을 할 수 없는 경우

3. 제7조 제2항에 따른 계약서에 청약철회 등에 관한 사항이 적혀 있지 아니한 경우에는 청약철회 등을 할 수 있음을 안 날 또는 알 수 있었던 날부터 14일

4. 방문판매업자 등이 청약철회 등을 방해한 경우에는 그 방해 행위가 종료한 날부터 14일

② 소비자는 다음 각 호의 어느 하나에 해당하는 경우에는 방문판매자등의 의사와 다르게 제1항에 따른 청약철회 등을 할 수 없다. 다만, 방문판매자등이 제5항에 따른 조치를 하지 아니한 경우에는 제2호부터 제4호까지의 규정에 해당하더라도 청약철회 등을 할 수 있다.

1. 소비자에게 책임이 있는 사유로 재화 등이 멸실되거나 훼손된 경우. 다만, 재화 등의 내용을 확인하기 위하여 포장 등을 훼손한 경우는 제외한다.
2. 소비자가 재화 등을 사용하거나 일부 소비하여 그 가치가 현저히 낮아진 경우
3. 시간이 지남으로써 다시 판매하기 어려울 정도로 재화 등의 가치가 현저히 낮아진 경우
4. 복제할 수 있는 재화 등의 포장을 훼손한 경우
5. 그 밖에 거래의 안전을 위하여 대통령령으로 정하는 경우

③ 소비자는 제1항 또는 제2항에도 불구하고 재화 등의 내용이 표시·광고의 내용과 다르거나 계약 내용과 다르게 이행된 경우에는 그 재화 등을 공급받은 날부터 3개월 이내에, 그 사실을 안 날 또는 알 수 있었던 날부터 30일 이내에 청약철회 등을 할 수 있다.

④ 제1항 또는 제3항에 따른 청약철회 등을 서면으로 하는 경우에는 청약철회 등의 의사를 표시한 서면을 발송한 날에 그 효력이 발생한다.

⑤ 방문판매자등은 제2항 제2호부터 제4호까지의 규정에 따라 청약철회 등을 할 수 없는 재화 등의 경우에는 그 사실을 재화 등의 포장이나 그 밖에 소비자가 쉽게 알 수 있는 곳에 분명하게 표시하거나 시용(試用) 상품을 제공하는 등의 방법으로 청약철회 등의 권리행사가 방해받지 아니하도록 조치하여야 한다.

제9조(청약철회 등의 효과) ① 소비자는 제8조 제1항 또는 제3항에 따라 청약철회 등을 한 경우에는 이미 공급받은 재화 등을 반환하여야 한다.

② 방문판매자등(소비자로부터 재화 등의 대금을 지급받은 자 및 소비자와 방문판매 등에 관한 계약을 체결한 자를 포함한다. 이하 제2항부터 제8항까지의 규정에서 같다)은 재화 등을 반환받은 날부터 3영업일 이내에 이미 지급받은 재화 등의 대금을 환급하여야 한다. 이 경우 방문판매자등이 소비자에게 재화 등의 대금의 환급을 지연하면 그 지연기간에 따라 연 100분의 40 이내의 범위에서 「은행법」에 따른 은행이 적용하는 연체금리 등 경제 사정을 고려하여 대통령령으로 정하는 이율을 곱하여 산정한 지연이자(이하 "지연배

상금"이라 한다)를 지급하여야 한다.

③ 방문판매자등은 제1항 및 제2항에 따라 재화 등의 대금을 환급할 때 소비자가 「여신전문금융업법」 제2조 제3호에 따른 신용카드나 그 밖에 대통령령으로 정하는 결제수단(이하 "신용카드 등"이라 한다)으로 재화 등의 대금을 지급한 경우에는 지체 없이 그 신용카드 등의 대금 결제수단을 제공한 사업자(이하 "결제업자"라 한다)로 하여금 재화 등의 대금 청구를 정지하거나 취소하도록 요청하여야 한다. 다만, 방문판매자등이 결제업자로부터 그 재화 등의 대금을 이미 지급받은 경우에는 지체 없이 이를 결제업자에게 환급하고 그 사실을 소비자에게 알려야 한다.

④ 제3항 단서에 따라 방문판매자등으로부터 재화 등의 대금을 환급받은 결제업자는 지체 없이 소비자에게 이를 환급하거나 환급에 필요한 조치를 하여야 한다.

⑤ 제3항 단서에 해당하는 방문판매자등 중 환급을 지연하여 소비자로 하여금 대금을 결제하게 한 방문판매자등은 그 지연기간에 대한 지연배상금을 소비자에게 지급하여야 한다.

⑥ 소비자는 방문판매자등이 정당한 사유 없이 결제업자에게 대금을 환급하지 아니하는 경우에는 환급받을 금액에 대하여 결제업자에게 그 방문판매자등에 대한 다른 채무와 상계(相計)할 것을 요청할 수 있다. 이 경우 결제업자는 대통령령으로 정하는 바에 따라 그 방문판매자등에 대한 다른 채무와 상계할 수 있다.

⑦ 소비자는 결제업자가 제6항에 따른 상계를 정당한 사유 없이 게을리한 경우 결제업자에 대하여 대금 결제를 거부할 수 있다. 이 경우 방문판매자등과 결제업자는 그 결제의 거부를 이유로 해당 소비자를 약정한 날짜 이내에 채무를 변제하지 아니한 자로 처리하는 등 소비자에게 불이익을 주는 행위를 하여서는 아니 된다.

⑧ 제1항의 경우 방문판매자등은 이미 재화 등이 사용되거나 일부 소비된 경우에는 그 재화 등을 사용하거나 일부 소비하여 소비자가 얻은 이익 또는 그 재화 등의 공급에 든 비용에 상당하는 금액으로서 대통령령으로 정하는 범위의 금액을 지급할 것을 소비자에게 청구할 수 있다.

⑨ 제8조 제1항 및 제3항에 따른 청약철회 등의 경우 공급받은 재화 등의 반환에 필요한 비용은 방문판매자등이 부담하며, 방문판매자등은 소비자에게 청약

철회 등을 이유로 위약금 또는 손해배상을 청구할 수 없다.

⑩ 방문판매자등, 재화 등의 대금을 지급받은 자 또는 소비자와 방문판매 등에 관한 계약을 체결한 자가 동일인이 아닌 경우 각자는 제8조 제1항 및 제3항에서의 청약철회 등에 따른 제1항부터 제9항까지의 규정에 따른 재화 등의 대금 환급과 관련한 의무의 이행에 있어 연대하여 책임을 진다.

제10조(손해배상청구금액의 제한 등) ① 소비자에게 책임이 있는 사유로 재화 등의 판매에 관한 계약이 해제된 경우 방문판매자등이 소비자에게 청구하는 손해배상액은 다음 각 호에서 정한 금액에 대금 미납에 따른 지연배상금을 더한 금액을 초과할 수 없다.

1. 공급한 재화 등이 반환된 경우에는 다음 각 목의 금액 중 큰 금액

가. 반환된 재화 등의 통상 사용료액 또는 그 사용으로 통상 얻을 수 있는 이익에 상당하는 금액

나. 반환된 재화 등의 판매가액에서 그 재화 등이 반환된 당시의 가액을 뺀 금액

2. 공급한 재화 등이 반환되지 아니한 경우에는 그 재화 등의 판매가액에 상당하는 금액

② 공정거래위원회는 방문판매자등과 소비자 간의 손해배상청구에 따른 분쟁을 원활하게 해결하기 위하여 필요한 경우 제1항에 따른 손해배상액의 산정기준을 정하여 고시할 수 있다.

제11조(금지행위) ① 방문판매자등은 다음 각 호의 어느 하나에 해당하는 행위를 하여서는 아니 된다.

1. 재화 등의 판매에 관한 계약의 체결을 강요하거나 청약철회 등 또는 계약 해지를 방해할 목적으로 소비자를 위협하는 행위

2. 거짓 또는 과장된 사실을 알리거나 기만적 방법을 사용하여 소비자를 유인 또는 거래하거나 청약철회 등 또는 계약 해지를 방해하는 행위

3. 방문판매원 등이 되기 위한 조건 또는 방문판매원 등의 자격을 유지하기 위한 조건으로서 방문판매원 등 또는 방문판매원 등이 되려는 자에게 가입비, 판매 보조 물품, 개인 할당 판매액, 교육비 등 그 명칭이나 형태와 상관없이 대통령령으로 정하는 수준을 초과한 비용 또는 그 밖의 금품을 징수하거나 재화 등을 구매하게 하는 등 의무를 지게 하는 행위

4. 방문판매원 등에게 다른 방문판매원 등을 모집할 의무를 지게 하는 행위

5. 청약철회 등이나 계약 해지를 방해할 목적으로 주소·전화번호 등을 변경하는 행위

6. 분쟁이나 불만 처리에 필요한 인력 또는 설비가 부족한 상태를 상당 기간 방치하여 소비자에게 피해를 주는 행위

7. 소비자의 청약 없이 일방적으로 재화 등을 공급하고 재화 등의 대금을 청구하는 행위

8. 소비자가 재화를 구매하거나 용역을 제공받을 의사가 없음을 밝혔음에도 불구하고 전화, 팩스, 컴퓨터통신 등을 통하여 재화를 구매하거나 용역을 제공받도록 강요하는 행위

9. 본인의 허락을 받지 아니하거나 허락받은 범위를 넘어 소비자에 관한 정보를 이용(제3자에게 제공하는 경우를 포함한다. 이하 같다)하는 행위. 다만, 다음 각 목의 어느 하나에 해당하는 경우는 제외한다.

가. 재화 등의 배송 등 소비자와의 계약을 이행하기 위하여 불가피한 경우로서 대통령령으로 정하는 경우

나. 재화 등의 거래에 따른 대금을 정산하기 위하여 필요한 경우

다. 도용을 방지하기 위하여 본인임을 확인할 때 필요한 경우로서 대통령령으로 정하는 경우

라. 법률의 규정 또는 법률에 따라 필요한 불가피한 사유가 있는 경우

② 공정거래위원회는 이 법 위반행위의 방지 및 소비자피해의 예방을 위하여 방문판매자등이 지켜야 할 기준을 정하여 고시할 수 있다.

제12조(방문판매자등의 휴업기간 중 업무처리 등) ① 방문판매자등은 그 휴업기간 또는 영업정지기간 중에도 제8조 제1항 및 제3항에 따른 청약철회 등의 업무와 제9조 제1항부터 제9항까지의 규정에 따른 청약철회 등에 따른 업무를 계속하여야 한다.

② 방문판매업자 등이 파산선고를 받거나 관할 세무서에 폐업신고를 한 경우 또는 6개월을 초과하여 영업을 하지 아니하는 등 실질적으로 영업을 할 수 없다고 판단되는 경우에는 공정거래위원회 또는 특별자치시장·특별자치도지사·시장·군수·구청장은 직권으로 해당 방문판매업등의 신고 사항을 말소할 수 있다.

제3장 다단계판매 및 후원방문판매

제13조(다단계판매업자의 등록 등) ① 다단계판매업자는 대통령령으로 정하는

바에 따라 다음 각 호의 서류를 갖추어 공정거래위원회 또는 특별시장·광역시장·특별자치시장·도지사·특별자치도지사(이하 "시·도지사"라 한다)에게 등록하여야 한다.

1. 상호·주소, 전화번호 및 전자우편주소(법인인 경우에는 대표자의 성명, 주민등록번호 및 주소를 포함한다) 등을 적은 신청서

2. 자본금이 3억원 이상으로서 대통령령으로 정하는 규모 이상임을 증명하는 서류

3. 제37조에 따른 소비자피해보상보험계약 등의 체결 증명서류

4. 후원수당의 산정 및 지급 기준에 관한 서류

5. 재고관리, 후원수당 지급 등 판매의 방법에 관한 사항을 적은 서류

6. 그 밖에 다단계판매자의 신원을 확인하기 위하여 필요한 사항으로서 총리령으로 정하는 서류

② 다단계판매업자는 제1항에 따라 등록한 사항 중 같은 항 제1호부터 제4호까지의 사항이 변경된 경우에는 대통령령으로 정하는 바에 따라 신고하여야 한다.

③ 다단계판매업자는 휴업 또는 폐업을 하거나 휴업 후 영업을 다시 시작할 때에는 대통령령으로 정하는 바에 따라 이를 신고하여야 하며, 폐업을 신고하면 제1항에 따른 등록은 그 효력을 잃는다. 다만, 폐업신고 전 등록취소 요건에 해당되는 경우에는 폐업신고일에 등록이 취소된 것으로 본다.

④ 공정거래위원회는 다단계판매업자에 대한 다음 각 호의 정보를 대통령령으로 정하는 바에 따라 공개하여야 한다. 다만, 다단계판매업자의 경영상·영업상 비밀에 관한 사항으로서 공개될 경우 다단계판매업자의 정당한 이익을 현저히 해칠 우려가 있다고 인정되는 정보 및 개인에 관한 사항으로서 공개될 경우 사생활의 비밀 또는 자유를 침해할 우려가 있다고 인정되는 정보의 경우에는 그러하지 아니하다.

1. 제1항에 따라 등록한 사항

2. 그 밖에 공정거래위원회가 공정거래질서 확립 및 소비자보호를 위하여 필요하다고 인정하는 사항

⑤ 공정거래위원회는 제4항에 따른 정보 공개를 위하여 필요한 경우에는 다단계판매업자에게 관련 자료의 제출을 요구할 수 있다. 이 경우 다단계판매업자는 정당한 사유가 없으면 이에 따라야 한다.

제14조(결격사유) 다음 각 호의 어느 하

나에 해당하는 개인 또는 법인은 제13조에 따른 등록을 할 수 없다.

1. 다음 각 목의 어느 하나에 해당하는 개인 또는 그 개인이 임원으로 있는 법인

가. 미성년자·한정치산자 또는 금치산자

나. 파산선고를 받고 복권되지 아니한 자

다. 이 법을 위반하여 징역형을 선고받고 그 집행이 끝나거나(집행이 끝난 것으로 보는 경우를 포함한다) 집행이 면제된 날부터 5년이 지나지 아니한 자

라. 이 법을 위반하여 형의 집행유예를 선고받고 그 유예기간 중에 있는 자

2. 다음 각 목의 어느 하나에 해당하는 자가 지배주주로 있는 법인

가. 이 법을 위반하여 징역의 실형을 선고받고 그 집행이 끝나거나(집행이 끝난 것으로 보는 경우를 포함한다) 집행이 면제된 날부터 5년이 지나지 아니한 자

나. 이 법을 위반하여 형의 집행유예를 선고받고 그 유예기간 중에 있는 자

3. 제49조 제5항에 따라 등록이 취소된 후 5년이 지나지 아니한 개인 또는 법인

4. 제3호에 따른 개인 또는 법인의 등록 취소 당시 임원 또는 지배주주였던 자가 임원 또는 지배주주로 있는 법인

제15조(다단계판매원) ① 다단계판매조직에 다단계판매원으로 가입하려는 사람은 그 조직을 관리·운영하는 다단계판매업자에게 총리령으로 정하는 바에 따라 등록하여야 한다.

② 다음 각 호의 어느 하나에 해당하는 자는 다단계판매원으로 등록할 수 없다.

1. 국가공무원, 지방공무원, 교육공무원 및 「사립학교법」에 따른 교원

2. 미성년자. 다만, 제4호 또는 제5호에 해당하지 아니하는 법정대리인의 동의를 받은 경우는 제외한다.

3. 법인

4. 다단계판매업자의 지배주주 또는 임직원

5. 이 법을 위반하는 행위를 한 자로서 대통령령으로 정하는 자

③ 다단계판매업자는 그가 관리·운영하는 다단계판매조직에 가입한 다단계판매원에게 총리령으로 정하는 바에 따라 다단계판매원 등록증을 발급하여야 한다.

④ 다단계판매업자는 총리령으로 정하는 바에 따라 다단계판매원 등록부를 작성하고, 소비자피해의 방지 또는 구제를 위하여 소비자가 요청하는 경우에는 소비자로 하여금 등록된 다단계판매원의 신원을 확인할 수 있도록 하여야 한다.

⑤ 다단계판매업자는 제1항에 따라 등

록한 다단계판매원에게 다음 각 호의 사항을 확인할 수 있는 다단계판매원 수첩(전자기기로 된 것을 포함한다)을 발급하여야 한다.

1. 후원수당의 산정 및 지급 기준
2. 하위판매원의 모집 및 후원에 관한 사항
3. 재화 등의 반환 및 다단계판매원의 탈퇴에 관한 사항
4. 다단계판매원이 지켜야 할 사항
5. 그 밖에 총리령으로 정하는 사항

제16조(다단계판매자의 소비자에 대한 정보제공의무 등) 다단계판매의 방법으로 재화 등의 판매에 관한 계약을 체결하는 경우에는 제7조를 준용한다. 이 경우 "방문판매자등"은 "다단계판매자"로, "방문판매업자 등"은 "다단계판매업자"로, "방문판매원 등"은 "다단계판매원"으로 본다.

제17조(청약철회 등) ① 다단계판매의 방법으로 재화 등의 구매에 관한 계약을 체결한 소비자가 청약철회 등을 하는 경우에는 제8조를 준용하며, 이 경우 "방문판매자등"은 "다단계판매자"로 본다. 다만, 소비자가 다단계판매원과 재화 등의 구매에 관한 계약을 체결한 경우 그 소비자는 다단계판매원에 대하여 우선적으로 청약철회 등을 하고, 다단계판매원의 소재 불명 등 대통령령으로 정하는 사유로 다단계판매원에 대하여 청약철회 등을 하는 것이 어려운 경우에만 그 재화 등을 공급한 다단계판매업자에 대하여 청약철회 등을 할 수 있다.

② 다단계판매의 방법으로 재화 등의 구매에 관한 계약을 체결한 다단계판매원은 다음 각 호의 어느 하나에 해당하는 경우를 제외하고는 계약을 체결한 날부터 3개월 이내에 서면으로 그 계약에 관한 청약철회 등을 할 수 있다.

1. 재고 보유에 관하여 다단계판매업자에게 거짓으로 보고하는 등의 방법으로 과다하게 재화 등의 재고를 보유한 경우
2. 다시 판매하기 어려울 정도로 재화 등을 훼손한 경우
3. 그 밖에 대통령령으로 정하는 경우

제18조(청약철회 등의 효과) ① 다단계판매의 상대방(다단계판매자가 다단계판매원 또는 소비자에게 판매한 경우에는 다단계판매원 또는 소비자를 말하고, 다단계판매원이 소비자에게 판매한 경우에는 소비자를 말한다. 이하 이 장에서 같다)은 제17조에 따라 청약철회 등을 한 경우에는 이미 공급받은 재화 등을 반환하여야 한다.

② 다단계판매자(상대방으로부터 재화 등의 대금을 지급받은 자 또는 상대방과 다단

계판매에 관한 계약을 체결한 자를 포함한다. 이하 제2항부터 제8항까지의 규정에서 같다)는 재화 등을 반환받은 날부터 3영업일 이내에 이미 지급받은 재화 등의 대금을 환급하여야 한다. 다만, 다단계판매업자가 다단계판매원에게 재화 등의 대금을 환급할 때에는 대통령령으로 정하는 범위의 비용을 공제할 수 있으며, 다단계판매자가 상대방에게 재화 등의 대금 환급을 지연하였을 때에는 그 지연기간에 대한 지연배상금을 지급하여야 한다.

③ 상대방이 신용카드 등으로 대금을 지급한 계약에 대하여 청약철회 등을 한 경우에는 다단계판매자는 지체 없이 그 결제업자에게 재화 등의 대금 청구를 정지하거나 취소할 것을 요청하여야 한다. 다만, 다단계판매자가 결제업자로부터 해당 재화 등의 대금을 이미 지급받은 경우에는 지체 없이 이를 결제업자에게 환급하고 그 사실을 상대방에게 알려야 하며, 환급이 지연되어 상대방이 대금을 결제한 경우에는 결제한 날 이후의 지연기간에 대한 지연배상금을 상대방에게 지급하여야 한다.

④ 제3항 단서에 따라 다단계판매자로부터 재화 등의 대금을 환급받은 결제업자는 지체 없이 상대방에게 이를 환급하거나 환급에 필요한 조치를 하여야 하며, 다단계판매자가 정당한 사유 없이 결제업자에게 대금을 환급하지 아니하는 경우 상대방은 환급받을 금액에 대하여 결제업자에게 그 다단계판매자에 대한 다른 채무와 상계할 것을 요청할 수 있고, 결제업자는 대통령령으로 정하는 바에 따라 그 다단계판매자에 대한 다른 채무와 상계할 수 있다.

⑤ 결제업자가 제4항에 따른 상계를 정당한 사유 없이 게을리한 경우 상대방은 결제업자에 대하여 대금 결제를 거부할 수 있다. 이 경우 다단계판매자와 결제업자는 그 결제 거부를 이유로 그 상대방을 약정한 날짜 이내에 채무를 변제하지 아니한 자로 처리하는 등 상대방에게 불이익을 주는 행위를 하여서는 아니 된다.

⑥ 다단계판매자는 제17조에 따른 청약철회 등에 따라 재화 등의 대금을 환급한 경우 그 환급한 금액이 자신이 다단계판매원에게 공급한 금액을 초과할 때에는 그 차액을 다단계판매원에게 청구할 수 있다.

⑦ 제1항의 경우 다단계판매자는 재화 등의 일부가 이미 사용되거나 소비된 경우에는 그 재화 등을 사용하거나 일부 소비하여 상대방이 얻은 이익 또는 그

재화 등의 공급에 든 비용에 상당하는 금액의 지급을 그 상대방에게 청구할 수 있다.

⑧ 제17조 제1항에 따라 준용되는 제8조 제1항 또는 제3항에 따른 청약철회 등의 경우 공급받은 재화 등의 반환에 필요한 비용은 다단계판매자가 부담하며, 다단계판매자는 상대방에게 위약금 또는 손해배상을 청구할 수 없다.

⑨ 다단계판매자, 상대방으로부터 재화 등의 대금을 지급받은 자 또는 상대방과 다단계판매에 관한 계약을 체결한 자가 동일인이 아닌 경우 각자는 제1항부터 제5항까지 및 제8항에 따른 재화 등의 대금 환급과 관련한 의무의 이행에 있어 연대하여 책임을 진다.

제19조(손해배상청구금액의 제한 등) 소비자에게 책임이 있는 사유로 다단계판매자와의 재화 등의 판매계약이 해제된 경우에는 제10조를 준용한다. 이 경우 "방문판매자등"은 "다단계판매자"로, "소비자"는 "상대방"으로 본다.

제20조(후원수당의 지급기준 등) ① 다단계판매업자는 다단계판매원에게 고지한 후원수당의 산정 및 지급 기준과 다르게 후원수당을 산정·지급하거나 그 밖의 부당한 방법으로 다단계판매원을 차별하여 대우하여서는 아니 된다.

② 다단계판매업자는 후원수당의 산정 및 지급 기준을 객관적이고 명확하게 정하여야 하며, 후원수당의 산정 및 지급 기준을 변경하려는 경우에는 대통령령으로 정한 절차에 따라야 한다.

③ 다단계판매업자가 다단계판매원에게 후원수당으로 지급할 수 있는 총액은 다단계판매업자가 다단계판매원에게 공급한 재화 등의 가격(부가가치세를 포함한다) 합계액(이하 이 조에서 "가격합계액"이라 한다)의 100분의 35에 해당하는 금액을 초과하여서는 아니 되며, 가격합계액 및 후원수당 등의 구체적인 산정 방법은 다음과 같다.

1. 가격합계액은 출고 또는 제공 시점을 기준으로 할 것
2. 후원수당 지급액은 그 후원수당의 지급 사유가 발생한 시점을 기준으로 할 것
3. 가격합계액 및 후원수당은 1년을 단위로 산정할 것. 다만, 다단계판매 영업기간이 1년 미만인 경우에는 다단계판매업자의 실제 영업기간을 기준으로 한다.
4. 가격합계액을 산정할 때 위탁의 방법으로 재화 등을 공급하는 경우에는 위탁을 받은 다단계판매업자가 다단계판매원에게 판매한 가격을 기준으로 하고,

중개의 방법으로 재화 등을 공급하는 경우에는 다단계판매자가 중개를 의뢰한 사업자로부터 받은 수수료를 기준으로 한다.

④ 다단계판매업자는 다단계판매원이 요구하는 경우 후원수당의 산정·지급 명세 등의 열람을 허용하여야 한다.

⑤ 다단계판매업자는 일정 수의 하위판매원을 모집하거나 후원하는 것을 조건으로 하위판매원 또는 그 하위판매원의 판매 실적에 관계없이 후원수당을 차등하여 지급하여서는 아니 된다.

제21조(후원수당 관련 표시 · 광고 등) ① 다단계판매업자는 다단계판매원이 되려는 사람 또는 다단계판매원에게 다단계판매원이 받게 될 후원수당이나 소매이익(다단계판매원이 재화 등을 판매하여 얻는 이익을 말한다)에 관하여 거짓 또는 과장된 정보를 제공하여서는 아니 된다.

② 다단계판매업자는 다단계판매원이 되려는 사람 또는 다단계판매원에게 전체 다단계판매원에 대한 평균 후원수당 등 후원수당의 지급 현황에 관한 정보를 총리령으로 정하는 기준에 따라 고지하여야 한다.

③ 다단계판매업자는 다단계조직의 운영 방식 또는 활동 내용에 관하여 거짓 또는 과장된 사실을 유포하여서는 아니 된다.

제22조(다단계판매원의 등록 및 탈퇴 등)

① 다단계판매업자는 다단계판매원이 되려는 사람 또는 다단계판매원에게 등록, 자격 유지 또는 유리한 후원수당 지급기준의 적용을 조건으로 과다한 재화 등의 구입 등 대통령령으로 정하는 수준을 초과한 부담을 지게 하여서는 아니 된다.

② 다단계판매자는 다단계판매원에게 일정 수의 하위판매원을 모집하도록 의무를 지게 하거나 특정인을 그의 동의 없이 자신의 하위판매원으로 등록하여서는 아니 된다.

③ 다단계판매업자는 다단계판매원이 제15조 제2항 각 호의 어느 하나에 해당하는 경우에는 그 다단계판매원을 탈퇴시켜야 한다.

④ 다단계판매원은 언제든지 다단계판매업자에게 탈퇴 의사를 표시하고 탈퇴할 수 있으며, 다단계판매업자는 다단계판매원의 탈퇴에 조건을 붙여서는 아니 된다.

⑤ 다단계판매업자는 탈퇴한 다단계판매원의 판매행위 등으로 소비자피해가 발생하지 아니하도록 다단계판매원 수첩을 회수하는 등 필요한 조치를 하여야 한다.

제23조(금지행위) ① 다단계판매자는 다음 각 호의 어느 하나에 해당하는 행위를 하여서는 아니 된다.

1. 재화 등의 판매에 관한 계약의 체결을 강요하거나 청약철회 등 또는 계약 해지를 방해할 목적으로 상대방을 위협하는 행위

2. 거짓 또는 과장된 사실을 알리거나 기만적 방법을 사용하여 상대방과의 거래를 유도하거나 청약철회 등 또는 계약 해지를 방해하는 행위 또는 재화 등의 가격·품질 등에 대하여 거짓 사실을 알리거나 실제보다도 현저히 우량하거나 유리한 것으로 오인시킬 수 있는 행위

3. 청약철회 등이나 계약 해지를 방해할 목적으로 주소·전화번호 등을 변경하는 행위

4. 분쟁이나 불만 처리에 필요한 인력 또는 설비가 부족한 상태를 상당 기간 방치하여 상대방에게 피해를 주는 행위

5. 상대방의 청약이 없는데도 일방적으로 재화 등을 공급하고 재화 등의 대금을 청구하는 등 상대방에게 재화 등을 강제로 판매하거나 하위판매원에게 재화 등을 판매하는 행위

6. 소비자가 재화를 구매하거나 용역을 제공받을 의사가 없음을 밝혔는데도 전화, 팩스, 컴퓨터통신 등을 통하여 재화를 구매하거나 용역을 제공받도록 강요하는 행위

7. 다단계판매업자에게 고용되지 아니한 다단계판매원을 다단계판매업자에게 고용된 사람으로 오인하게 하거나 다단계판매원으로 등록하지 아니한 사람을 다단계판매원으로 활동하게 하는 행위

8. 제37조에 따른 소비자피해보상보험계약 등을 체결하지 아니하고 영업하는 행위

9. 상대방에게 판매하는 개별 재화 등의 가격을 대통령령으로 정하는 금액을 초과하도록 정하여 판매하는 행위

10. 본인의 허락을 받지 아니하거나 허락받은 범위를 넘어 소비자에 관한 정보를 이용하는 행위. 다만, 다음 각 목의 어느 하나에 해당하는 경우는 제외한다.

가. 재화 등의 배송 등 소비자와의 계약을 이행하기 위하여 불가피한 경우로서 대통령령으로 정하는 경우

나. 재화 등의 거래에 따른 대금을 정산하기 위하여 필요한 경우

다. 도용을 방지하기 위하여 본인임을 확인할 때 필요한 경우로서 대통령령으로 정하는 경우

라. 법률의 규정 또는 법률에 따라 필요한 불가피한 사유가 있는 경우

11. 다단계판매조직 및 다단계판매원의 지위를 양도·양수하는 행위. 다만, 다단계판매원의 지위를 상속하는 경우 또는 사업의 양도·양수·합병의 경우에는 그러하지 아니하다.

② 다단계판매업자는 다단계판매원으로 하여금 제1항의 금지행위를 하도록 교사(敎唆)하거나 방조(幇助)하여서는 아니 된다.

③ 공정거래위원회는 이 법 위반행위의 방지 및 소비자피해의 예방을 위하여 다단계판매자가 지켜야 할 기준을 정하여 고시할 수 있다.

제24조(사행적 판매원 확장행위 등의 금지) ① 누구든지 다단계판매조직 또는 이와 비슷하게 단계적으로 가입한 자로 구성된 조직을 이용하여 다음 각 호의 어느 하나에 해당하는 행위를 하여서는 아니 된다.

1. 재화 등의 거래 없이 금전거래를 하거나 재화 등의 거래를 가장하여 사실상 금전거래만을 하는 행위로서 다음 각 목의 어느 하나에 해당하는 행위

가. 판매원에게 재화 등을 그 취득가격이나 시장가격보다 10배 이상과 같이 현저히 높은 가격으로 판매하면서 후원수당을 지급하는 행위

나. 판매원과 재화 등의 판매계약을 체결한 후 그에 상당하는 재화 등을 정당한 사유 없이 공급하지 아니하면서 후원수당을 지급하는 행위

다. 그 밖에 판매업자의 재화 등의 공급능력, 소비자에 대한 재화 등의 공급실적, 판매업자와 소비자 사이의 재화 등의 공급계약이나 판매계약, 후원수당의 지급조건 등에 비추어 그 거래의 실질이 사실상 금전거래인 행위

2. 판매원 또는 판매원이 되려는 자에게 하위판매원 모집 자체에 대하여 경제적 이익을 지급하거나 정당한 사유 없이 후원수당 외의 경제적 이익을 지급하는 행위

3. 제20조 제3항(제29조 제3항에 따라 준용되는 경우를 포함한다)에 위반되는 후원수당의 지급을 약속하여 판매원을 모집하거나 가입을 권유하는 행위

4. 판매원 또는 판매원이 되려는 자에게 가입비, 판매 보조 물품, 개인 할당 판매액, 교육비 등 그 명칭이나 형태와 상관없이 10만원 이하로서 대통령령으로 정하는 수준을 초과한 비용 또는 그 밖의 금품을 징수하는 등 의무를 부과하는 행위

5. 판매원에 대하여 상품권[그 명칭이나 형태와 상관없이 발행자가 일정한 금액이나 재화 등의 수량이 기재된 무기명증

표를 발행하고 그 소지자가 발행자 또는 발행자가 지정하는 자(이하 이 조에서 "발행자등"이라 한다)에게 이를 제시 또는 교부하거나 그 밖의 방법으로 사용함으로써 그 증표에 기재된 내용에 따라 발행자등으로부터 재화 등을 제공받을 수 있는 유가증권을 말한다. 이하 이 조에서 같다]을 판매하는 행위로서 다음 각 목의 어느 하나에 해당하는 행위

가. 판매업자가 소비자에게 판매한 상품권을 다시 매입하거나 다른 자로 하여금 매입하도록 하는 행위

나. 발행자등의 재화 등의 공급능력, 소비자에 대한 재화 등의 공급실적, 상품권의 발행규모 등에 비추어 그 실질이 재화 등의 거래를 위한 것으로 볼 수 없는 수준의 후원수당을 지급하는 행위

6. 사회적인 관계 등을 이용하여 다른 사람에게 판매원으로 등록하도록 강요하거나 재화 등을 구매하도록 강요하는 행위

7. 판매원 또는 판매원이 되려는 사람에게 본인의 의사에 반하여 교육·합숙 등을 강요하는 행위

8. 판매원을 모집하기 위한 것이라는 목적을 명확하게 밝히지 아니하고 취업·부업 알선, 설명회, 교육회 등을 거짓 명목으로 내세워 유인하는 행위

② 다단계판매업자는 다단계판매원으로 하여금 제1항의 금지행위를 하도록 교사하거나 방조하여서는 아니 된다.

제25조(소비자 등의 침해정지 요청) 제23조 또는 제24조를 위반한 다단계판매자의 행위로 이익을 침해받거나 침해받을 우려가 있는 자 또는 대통령령으로 정하는 소비자단체 등은 그 행위가 현저한 손해를 주거나 줄 우려가 있는 경우에는 그 행위에 대하여 대통령령으로 정하는 바에 따라 공정거래위원회에 침해의 정지에 필요한 조치를 요청할 수 있다.

제26조(다단계판매업자의 휴업기간 중 업무처리 등) ① 다단계판매업자는 그 휴업기간 또는 영업정지기간 중에도 제17조 제1항에 따라 준용되는 제8조 제1항 및 제3항에 따른 청약철회 등의 업무와 제18조 제1항부터 제8항까지의 규정에 따른 청약철회 등에 따른 업무를 계속하여야 한다.

② 다단계판매원은 다단계판매업자가 폐업하거나 그 등록이 취소된 경우 그 폐업 또는 등록취소 당시 판매하지 못한 재화 등을 다른 사람에게 판매한 때에는 그 다단계판매원이 청약철회 등에 따라 반환되는 재화 등을 반환받고, 재화 등을 반환받은 날부터 3영업일 이내에 재화 등의 대금을 환급하여야 한다.

③ 제13조 제1항에 따라 공정거래위원회에 등록하거나 시·도지사에게 등록한 다단계판매업자가 파산선고를 받거나 관할 세무서에 폐업신고를 한 경우 또는 6개월을 초과하여 영업을 하지 아니하는 등 실질적으로 영업을 할 수 없다고 판단되는 경우에는 등록을 받은 행정기관의 장은 그 등록을 직권으로 말소할 수 있다.

제27조(주소 변경 등의 공고) 다단계판매업자가 다음 각 호의 어느 하나에 해당하는 경우 공정거래위원회 또는 시·도지사는 총리령으로 정하는 바에 따라 그 사실을 공고하여야 한다.

1. 상호 또는 주된 사업장의 주소·전화번호를 변경한 경우
2. 제13조 제3항에 따른 휴업신고 또는 폐업신고를 한 경우
3. 제49조 제4항 또는 제5항에 따라 영업정지처분을 받거나 등록이 취소된 경우

제28조(다단계판매업자의 책임) ① 다단계판매업자는 다단계판매원이 자신의 하위판매원을 모집하거나 다단계판매업자의 재화 등을 소비자에게 판매할 때 제23조 또는 제24조를 위반하지 아니하도록 다단계판매원에게 해당 규정의 내용을 서면이나 전자우편으로 고지하여야 한다.

② 다단계판매업자가 제1항에 따른 고지의무를 게을리한 경우에 다단계판매원이 제23조 또는 제24조를 위반하여 다른 다단계판매원 또는 소비자에게 입힌 재산상 손해는 대통령령으로 정하는 바에 따라 다단계판매업자가 배상 책임을 진다. 이 경우 다단계판매업자는 다단계판매원에게 구상권을 행사할 수 있다.

제29조(후원방문판매자의 의무) ① 후원방문판매자는 후원방문판매원에게 판매원 자신의 직근 하위판매원이 아닌 다른 후원방문판매원의 구매·판매 등의 실적과 관련하여 후원수당을 지급하거나 이러한 지급을 약속하여 후원방문판매원을 모집하는 행위를 하여서는 아니 된다.

② 제3항에도 불구하고 후원방문판매업자가 후원방문판매원에게 공급한 재화 등의 100분의 70 이상을 판매원이 아닌 소비자에게 판매한 경우에는 대통령령으로 정하는 바에 따라 제20조 제3항, 제23조 제1항 제8호·제9호 및 제37조를 적용하지 아니한다.

③ 후원방문판매자에게 다음 각 호의 규정을 준용한다. 이 경우 "다단계판매"는 "후원방문판매"로, "방문판매자등"과 "다단계판매자"는 "후원방문판매자"로, "방문판매업자 등"과 "다단계판매업자"

는 "후원방문판매업자"로, "방문판매원 등"과 "다단계판매원"은 "후원방문판매원"으로, "다단계판매조직"은 "후원방문판매조직"으로 본다.

1. 제6조, 제13조, 제14조 및 제15조 제2항. 다만, 제13조 제1항 제2호는 준용하지 아니하며, 제13조 제1항 제3호는 "제37조에 따른 소비자피해보상보험계약 등의 체결 증명서류 또는 제29조 제2항에 해당함을 증명하는 서류"로 본다.

2. 제16조부터 제28조까지의 규정. 이 경우 제20조제3항 각 호 외의 부분 중 "100분의 35"는 "100분의 38"로 본다.

제4장 계속거래 및 사업권유거래

제30조(계속거래업자 등의 소비자에 대한 정보제공의무 등) ① 계속거래 또는 사업권유거래(이하 "계속거래 등"이라 한다)를 업으로 하는 자(이하 "계속거래업자 등"이라 한다)는 대통령령으로 정하는 금액 및 기간 이상을 거래조건으로 하는 계속거래 등에 관한 계약을 체결하는 경우에는 계약을 체결하기 전에 소비자(사업권유거래에서 재화 등을 구매하는 자를 포함한다. 이하 이 장에서 같다)가 계약 내용을 이해할 수 있도록 다음 각 호의 사항을 설명하여야 한다.

1. 계속거래업자 등의 성명(법인인 경우에는 대표자의 성명을 말한다), 상호, 주소, 전화번호 및 전자우편주소

2. 계속거래를 통하여 판매하는 재화 등(계속거래와 관련하여 따로 구입할 필요가 있는 다른 재화 등이 있는 경우에는 그 재화 등을 포함한다)이나 사업권유거래를 통하여 판매하는 재화 등의 명칭, 종류 및 내용

3. 재화 등의 대금(가입비, 설치비 등 명칭에 상관없이 재화 등의 거래와 관련하여 지급하는 모든 금액을 포함한다. 이하 이 장에서 같다)과 그 지급 시기 및 방법

4. 재화 등의 거래방법과 거래 기간 및 시기

5. 사업권유거래의 경우에는 제공되는 사업에 관한 거래조건으로 대통령령으로 정하는 사항

6. 제31조에 따른 계약 해지와 그 행사방법·효과에 관한 사항 및 해지권의 행사에 필요한 서식

7. 소비자피해 보상, 재화 등에 대한 불만 및 소비자와 사업자 사이의 분쟁 처리에 관한 사항

8. 거래에 관한 약관

9. 그 밖에 거래 여부 판단에 영향을 주는 거래조건 또는 소비자피해 구제에 필요한 사항으로서 대통령령으로 정하는

사항

② 계속거래업자 등은 재화 등의 판매에 관한 계약을 체결할 때에는 제1항 각 호의 사항을 적은 계약서를 소비자에게 발급하여야 한다.

③ 계속거래를 업으로 하는 자는 소비자에게 용역을 공급하는 계약으로서 소비자의 별도 의사표시가 없는 한 자동으로 갱신되는 계약을 체결한 경우에는 그 계약 종료일의 50일 전부터 20일 전까지의 기간에 소비자에게 종료일이 다가오고 있음을 서면이나 전자우편으로 통지하여야 한다. 다만, 거래기간이 2개월 이내의 계약인 경우나 소비자가 재계약 체결 또는 계약 갱신의 의사를 표시한 경우에는 그 통지를 생략할 수 있다.

④ 계속거래업자 등이 미성년자와 제1항에 따른 계약을 체결하는 경우에는 제7조 제3항을 준용한다.

⑤ 계속거래업자 등은 제1항 및 제2항에 따라 소비자에게 설명하거나 표시한 거래조건을 신의에 좇아 성실하게 이행하여야 한다.

제31조(계약의 해지) 계속거래업자 등과 계속거래 등의 계약을 체결한 소비자는 계약기간 중 언제든지 계약을 해지할 수 있다. 다만, 다른 법률에 별도의 규정이 있거나 거래의 안전 등을 위하여 대통령령으로 정하는 경우에는 그러하지 아니하다.

제32조(계약 해지 또는 해제의 효과와 위약금 등) ① 계속거래업자 등은 자신의 책임이 없는 사유로 계속거래 등의 계약이 해지 또는 해제된 경우 소비자에게 해지 또는 해제로 발생하는 손실을 현저하게 초과하는 위약금을 청구하여서는 아니 되고, 가입비나 그 밖에 명칭에 상관없이 실제 공급된 재화 등의 대가를 초과하여 수령한 대금의 환급을 부당하게 거부하여서는 아니 된다.

② 계속거래 등의 계약이 해지 또는 해제된 경우 소비자는 반환할 수 있는 재화 등을 계속거래업자 등에게 반환할 수 있으며, 계속거래업자 등은 대통령령으로 정하는 바에 따라 대금 환급 또는 위약금 경감 등의 조치를 하여야 한다.

③ 계속거래업자 등은 자신의 책임이 없는 사유로 계약이 해지 또는 해제된 경우 소비자로부터 받은 재화 등의 대금(재화 등이 반환된 경우 환급하여야 할 금액을 포함한다)이 이미 공급한 재화 등의 대금에 위약금을 더한 금액보다 많으면 그 차액을 소비자에게 환급하여야 한다. 이 경우 환급이 지연되는 경우에는 총리령으로 정하는 지연기간에 대한 지연배상금을 함께 환급하여야 한다.

④ 공정거래위원회는 제1항에 따른 위약금 청구와 제2항에 따른 대금 환급 또는 위약금 경감과 관련된 분쟁을 방지하기 위하여 필요한 경우 위약금 및 대금의 환급에 관한 산정기준을 정하여 고시할 수 있다.

제33조(거래기록 등의 열람) 계속거래업자 등은 대통령령으로 정하는 바에 따라 재화 등의 거래기록 등을 언제든지 소비자가 열람할 수 있게 하여야 한다.

제34조(금지행위 등) ① 계속거래업자 등은 다음 각 호의 어느 하나에 해당하는 행위를 하여서는 아니 된다.

1. 계속거래 등의 계약을 체결하게 하거나 계약의 해지 또는 해제를 방해하기 위하여 소비자를 위협하는 행위
2. 거짓 또는 과장된 사실을 알리거나 기만적 방법을 사용하여 소비자를 유인 또는 거래하거나 계약의 해지 또는 해제를 방해하는 행위
3. 계속거래 등에 필요한 재화 등을 통상적인 거래가격보다 현저히 비싼 가격으로 구입하게 하는 행위
4. 소비자가 계속거래 등의 계약을 해지 또는 해제하였는데도 정당한 사유 없이 이에 따른 조치를 지연하거나 거부하는 행위
5. 계약의 해지 또는 해제를 방해할 목적으로 주소·전화번호 등을 변경하는 행위
6. 분쟁이나 불만 처리에 필요한 인력 또는 설비가 부족한 상태를 상당 기간 방치하여 소비자에게 피해를 주는 행위
7. 소비자의 청약이 없는데도 일방적으로 재화 등을 공급하고 재화 등의 대금을 청구하는 행위
8. 소비자가 재화를 구매하거나 용역을 제공받을 의사가 없음을 밝혔는데도 전화, 팩스, 전자우편 등을 통하여 재화를 구매하거나 용역을 제공받도록 강요하는 행위

② 공정거래위원회는 이 법 위반행위의 방지 및 소비자피해의 예방을 위하여 계속거래업자 등이 지켜야 할 기준을 정하여 고시할 수 있다.

제5장 소비자권익의 보호

제35조(소비자보호지침의 제정 등) ① 공정거래위원회는 특수판매에서의 건전한 거래질서 확립 및 소비자(다단계판매원, 후원방문판매원 및 사업권유거래의 상대방을 포함한다. 이하 이 장에서 같다)의 보호를 위하여 사업자의 자율적 준수를 유도하기 위한 지침(이하 "소비자보호지침"이라 한다)을 관련 분야의 거래당사

자, 기관 및 단체의 의견을 들어 정할 수 있다.

② 특수판매를 업으로 하는 자(이하 "특수판매업자"라 한다)는 그가 사용하는 약관 등 계약의 내용이 소비자보호지침의 내용보다 소비자에게 불리한 경우 소비자보호지침과 다르게 정한 그 계약의 내용을 소비자가 알기 쉽게 표시하거나 고지하여야 한다.

제36조(특수판매업자의 입증책임) ① 다음 각 호의 사항에 관하여 계약 상대방과 다툼이 있는 경우에는 특수판매업자가 이를 증명하여야 한다. 이 경우 특수판매업자는 증명에 필요한 통화 내용 등에 대한 거래기록을 대통령령으로 정하는 바에 따라 보관할 수 있다.

1. 재화 등의 훼손에 대한 소비자의 책임 유무
2. 계약이 체결된 사실 및 그 시기
3. 재화 등의 공급 사실 및 그 시기
4. 계약서의 발급 사실 및 그 시기
5. 입증책임에 관한 별도의 약정이 없는 그 밖의 거래 사실

② 특수판매업자는 제1항에 따른 증명에 필요한 통화내용 등 거래기록을 미리 보존할 수 있다. 이 경우 특수판매업자는 거래기록을 그 대상·범위·기간 및 열람 방법 등에 관하여 대통령령으로 정하는 바에 따라 보존하여야 한다.

제37조(소비자피해보상보험계약 등) ① 제13조 제1항 및 제29조 제3항에 따라 등록하려는 다단계판매업자 및 후원방문판매업자는 다음 각 호의 어느 하나에 해당하는 계약(이하 "소비자피해보상보험계약 등"이라 한다)을 체결하여야 한다.

1. 소비자피해 보상을 위한 보험계약
2. 소비자피해 보상금의 지급을 확보하기 위한 채무지급보증계약
3. 제38조에 따라 설립된 공제조합과의 공제계약

② 공정거래위원회는 방문판매 등 및 계속거래 등에서의 소비자보호를 위하여 소비자피해보상보험계약 등을 체결하도록 권장할 수 있다.

③ 소비자피해보상보험계약 등의 내용은 이 법 위반행위로 인한 소비자피해를 보상하기에 적절한 수준이어야 하며, 그 구체적인 기준은 대통령령으로 정한다.

④ 소비자피해보상보험계약 등에 따라 소비자피해 보상금을 지급할 의무가 있는 자는 그 지급 사유가 발생한 경우에는 지체 없이 이를 지급하여야 하고, 이를 지연한 경우에는 지연배상금을 지급하여야 한다.

⑤ 소비자피해보상보험계약 등을 체결 또는 유지하는 다단계판매업자와 후원

방문판매업자는 매출액 등의 자료를 제출할 때 거짓 자료를 제출하여서는 아니 된다.

⑥ 소비자피해보상보험계약 등을 체결한 자는 그 사실을 나타내는 표지를 사용할 수 있다.

⑦ 소비자피해보상보험계약 등을 체결하지 아니한 자는 제6항에 따른 표지를 사용하거나 이와 비슷한 표지를 제작 또는 사용하여서는 아니 된다.

제38조(공제조합의 설립) ① 제5조 제1항에 따라 신고하거나 제13조 제1항 또는 제29조 제3항에 따라 등록한 사업자는 소비자피해보상에 대한 보상금 지급을 책임지는 보험사업 등 제37조 제1항 제3호에 따른 공제사업을 운영하기 위하여 공정거래위원회의 인가를 받아 공제조합(이하 "공제조합"이라 한다)을 설립할 수 있으며, 인가의 기준은 대통령령으로 정한다.

② 공제조합은 법인으로 하며, 주된 사무소의 소재지에서 설립등기를 함으로써 성립한다.

③ 공제조합에 가입한 자는 공제사업의 수행에 필요한 출자금 등을 조합에 내야 한다.

④ 공제조합의 기본재산은 대통령령으로 정하는 바에 따라 가입한 자의 출자금 등으로 조성하되, 공제조합의 기본재산의 운영에 관한 사항은 공정거래위원회의 인가를 받아야 한다. 다만, 정부는 예산의 범위에서 출연(出捐)하거나 보조할 수 있다.

⑤ 공제조합의 가입자격, 임원에 관한 사항 및 출자금의 부담기준에 관한 사항은 정관으로 정한다.

⑥ 공제조합의 설립인가 절차, 정관 기재 사항, 운영, 이사회의 구성 및 권한, 임원의 선임, 감독 등에 관하여 필요한 사항은 대통령령으로 정한다.

⑦ 공제조합이 제1항에 따른 공제사업을 하려는 경우에는 공제규정을 정하여 공정거래위원회의 인가를 받아야 한다. 공제규정을 변경하려는 경우에도 또한 같다.

⑧ 제7항의 공제규정에는 공제사업의 범위, 공제료, 공제사업에 충당하기 위한 책임준비금 등 공제사업의 운영에 필요한 사항을 정하여야 한다.

⑨ 공제조합에 관하여 이 법에 규정된 것을 제외하고는 「민법」 중 사단법인에 관한 규정을 준용한다.

⑩ 이 법에 따른 공제조합의 사업에 대하여는 「보험업법」을 적용하지 아니한다.

제39조(공제조합의 감독) ① 공정거래위

원회는 필요하다고 인정하면 공제조합에 대하여 업무 및 회계에 관한 보고서 제출 또는 그 밖에 필요한 조치를 명하거나 소속 공무원으로 하여금 공제조합의 업무 및 회계 상황을 조사하거나 장부 또는 그 밖의 서류를 검사하게 할 수 있다.

② 공정거래위원회는 공제조합의 운영 및 업무 집행 등이 법령이나 정관 등에 적합하지 아니한 경우 그 시정을 명할 수 있고, 그 밖에 소비자의 피해 구제 등과 관련하여 필요한 경우에는 적합한 조치를 요구할 수 있다.

③ 공정거래위원회는 공제조합의 임직원이 다음 각 호의 어느 하나에 해당하는 경우에는 관련 임직원에 대한 징계·해임을 요구하거나 해당 위반행위를 시정하도록 명할 수 있다.

1. 제38조 제7항에 따른 공제규정을 위반하여 업무를 처리한 경우

2. 제2항에 따른 시정명령이나 조치를 이행하지 아니한 경우

④ 제1항에 따라 조사 또는 검사를 하는 공무원은 그 권한을 표시하는 증표를 지니고 이를 관계인에게 보여주어야 한다.

제40조(공제조합의 사업) 공제조합은 다음 각 호의 사업을 시행한다.

1. 소비자피해 보상을 위한 공제사업 및 소비자의 권익보호를 위한 공익사업

2. 소비자피해 예방과 홍보를 위한 출판 및 교육 사업

3. 시장의 건전한 발전을 위한 자율정화 사업

4. 공정거래위원회로부터 위탁받은 사업

5. 그 밖에 정관으로 정하는 사업

제41조(특수판매 소비자단체 등의 지원) 공정거래위원회는 특수판매에서의 공정거래질서 확립 및 소비자권익 보호를 위한 사업을 시행하는 기관 또는 단체에 대하여 예산의 범위에서 필요한 지원을 할 수 있다.

제42조(전화권유판매 수신거부의사 등록시스템 등) ① 공정거래위원회는 전화권유판매자의 행위로부터 소비자를 보호하기 위하여 소비자가 수신거부의사를 명시적으로 표시하여 등록할 수 있는 수신거부의사 등록시스템(이하 이 조에서 "등록시스템"이라 한다)을 구축할 수 있다.

② 전화권유판매자는 전화권유판매를 하려는 경우에는 대통령령으로 정하는 바에 따라 등록시스템에서 소비자의 수신거부의사 등록 여부를 확인하여야 하며, 전화권유판매 수신거부의사를 등록한 소비자에게 전화권유판매를 하여서는 아니 된다. 다만, 전화권유판매업자

가 총리령으로 정하는 바에 따라 소비자로부터 개별적인 동의를 받은 경우에는 그러하지 아니하다.

③ 공정거래위원회는 등록시스템의 운용을 다음 각 호의 어느 하나에 해당하는 기관 또는 단체에 위탁할 수 있으며, 해당 기관 또는 단체에 그 원활한 운용에 필요한 비용의 전부 또는 일부를 지원할 수 있다.

1. 「소비자기본법」에 따라 설립된 기관 또는 등록된 소비자단체

2. 그 밖에 제54조에 따라 등록된 사업자단체 또는 다른 법률에 따라 소비자보호를 위하여 설립된 기관 또는 단체

④ 제3항에 따라 운용을 위탁받을 수 있는 대상 기관 또는 단체의 선정 절차 및 기준은 대통령령으로 정한다.

⑤ 공정거래위원회는 제3항에 따른 위탁사무의 적정한 운용 및 관리를 위하여 필요하다고 인정하는 경우에는 자료의 제출을 요구하거나 소속 공무원으로 하여금 해당 위탁사무를 조사하게 할 수 있다. 이 경우 조사의 방법·절차 등에 관하여는 대통령령으로 정한다.

⑥ 공정거래위원회는 제3항에 따라 위탁사업자로 선정된 자가 제1호 또는 제2호에 해당하게 된 경우에는 그 선정을 취소하여야 하며, 제3호 또는 제4호에 해당하게 된 경우에는 그 선정을 취소할 수 있다.

1. 거짓 또는 부정한 방법으로 위탁사업자로 선정된 경우

2. 등록시스템을 제1항에 따른 목적 외의 목적으로 이용하거나 제3자로 하여금 이용하게 한 경우

3. 제4항에 따른 선정기준을 충족하지 못하게 된 경우

4. 제5항에 따른 조사 결과 원래의 선정 목적을 달성하기 어렵다고 인정되는 경우

⑦ 제1항부터 제6항까지에서 규정한 사항 외에 등록시스템의 구축 및 운영에 관하여 필요한 사항은 총리령으로 정한다.

제6장 조사 및 감독

제43조(위반행위의 조사 등) ① 공정거래위원회, 시·도지사 또는 시장·군수·구청장(이하 "행정청"이라 한다)은 이 법을 위반한 사실이 있다고 인정할 때에는 직권으로 필요한 조사를 할 수 있다. 다만, 다단계판매 및 후원방문판매와 관련된 규정의 위반 사실에 대하여는 공정거래위원회 또는 시·도지사가 조사를 할 수 있다.

② 시·도지사 또는 시장·군수·구청장이 제1항에 따른 조사를 하려는 경우에는 공정거래위원회에 통보하여야 하며, 공정거래위원회는 조사 등이 중복될 우려가 있는 경우에는 시·도지사 또는 시장·군수·구청장에게 조사의 중지를 요청할 수 있다. 이 경우 요청을 받은 시·도지사 또는 시장·군수·구청장은 상당한 이유가 없으면 그 조사를 중지하여야 한다.

③ 행정청은 제1항에 따라 조사를 한 경우에는 그 결과(조사 결과 시정조치명령 등의 처분을 하려는 경우에는 그 처분의 내용을 포함한다)를 해당 사건의 당사자에게 문서로 알려야 한다.

④ 공정거래위원회는 제1항의 조사를 위하여 「소비자기본법」 제33조에 따른 한국소비자원(이하 이 조에서 "한국소비자원"이라 한다)과 합동으로 조사반을 구성할 수 있다. 이 경우 조사반의 구성과 조사에 관한 구체적 방법과 절차, 그 밖에 필요한 사항은 대통령령으로 정한다.

⑤ 공정거래위원회는 합동조사반의 구성원이 되는 한국소비자원 임직원에 대하여 예산의 범위에서 수당이나 여비를 지급할 수 있다.

⑥ 제4항에 따라 해당 업무를 담당하는 한국소비자원의 임직원은 「형법」 제127조와 제129조부터 제132조까지의 규정에 따른 벌칙을 적용할 때에는 공무원으로 본다.

⑦ 누구든지 이 법의 규정에 위반되는 사실이 있다고 인정할 때에는 그 사실을 행정청에 신고할 수 있다. 다만, 다단계판매 및 후원방문판매와 관련된 규정에 위반되는 사실에 대하여는 공정거래위원회 또는 시·도지사에게 신고할 수 있다.

⑧ 공정거래위원회는 이 법을 위반하는 행위가 끝난 날부터 5년이 지난 경우 그 위반행위에 대하여는 제49조에 따른 시정조치를 명하거나 제51조에 따른 과징금을 부과하지 아니한다. 다만, 시정조치 또는 과징금 부과처분이 판결의 취지에 따라 취소된 경우로서 그 판결 이유에 따라 새로운 처분을 하는 경우에는 그러하지 아니하다.

제44조(포상금의 지급) ① 공정거래위원회는 다음 각 호의 어느 하나에 해당하는 위반행위를 신고 또는 제보하고 이를 입증할 수 있는 증거자료를 제출한 자에 대하여 예산의 범위에서 포상금을 지급할 수 있다.

1. 제13조 제1항 또는 제29조 제3항을 위반하여 등록을 하지 아니하고 다단계판매조직 또는 후원방문판매조직을 개설·관리 또는 운영하는 행위

2. 제24조를 위반한 행위

② 제1항에 따른 포상금의 지급대상이 되는 이 법 위반행위 및 포상금 지급대상자의 범위, 포상금 지급의 기준·절차 등에 관하여 필요한 사항은 대통령령으로 정한다.

제45조(부당행위에 대한 정보의 공개) 공정거래위원회는 특수판매의 공정거래질서 확립과 소비자피해 예방을 위하여 필요한 경우에는 대통령령으로 정하는 바에 따라 특수판매업자의 이 법 위반행위에 대한 조사 결과 등 부당행위에 대한 정보를 공개할 수 있다.

제46조(평가 · 인증 사업의 공정화) ① 특수판매의 공정거래질서 확립 및 소비자보호를 위하여 관련 특수판매업자의 평가·인증 등의 업무를 하는 자(이하 "평가·인증사업자"라 한다)는 그 명칭에 상관없이 대통령령으로 정하는 바에 따라 그 평가·인증에 관한 기준·방법 등을 공시하고, 그에 따라 공정하게 평가·인증하여야 한다.

② 제1항에 따른 평가·인증의 기준 및 방법은 특수판매업자가 거래의 공정화 및 소비자보호를 위하여 기울인 노력과 그 성과에 관한 정보를 전달하는 데에 적절한 것이어야 한다.

③ 공정거래위원회는 평가·인증사업자에게 운용 상황 등에 관한 자료를 제출하도록 할 수 있다.

제47조(보고 및 감독) ① 시·도지사 또는 시장·군수·구청장은 제48조에 따른 시정권고를 하는 경우에는 대통령령으로 정하는 바에 따라 공정거래위원회에 보고하여야 한다.

② 공정거래위원회는 이 법의 효율적인 시행을 위하여 필요하다고 인정할 때에는 그 소관 사항에 관하여 시·도지사 또는 시장·군수·구청장 등에게 조사·확인 또는 자료의 제출을 요구하거나 그 밖에 시정에 필요한 조치를 하도록 요구할 수 있다. 이 경우 시·도지사 또는 시장·군수·구청장은 특별한 사유가 없으면 이에 따라야 한다.

제7장 시정조치 및 과징금 부과

제48조(위반행위의 시정권고) ① 행정청은 사업자가 이 법에 위반되는 행위를 하거나 이 법에 따른 의무를 이행하지 아니하는 경우 제49조에 따른 시정조치를 하기 전에 그 사업자가 해당 행위의 중지, 이 법에 따른 의무의 이행, 그 밖에 소비자피해 예방 및 구제에 필요한 조치를 하도록 시정 방안을 정하여 그 사업자에게 이에 따를 것을 권고할 수 있다.

이 경우 해당 사업자가 그 권고를 수락한 경우에는 제3항에 따라 시정조치가 내려진 것으로 본다는 뜻을 함께 통지하여야 한다.

② 제1항에 따라 시정권고를 받은 사업자는 그 통지를 받은 날부터 10일 이내에 그 권고의 수락 여부를 시정권고를 한 행정청에 통지하여야 한다.

③ 제1항에 따라 시정권고를 받은 사업자가 이를 수락한 때에는 제49조에 따른 시정조치가 내려진 것으로 본다.

제49조(시정조치 등) ① 공정거래위원회는 사업자가 다음 각 호의 어느 하나(제29조 제3항에 따라 준용되는 경우를 포함한다)에 해당하는 행위를 하거나 이 법에 따른 의무를 이행하지 아니하는 경우 해당 사업자 등에 대하여 그 시정을 위한 조치를 명할 수 있다.

1. 제5조 제1항부터 제3항까지, 제6조, 제7조 제1항부터 제3항까지 및 제5항, 제8조 제5항, 제9조, 제10조 제1항, 제12조 제1항, 제13조 제1항부터 제3항까지 및 제5항, 제14조부터 제24조까지, 제26조 제1항 및 제2항, 제28조, 제29조제1항 및 제2항, 제30조, 제32조 제1항부터 제3항까지, 제33조, 제35조 제2항, 제37조 제1항·제4항·제5항 및 제7항, 제42조 제2항, 제46조 제1항 및 제2항, 제55조를 위반하는 경우
2. 제11조 제1항 각 호의 어느 하나, 제23조 제1항 각 호의 어느 하나, 제24조 제1항 각 호의 어느 하나 또는 제34조 제1항 각 호의 어느 하나에 해당하는 금지행위를 한 경우
3. 제36조 제2항 후단에 따라 거래기록을 보존하는 특수판매업자가 거래기록의 대상·범위·기간 및 열람 방법 등에 관하여 대통령령으로 정하는 바에 따라 보존하지 아니한 경우

② 제1항에 따른 시정을 위한 조치는 다음 각 호의 어느 하나에 해당하는 조치를 포함한다.

1. 해당 위반행위의 중지
2. 이 법에 규정된 의무의 이행
3. 시정조치를 받은 사실의 공표
4. 소비자피해 예방 및 구제에 필요한 조치
5. 그 밖에 시정을 위하여 필요한 조치

③ 제2항 제3호에 따른 시정조치를 받은 사실의 공표에 필요한 사항은 대통령령으로 정한다.

④ 공정거래위원회는 사업자가 다음 각 호의 어느 하나에 해당하는 경우에는 대통령령으로 정하는 바에 따라 1년 이내의 기간을 정하여 그 영업의 전부 또는 일부의 정지를 명할 수 있다.

1. 제1항의 시정조치에도 불구하고 최근 3년간 같은 위반행위가 2회 이상 반복되는 경우(행위의 기준은 처분일로 한다)
2. 시정조치를 이행하지 아니한 경우
3. 시정조치만으로는 소비자피해를 방지하기 어렵거나 소비자에 대한 피해보상이 불가능하다고 판단되는 경우

⑤ 공정거래위원회 또는 시·도지사는 사업자가 제1호에 해당하는 경우(제29조 제3항에 따라 준용되는 경우를 포함한다)에는 그 등록을 취소하여야 하고, 제2호부터 제4호까지의 규정에 해당하는 경우(제29조 제3항에 따라 준용되는 경우를 포함한다)에는 대통령령으로 정하는 바에 따라 그 등록을 취소할 수 있다.
1. 속임수나 그 밖의 부정한 방법으로 제13조 제1항에 따른 등록을 한 경우
2. 제14조 각 호의 결격사유에 해당하게 된 경우
3. 소비자피해보상보험계약 등이 해지된 경우
4. 영업정지기간 중에 영업을 하는 경우

제50조(소비자피해분쟁조정의 요청) ① 행정청은 이 법 위반행위와 관련하여 소비자의 피해 구제 신청이 있으면 제48조에 따른 시정권고 또는 제49조에 따른 시정조치를 하기 전에 특수판매에 관한 소비자보호 관련 업무를 수행하는 기관 또는 단체 가운데 대통령령으로 정하는 소비자피해분쟁조정기구에 그 조정을 의뢰할 수 있다.

② 행정청은 제1항에 따라 의뢰된 조정안을 당사자가 수락하고 이행하는 경우에는 제49조에 따른 시정조치를 하지 아니한다는 뜻을 당사자에게 알려야 한다.

③ 공정거래위원회는 제1항에 따라 의뢰된 조정안을 당사자가 수락하고 이행한 경우에는 대통령령으로 정하는 바에 따라 제49조에 따른 시정조치를 하지 아니한다. 이 경우 제43조 제8항은 적용하지 아니한다.

④ 공정거래위원회는 제1항에 따라 분쟁의 조정을 의뢰하는 경우 예산의 범위에서 해당 분쟁의 조정에 필요한 예산을 지원할 수 있다.

제51조(과징금) ① 공정거래위원회는 제49조 제4항에 따른 영업정지를 갈음하여 해당 사업자에 대하여 대통령령으로 정하는 위반행위 관련 매출액을 초과하지 아니하는 범위에서 과징금을 부과할 수 있다. 이 경우 관련 매출액이 없거나 이를 산정할 수 없는 등의 경우에는 5천만원을 초과하지 아니하는 범위에서 과징금을 부과할 수 있다.

② 공정거래위원회는 제1항에 따른 과징금을 부과할 때 다음 각 호의 사항을

고려하여야 한다.

1. 위반행위로 인한 소비자피해 정도
2. 소비자피해에 대한 사업자의 보상노력 정도
3. 위반행위로 취득한 이익의 규모
4. 위반행위의 내용·기간 및 횟수 등

③ 공정거래위원회는 이 법을 위반한 사업자인 회사의 합병이 있는 경우에는 그 회사가 한 위반행위를 합병 후 존속하거나 합병으로 새로 설립된 회사가 한 행위로 보아 과징금을 부과·징수할 수 있다.

④ 제1항에 따른 과징금의 납부기한 연장, 분할 납부, 징수 및 체납처분에 관하여는 「독점규제 및 공정거래에 관한 법률」 제55조의4 및 제55조의6을 준용한다.

⑤ 제1항에 따른 과징금의 부과기준은 대통령령으로 정한다.

제8장 보칙

제52조(소비자 등에게 불리한 계약의 금지) 제7조부터 제10조까지, 제16조부터 제19조까지, 제30조부터 제32조까지의 규정 중 어느 하나를 위반한 계약으로서 소비자에게 불리한 것은 효력이 없다.

제53조(전속관할) 특수판매와 관련된 소(訴)는 제소 당시 소비자 주소를, 주소가 없는 경우에는 거소를 관할하는 지방법원의 전속관할로 한다. 다만, 제소 당시 소비자의 주소 또는 거소가 분명하지 아니한 경우에는 「민사소송법」의 관계 규정을 준용한다.

제54조(사업자단체의 등록) ① 특수판매의 건전한 발전과 소비자의 신뢰도 제고, 그 밖에 공동이익의 증진을 위한 목적으로 설립된 사업자단체는 대통령령으로 정하는 바에 따라 공정거래위원회에 등록할 수 있다.

② 제1항에 따른 등록의 요건, 방법 및 절차 등에 관하여 필요한 사항은 대통령령으로 정한다.

제55조(소비자에 관한 정보의 오용 · 남용 및 도용 방지 등) 특수판매업자가 소비자에 관한 정보를 수집·이용하는 경우에는 「전자상거래 등에서의 소비자보호에 관한 법률」 제11조를 준용한다. 이 경우 "전자상거래 또는 통신판매"는 "특수판매"로 본다.

제56조(권한의 위임 · 위탁) ① 이 법에 따른 공정거래위원회의 권한은 그 일부를 대통령령으로 정하는 바에 따라 소속 기관의 장 또는 시·도지사에게 위임하거나 다른 행정기관의 장에게 위탁할 수 있다.

② 이 법에 따른 시·도지사의 권한은 그 일부를 대통령령으로 정하는 바에 따라 시장·군수·구청장에게 위임할 수 있다.

③ 공정거래위원회는 이 법을 효율적으로 집행하기 위하여 필요한 경우 사무의 일부를 제54조에 따라 등록한 사업자단체에 위탁할 수 있다.

④ 제1항부터 제3항까지의 규정에 따라 위임하거나 위탁한 사무에 대한 감독, 처리·보고, 조사·확인, 자료의 제출 또는 시정에 필요한 조치의 요구 등에 관하여 필요한 사항은 대통령령으로 정한다.

⑤ 제3항 또는 제42조 제3항에 따라 사무를 위탁받은 자의 임직원은 「형법」 제129조부터 제132조까지의 규정에 따른 벌칙을 적용할 때에는 공무원으로 본다.

제57조(「독점규제 및 공정거래에 관한 법률」의 준용) ① 이 법에 따른 공정거래위원회의 심의·의결에 관하여는 「독점규제 및 공정거래에 관한 법률」 제42조·제43조·제43조의2·제44조·제45조 및 제52조를 준용한다.

② 이 법 위반행위에 대한 행정청의 조사 등에 관하여는 「독점규제 및 공정거래에 관한 법률」 제50조 제1항부터 제4항까지의 규정을 준용한다.

③ 이 법에 따른 공정거래위원회의 처분 및 제56조에 따라 위임된 시·도지사의 처분에 대한 이의신청, 시정조치명령의 집행정지, 소의 제기 및 불복의 소의 전속관할에 관하여는 「독점규제 및 공정거래에 관한 법률」 제53조, 제53조의2, 제54조, 제55조 및 제55조의2를 준용한다.

④ 이 법에 따른 직무에 종사하거나 종사하였던 공정거래위원회의 위원 또는 공무원에 대하여는 「독점규제 및 공정거래에 관한 법률」 제62조를 준용한다.

제9장 벌칙

제58조(벌칙) ① 다음 각 호의 어느 하나에 해당하는 자(제29조 제3항에 따라 준용되는 경우를 포함한다)는 7년 이하의 징역 또는 2억원 이하의 벌금에 처한다. 이 경우 다음 각 호의 어느 하나에 해당하는 자가 이 법 위반행위와 관련하여 판매하거나 거래한 대금 총액의 3배에 해당하는 금액이 2억원을 초과할 때에는 7년 이하의 징역 또는 판매하거나 거래한 대금 총액의 3배에 해당하는 금액 이하의 벌금에 처한다.

1. 제13조 제1항에 따른 등록을 하지 아니하고(제49조 제5항에 따라 등록이 취소된 경우를 포함한다) 다단계판매조직이나 후원방문판매조직을 개설·관리 또는 운영

한 자

2. 거짓이나 그 밖의 부정한 방법으로 제13조 제1항에 따른 등록을 하고 다단계판매조직이나 후원방문판매조직을 개설·관리 또는 운영한 자

3. 제23조 제1항 제8호에 따른 금지행위를 한 자

4. 제24조 제1항 또는 제2항에 따른 금지행위를 한 자

② 제1항의 징역형과 벌금형은 병과(倂科)할 수 있다.

제59조(벌칙) ① 다음 각 호의 어느 하나에 해당하는 자는 5년 이하의 징역 또는 1억 5천만원 이하의 벌금에 처한다. 다만, 제29조 제3항에 따라 준용되는 경우에는 3년 이하의 징역 또는 1억원 이하의 벌금에 처한다.

1. 제22조 제2항을 위반한 자

2. 제23조 제1항 제1호 또는 제2호에 따른 금지행위를 한 자

3. 제29조 제1항에 따른 금지행위를 한 자

② 제1항의 징역형과 벌금형은 병과할 수 있다.

제60조(벌칙) ① 다음 각 호의 어느 하나에 해당하는 자는 3년 이하의 징역 또는 1억원 이하의 벌금에 처한다. 다만, 제29조 제3항에 따라 준용되는 경우에는 2년 이하의 징역 또는 5천만원 이하의 벌금에 처한다.

1. 제13조 제2항 또는 제3항을 위반하여 거짓으로 신고한 자

2. 제15조 제5항에 따른 다단계판매원 수첩에 거짓 사실을 기재한 자

3. 제18조 제2항을 위반하여 재화 등의 대금을 환급하지 아니한 자

4. 제20조 제3항 또는 제5항을 위반한 자

5. 제21조 제1항 또는 제3항을 위반한 자

6. 제22조 제1항 또는 제4항을 위반한 자

7. 제23조 제1항 제3호·제5호·제7호 또는 제11호에 따른 금지행위를 한 자

8. 제37조 제5항을 위반하여 소비자피해보상보험계약 등의 체결 또는 유지에 관하여 거짓 자료를 제출한 사업자

9. 제37조 제7항을 위반하여 같은 조 제6항에 따른 표지를 사용하거나 이와 비슷한 표지를 제작 또는 사용한 자

10. 제49조 제1항에 따른 시정조치명령을 따르지 아니한 자

11. 제49조 제4항에 따른 영업정지명령을 위반하여 영업을 한 자

② 제1항의 징역형과 벌금형은 병과할 수 있다.

제61조(벌칙) ① 다음 각 호의 어느 하나에 해당하는 자는 2년 이하의 징역 또는 5천만원 이하의 벌금에 처한다.

1. 제11조 제1항 제1호·제2호 또는 제5호에 해당하는 금지행위를 한 자
2. 제34조 제1항 제1호·제2호 또는 제5호에 해당하는 금지행위를 한 자
② 제1항의 징역형과 벌금형은 병과할 수 있다.

제62조(벌칙) 다음 각 호의 어느 하나에 해당하는 자(제29조 제3항에 따라 준용되는 경우를 포함한다)는 1년 이하의 징역 또는 3천만원 이하의 벌금에 처한다.
1. 제5조 제1항을 위반하여 신고를 하지 아니하거나 거짓으로 신고한 자
2. 제11조 제1항 제3호에 따른 금지행위를 한 자
3. 제12조 제1항 또는 제26조 제1항을 위반하여 휴업기간 또는 영업정지기간 중에 계속하여야 할 업무를 계속하지 아니한 자
4. 제13조 제5항을 위반하여 자료를 제출하지 아니하거나 거짓 자료를 제출한 자
5. 제15조 제1항에 따른 등록을 하지 아니하고 실질적으로 다단계판매원으로 활동한 자
6. 제15조 제2항 제1호 또는 제3호부터 제5호까지의 규정에 따라 다단계판매원으로 등록할 수 없는 자임에도 불구하고 다단계판매원으로 등록한 자
7. 제15조 제2항 제2호를 위반하여 미성년자를 다단계판매원으로 가입시킨 다단계판매자
8. 제15조 제3항에 따른 다단계판매원 등록증에 거짓 사실을 적은 자
9. 제15조 제4항을 위반하여 다단계판매원 등록부를 거짓으로 작성한 자
10. 제23조 제1항 제9호에 따른 금지행위를 한 자
11. 제33조에 따른 재화 등의 거래기록 등을 거짓으로 작성한 자

제63조(벌칙) 다음 각 호의 어느 하나에 해당하는 자(제29조 제3항에 따라 준용되는 경우를 포함한다)는 1천만원 이하의 벌금에 처한다.
1. 제6조 제3항을 위반하여 성명 등을 거짓으로 밝힌 자
2. 제7조 제2항, 제16조 또는 제30조 제2항에 따른 계약서를 발급할 때 거짓 내용이 적힌 계약서를 발급한 자
3. 제11조 제1항 제4호 또는 제7호에 따른 금지행위를 한 자
4. 제34조 제1항 제3호·제4호 또는 제7호에 따른 금지행위를 한 자

제64조(벌칙) 제57조 제4항에 따라 준용되는 「독점규제 및 공정거래에 관한 법률」 제62조를 위반한 자는 2년 이하의 징역 또는 200만원 이하의 벌금에 처한

다.

제65조(양벌규정 등) ① 법인의 대표자나 법인 또는 개인의 대리인, 사용인, 그 밖의 종업원이 그 법인 또는 개인의 업무에 관하여 제58조부터 제63조까지의 어느 하나에 해당하는 위반행위를 하면 그 행위자를 벌하는 외에 그 법인 또는 개인에게도 해당 조문의 벌금형을 과(科)한다. 다만, 법인 또는 개인이 그 위반행위를 방지하기 위하여 해당 업무에 관하여 상당한 주의와 감독을 게을리하지 아니한 경우에는 그러하지 아니하다.

② 제58조부터 제63조까지의 어느 하나에 해당하는 위반행위를 한 자 또는 제1항에 따라 벌금형이 부과되는 법인 또는 개인이 이미 공정거래위원회 또는 시·도지사의 처분을 받거나 소비자의 피해를 보상한 경우에는 제58조부터 제63조까지의 규정에 따른 형을 감경하거나 면제할 수 있다.

제66조(과태료) ① 다음 각 호의 어느 하나에 해당하는 자(제29조 제3항에 따라 준용되는 경우를 포함한다)에게는 1천만원 이하의 과태료를 부과한다.

1. 제9조를 위반하여 재화 등의 대금을 환급하지 아니하거나 환급에 필요한 조치를 하지 아니한 자
2. 제11조 제1항 제6호, 제23조 제1항 제4호 또는 제34조 제1항 제6호에 따른 금지행위를 한 자
3. 제11조 제1항 제8호, 제23조 제1항 제6호 또는 제34조 제1항 제8호에 따른 금지행위를 한 자
4. 제13조 제2항 또는 제3항을 위반하여 신고를 하지 아니한 자
5. 제15조 제3항에 따른 다단계판매원 등록증 또는 같은 조 제5항에 따른 다단계판매원 수첩을 발급하지 아니한 자
6. 제15조 제4항을 위반하여 다단계판매원 등록부를 작성하지 아니한 자 또는 다단계판매원의 신원을 확인할 수 있도록 하지 아니한 자
7. 제23조 제1항 제10호에 따른 금지행위를 한 자
8. 제32조를 위반하여 위약금을 과다하게 청구하거나 대금 환급을 거부한 자
9. 제42조 제2항을 위반하여 소비자에게 전화권유판매를 한 자
10. 제57조 제2항에 따라 준용되는 「독점규제 및 공정거래에 관한 법률」 제50조 제1항 제1호에 따른 출석처분을 받은 당사자 중 정당한 사유 없이 두 번 이상 그 처분에 따르지 아니한 자로서 이 법을 위반한 자
11. 제57조 제2항에 따라 준용되는 「독점규제 및 공정거래에 관한 법률」 제50조

제1항 제3호 또는 같은 조 제3항에 따른 보고 또는 필요한 자료·물건의 제출을 하지 아니하거나 거짓 보고 또는 자료·물건의 제출을 한 자

12. 제57조 제2항에 따라 준용되는 「독점규제 및 공정거래에 관한 법률」 제50조 제2항에 따른 조사를 거부·방해 또는 기피한 자

② 다음 각 호의 어느 하나에 해당하는 자(제29조 제3항에 따라 준용되는 경우를 포함한다)에게는 500만원 이하의 과태료를 부과한다.

1. 제5조 제2항 및 제3항에 따른 신고를 하지 아니하거나 거짓으로 신고한 자
2. 제6조 제1항을 위반하여 방문판매원 등의 명부를 작성하지 아니하거나 같은 조 제2항을 위반하여 방문판매원의 신원을 확인할 수 있도록 하지 아니한 자 또는 같은 조 제3항을 위반하여 성명 등을 밝히지 아니한 자
3. 제7조 제2항, 제16조 또는 제30조 제2항에 따른 계약서를 발급하지 아니한 자
4. 제20조 제2항을 위반하여 후원수당의 산정 및 지급 기준을 변경한 자
5. 제20조 제4항을 위반하여 후원수당의 산정·지급 명세 등의 열람을 허용하지 아니한 자
6. 제30조 제3항을 위반하여 소비자에게 계약 종료일을 통지하지 아니한 자
7. 제33조에 따른 재화 등의 거래기록 등을 소비자가 람할 수 있도록 하지 아니한 자

③ 제57조 제1항에 따라 준용되는 「독점규제 및 공정거래에 관한 법률」 제43조의2를 위반하여 질서유지의 명령을 따르지 아니한 자에게는 100만원 이하의 과태료를 부과한다.

④ 제1항부터 제3항까지의 규정에 따른 과태료는 행정청이 부과·징수한다. 다만, 다단계판매 및 후원방문판매와 관련된 규정에 따른 과태료는 공정거래위원회 또는 시·도지사가 부과·징수한다.

⑤ 제1항부터 제3항까지의 규정에 따른 과태료의 부과기준은 대통령령으로 정한다.

전자상거래 등에서의 소비자보호에 관한 법률

[시행 2013.11.29.]
[법률 제11841호, 2013.5.28, 일부개정]

제1장 총칙

제1조(목적) 이 법은 전자상거래 및 통신판매 등에 의한 재화 또는 용역의 공정

한 거래에 관한 사항을 규정함으로써 소비자의 권익을 보호하고 시장의 신뢰도를 높여 국민경제의 건전한 발전에 이바지함을 목적으로 한다.

제2조(정의) 이 법에서 사용하는 용어의 뜻은 다음 과 같다.

1. "전자상거래"란 전자거래(「전자문서 및 전자거래 기본법」 제2조 제5호에 따른 전자거래를 말한다. 이하 같다)의 방법으로 상행위(商行爲)를 하는 것을 말한다.

2. "통신판매"란 우편·전기통신, 그 밖에 총리령으로 정하는 방법으로 재화 또는 용역(일정한 시설을 이용하거나 용역을 제공받을 수 있는 권리를 포함한다. 이하 같다)의 판매에 관한 정보를 제공하고 소비자의 청약을 받아 재화 또는 용역(이하 "재화 등"이라 한다)을 판매하는 것을 말한다. 다만, 「방문판매 등에 관한 법률」 제2조 제3호에 따른 전화권유판매는 통신판매의 범위에서 제외한다.

3. "통신판매업자"란 통신판매를 업(業)으로 하는 자 또는 그와의 약정에 따라 통신판매업무를 수행하는 자를 말한다.

4. "통신판매중개"란 사이버몰(컴퓨터 등과 정보통신설비를 이용하여 재화 등을 거래할 수 있도록 설정된 가상의 영업장을 말한다. 이하 같다)의 이용을 허락하거나 그 밖에 총리령으로 정하는 방법으로 거래 당사자 간의 통신판매를 알선하는 행위를 말한다.

5. "소비자"란 다음 각 목의 어느 하나에 해당하는 자를 말한다.

가. 사업자가 제공하는 재화 등을 소비생활을 위하여 사용(이용을 포함한다. 이하 같다)하는 자

나. 가목 외의 자로서 사실상 가목의 자와 같은 지위 및 거래조건으로 거래하는 자 등 대통령령으로 정하는 자

6. "사업자"란 물품을 제조(가공 또는 포장을 포함한다. 이하 같다)·수입·판매하거나 용역을 제공하는 자를 말한다.

제3조(적용 제외) ① 이 법의 규정은 사업자(「방문판매 등에 관한 법률」 제2조 제6호의 다단계판매원은 제외한다. 이하 이 항에서 같다)가 상행위를 목적으로 구입하는 거래에는 적용하지 아니한다. 다만, 사업자라 하더라도 사실상 소비자와 같은 지위에서 다른 소비자와 같은 거래조건으로 거래하는 경우에는 그러하지 아니하다.

② 제13조 제2항에 따른 계약내용에 관한 서면(전자문서를 포함한다. 이하 같다)의 교부의무에 관한 규정은 다음 각 호의 거래에는 적용하지 아니한다. 다만, 제1호의 경우에는 총리령으로 정하는 바에 따라 계약내용에 관한 서면의 내용

이나 교부의 방법을 다르게 할 수 있다.

1. 소비자가 이미 잘 알고 있는 약관 또는 정형화된 거래방법에 따라 수시로 거래하는 경우로서 총리령으로 정하는 거래

2. 다른 법률(「민법」 및 「방문판매 등에 관한 법률」은 제외한다)에 이 법의 규정과 다른 방법으로 하는 계약서 교부의무 등이 규정되어 있는 거래

③ 통신판매업자가 아닌 자 사이의 통신판매중개를 하는 통신판매업자에 대하여는 제13조부터 제15조까지, 제17조부터 제19조까지의 규정을 적용하지 아니한다.

④ 「자본시장과 금융투자업에 관한 법률」의 투자매매업자·투자중개업자가 하는 증권거래, 대통령령으로 정하는 금융회사 등이 하는 금융상품거래 및 일상생활용품, 음식료 등을 인접지역에 판매하기 위한 거래에 대하여는 제12조부터 제15조까지, 제17조부터 제20조까지 및 제20조의2를 적용하지 아니한다.

제4조(다른 법률과의 관계) 전자상거래 또는 통신판매에서의 소비자보호에 관하여 이 법과 다른 법률이 경합하는 경우에는 이 법을 우선 적용한다. 다만, 다른 법률을 적용하는 것이 소비자에게 유리한 경우에는 그 법을 적용한다.

제2장 전자상거래 및 통신판매

제5조(전자문서의 활용) ① 「전자문서 및 전자거래 기본법」 제6조 제2항 제2호에도 불구하고 사업자가 소비자와 미리 전자문서로 거래할 것을 약정하여 지정한 주소(「전자문서 및 전자거래 기본법」 제2조 제2호의 정보처리시스템을 말한다)로 전자문서(「전자문서 및 전자거래 기본법」 제2조 제1호에 따른 전자문서를 말한다. 이하 같다)를 송신하지 아니한 경우에는 그 사업자는 해당 전자문서에 의한 권리를 주장할 수 없다. 다만, 긴급한 경우, 소비자도 이미 전자문서로 거래할 것을 예정하고 있는 경우, 소비자가 전자문서를 출력한 경우 등 대통령령으로 정하는 경우에는 그러하지 아니하다.

② 사업자는 전자서명(「전자서명법」 제2조 제2호에 따른 전자서명을 말한다. 이하 같다)을 한 전자문서를 사용하려면 대통령령으로 정하는 바에 따라 그 전자문서의 효력, 수령 절차 및 방법 등을 소비자에게 고지하여야 한다.

③ 사업자는 전자문서를 사용할 때 소비자에게 특정한 전자서명 방법을 이용하도록 강요(특수한 표준 등을 이용함으로써 사실상 특정한 전자서명 방법의 이용이 강제되는 경우를 포함한다)하여서는 아니

되고, 소비자가 선택한 전자서명 방법의 사용을 부당하게 제한하여서는 아니 된다.

④ 전자상거래를 하는 사업자는 소비자의 회원 가입, 계약의 청약, 소비자 관련 정보의 제공 등을 전자문서를 통하여 할 수 있도록 하는 경우에는 회원탈퇴, 청약의 철회, 계약의 해지·해제·변경, 정보의 제공 및 이용에 관한 동의의 철회 등도 전자문서를 통하여 할 수 있도록 하여야 한다.

⑤ 전자상거래를 하는 사업자는 소비자가 재화 등의 거래와 관련한 확인·증명을 전자문서로 제공하여 줄 것을 요하는 경우 이에 따라야 한다.

⑥ 전자상거래를 하는 사업자가 전자문서로 제공하기 어려운 기술적 이유나 보안상 이유가 명백하여 이를 소비자에게 미리 고지한 경우에는 제4항과 제5항을 적용하지 아니한다.

⑦ 전자상거래를 하는 사업자가 제4항과 제5항에 따른 의무를 이행할 때 해당 사이버몰의 구축 및 운영과 관련된 사업자들은 그 의무 이행에 필요한 조치를 하는 등 협력하여야 한다.

제6조(거래기록의 보존 등) ① 사업자는 전자상거래 및 통신판매에서의 표시·광고, 계약내용 및 그 이행 등 거래에 관한 기록을 상당한 기간 보존하여야 한다. 이 경우 소비자가 쉽게 거래기록을 열람·보존할 수 있는 방법을 제공하여야 한다.

② 제1항에 따라 사업자가 보존하여야 할 거래기록 및 그와 관련된 개인정보(성명·주소·주민등록번호 등 거래의 주체를 식별할 수 있는 정보로 한정한다)는 소비자가 개인정보의 이용에 관한 동의를 철회하는 경우에도 「정보통신망 이용촉진 및 정보보호 등에 관한 법률」 등 대통령령으로 정하는 개인정보보호와 관련된 법률의 규정에도 불구하고 이를 보존할 수 있다.

③ 제1항에 따라 사업자가 보존하는 거래기록의 대상·범위·기간 및 소비자에게 제공하는 열람·보존의 방법 등에 관하여 필요한 사항은 대통령령으로 정한다.

제7조(조작 실수 등의 방지) 사업자는 전자상거래에서 소비자의 조작 실수 등으로 인한 의사표시의 착오 등으로 발생하는 피해를 예방할 수 있도록 거래 대금이 부과되는 시점이나 청약 전에 그 내용을 확인하거나 바로잡는 데에 필요한 절차를 마련하여야 한다.

제8조(전자적 대금지급의 신뢰 확보) ① 사업자가 대통령령으로 정하는 전자적

수단에 의한 거래대금의 지급(이하 "전자적 대금지급"이라 한다)방법을 이용하는 경우 사업자와 전자결제수단 발행자, 전자결제서비스 제공자 등 대통령령으로 정하는 전자적 대금지급 관련자(이하 "전자결제업자등"이라 한다)는 관련 정보의 보안 유지에 필요한 조치를 하여야 한다.

② 사업자와 전자결제업자등은 전자적 대금지급이 이루어지는 경우 소비자의 청약의사가 진정한 의사 표시에 의한 것인지를 확인하기 위하여 다음 각 호의 사항에 대하여 명확히 고지하고, 고지한 사항에 대한 소비자의 확인절차를 대통령령으로 정하는 바에 따라 마련하여야 한다.

1. 재화 등의 내용 및 종류
2. 재화 등의 가격
3. 용역의 제공기간

③ 사업자와 전자결제업자등은 전자적 대금지급이 이루어진 경우에는 전자문서의 송신 등 총리령으로 정하는 방법으로 소비자에게 그 사실을 알리고, 언제든지 소비자가 전자적 대금지급과 관련한 자료를 열람할 수 있게 하여야 한다.

④ 사이버몰에서 사용되는 전자적 대금지급 방법으로서 재화 등을 구입·이용하기 위하여 미리 대가를 지불하는 방식의 결제수단의 발행자는 총리령으로 정하는 바에 따라 그 결제수단의 신뢰도 확인과 관련된 사항, 사용상의 제한이나 그 밖의 주의 사항 등을 표시하거나 고지하여야 한다.

⑤ 사업자와 소비자 사이에 전자적 대금지급과 관련하여 다툼이 있는 경우 전자결제업자등은 대금지급 관련 정보의 열람을 허용하는 등 대통령령으로 정하는 바에 따라 그 분쟁의 해결에 협조하여야 한다.

제9조(배송사업자 등의 협력) ① 전자상거래나 통신판매에 따라 재화 등을 배송[「정보통신망 이용촉진 및 정보보호 등에 관한 법률」 제2조 제1항제1호의 정보통신망(이하 "정보통신망"이라 한다)을 통한 전송을 포함한다]하는 사업자는 배송사고나 배송 장애 등으로 분쟁이 발생하는 경우에는 대통령령으로 정하는 바에 따라 그 분쟁의 해결에 협조하여야 한다.

② 호스팅서비스(사업자가 전자상거래를 할 수 있도록 사이버몰 구축 및 서버 관리 등을 하여주는 서비스를 말한다. 이하 이 조에서 같다)를 제공하는 자는 사업자와 호스팅서비스에 관한 이용계약을 체결하는 경우 사업자의 신원을 확인하기 위한 조치를 취하여야 한다.

③ 사업자와 소비자 사이에 분쟁이 발생하는 경우 호스팅서비스를 제공하는 자는 다음 각 호의 어느 하나에 해당하는 자의 요청에 따라 사업자의 신원정보 등 대통령령으로 정하는 자료를 제공함으로써 그 분쟁의 해결에 협조하여야 한다.

1. 공정거래위원회
2. 특별시장·광역시장·도지사·특별자치도지사(이하 "시·도지사"라 한다) 또는 시장·군수·구청장(자치구의 구청장을 말한다. 이하 같다)
3. 수사기관
4. 분쟁의 당사자인 소비자
5. 그 밖에 분쟁해결을 위하여 필요하다고 인정되어 대통령령으로 정한 자

제10조(사이버몰의 운영) ① 전자상거래를 하는 사이버몰의 운영자는 소비자가 사업자의 신원 등을 쉽게 알 수 있도록 다음 각 호의 사항을 총리령으로 정하는 바에 따라 표시하여야 한다.

1. 상호 및 대표자 성명
2. 영업소가 있는 곳의 주소(소비자의 불만을 처리할 수 있는 곳의 주소를 포함한다)
3. 전화번호·전자우편주소
4. 사업자등록번호
5. 사이버몰의 이용약관
6. 그 밖에 소비자보호를 위하여 필요한 사항으로서 대통령령으로 정하는 사항

② 제1항에 따른 사이버몰의 운영자는 그 사이버몰에서 이 법을 위반한 행위가 이루어지는 경우 운영자가 조치하여야 할 부분이 있으면 시정에 필요한 조치에 협력하여야 한다.

제11조(소비자에 관한 정보의 이용 등) ① 사업자는 전자상거래 또는 통신판매를 위하여 소비자에 관한 정보를 수집하거나 이용(제3자에게 제공하는 경우를 포함한다. 이하 같다)할 때는 「정보통신망 이용촉진 및 정보보호 등에 관한 법률」 등 관계 규정에 따라 이를 공정하게 수집하거나 이용하여야 한다.

② 사업자는 재화 등을 거래함에 있어서 소비자에 관한 정보가 도용되어 해당 소비자에게 재산상의 손해가 발생하였거나 발생할 우려가 있는 특별한 사유가 있는 경우에는 본인 확인이나 피해의 회복 등 대통령령으로 정하는 필요한 조치를 취하여야 한다.

제12조(통신판매업자의 신고 등) ① 통신판매업자는 대통령령으로 정하는 바에 따라 다음 각 호의 사항을 공정거래위원회 또는 특별자치도지사·시장·군수·구청장에게 신고하여야 한다. 다만, 통신판매의 거래횟수, 거래규모 등이 공정거래위원회가 고시로 정하는 기준 이하인

경우에는 그러하지 아니하다.

1. 상호(법인인 경우에는 대표자의 성명 및 주민등록번호를 포함한다), 주소, 전화번호

2. 전자우편주소, 인터넷도메인 이름, 호스트서버의 소재지

3. 그 밖에 사업자의 신원 확인을 위하여 필요한 사항으로서 대통령령으로 정하는 사항

② 통신판매업자가 제1항에 따라 신고한 사항을 변경하려면 대통령령으로 정하는 바에 따라 신고하여야 한다.

③ 제1항에 따라 신고한 통신판매업자는 그 영업을 휴업 또는 폐업하거나 휴업한 후 영업을 다시 시작할 때에는 대통령령으로 정하는 바에 따라 신고하여야 한다.

④ 공정거래위원회는 제1항에 따라 신고한 통신판매업자의 정보를 대통령령으로 정하는 바에 따라 공개할 수 있다.

제13조(신원 및 거래조건에 대한 정보의 제공) ① 통신판매업자가 재화 등의 거래에 관한 청약을 받을 목적으로 표시·광고를 할 때에는 그 표시·광고에 다음 각 호의 사항을 포함하여야 한다.

1. 상호 및 대표자 성명

2. 주소·전화번호·전자우편주소

3. 제12조에 따라 공정거래위원회 또는 특별자치도지사·시장·군수·구청장에게 한 신고의 신고번호와 그 신고를 받은 기관의 이름 등 신고를 확인할 수 있는 사항

② 통신판매업자는 소비자가 계약체결 전에 재화 등에 대한 거래조건을 정확하게 이해하고 실수나 착오 없이 거래할 수 있도록 다음 각 호의 사항을 적절한 방법으로 표시·광고하거나 고지하여야 하며, 계약이 체결되면 계약자에게 다음 각 호의 사항이 기재된 계약내용에 관한 서면을 재화 등을 공급할 때까지 교부하여야 한다. 다만, 계약자의 권리를 침해하지 아니하는 범위에서 대통령령으로 정하는 사유가 있는 경우에는 계약자를 갈음하여 재화 등을 공급받는 자에게 계약내용에 관한 서면을 교부할 수 있다.

1. 재화 등의 공급자 및 판매자의 상호, 대표자의 성명·주소 및 전화번호 등

2. 재화 등의 명칭·종류 및 내용

2의2. 재화 등의 정보에 관한 사항. 이 경우 제품에 표시된 기재로 계약내용에 관한 서면에의 기재를 갈음할 수 있다.

3. 재화 등의 가격(가격이 결정되어 있지 아니한 경우에는 가격을 결정하는 구체적인 방법)과 그 지급방법 및 지급시기

4. 재화 등의 공급방법 및 공급시기

5. 청약의 철회 및 계약의 해제(이하 "청

약철회 등"이라 한다)의 기한·행사방법 및 효과에 관한 사항(청약철회 등의 권리를 행사하는 데에 필요한 서식을 포함한다)

6. 재화 등의 교환·반품·보증과 그 대금 환불 및 환불의 지연에 따른 배상금 지급의 조건·절차

7. 전자매체로 공급할 수 있는 재화 등의 전송·설치 등을 할 때 필요한 기술적 사항

8. 소비자피해보상의 처리, 재화 등에 대한 불만 처리 및 소비자와 사업자 사이의 분쟁 처리에 관한 사항

9. 거래에 관한 약관(그 약관의 내용을 확인할 수 있는 방법을 포함한다)

10. 소비자가 구매의 안전을 위하여 원하는 경우에는 재화 등을 공급받을 때까지 대통령령으로 정하는 제3자에게 그 재화 등의 결제대금을 예치하는 것(이하 "결제대금예치"라 한다)의 이용을 선택할 수 있다는 사항 또는 통신판매업자의 제24조 제1항에 따른 소비자피해보상보험계약 등의 체결을 선택할 수 있다는 사항(제15조 제1항에 따른 선지급식 통신판매의 경우에만 해당하며, 제24조 제3항에 각 호의 어느 하나에 해당하는 거래를 하는 경우는 제외한다)

11. 그 밖에 소비자의 구매 여부 판단에 영향을 주는 거래조건 또는 소비자피해의 구제에 필요한 사항으로서 대통령령으로 정하는 사항

③ 통신판매업자는 미성년자와 재화 등의 거래에 관한 계약을 체결할 때에는 법정대리인이 그 계약에 동의하지 아니하면 미성년자 본인 또는 법정대리인이 그 계약을 취소할 수 있다는 내용을 미성년자에게 고지하여야 한다.

④ 공정거래위원회는 제1항 및 제2항에 따른 통신판매업자의 상호 등에 관한 사항, 재화 등의 정보에 관한 사항과 거래조건에 대한 표시·광고 및 고지의 내용과 방법을 정하여 고시할 수 있다. 이 경우 거래방법이나 재화 등의 특성을 고려하여 그 표시·광고 및 고지의 내용과 방법을 다르게 정할 수 있다.

⑤ 통신판매업자는 제2항에 따라 소비자에게 표시·광고하거나 고지한 거래조건을 신의를 지켜 성실하게 이행하여야 한다.

제14조(청약확인 등) ① 통신판매업자는 소비자로부터 재화 등의 거래에 관한 청약을 받으면 청약 의사표시의 수신 확인 및 판매 가능 여부에 관한 정보를 소비자에게 신속하게 알려야 한다.

② 통신판매업자는 계약체결 전에 소비자가 청약내용을 확인하고, 정정하거나 취소할 수 있도록 적절한 절차를 갖추어

야 한다.

제15조(재화 등의 공급 등) ① 통신판매업자는 소비자가 청약을 한 날부터 7일 이내에 재화 등의 공급에 필요한 조치를 하여야 하고, 소비자가 재화 등을 공급받기 전에 미리 재화 등의 대금을 전부 또는 일부 지급하는 통신판매(이하 "선지급식 통신판매"라 한다)의 경우에는 소비자가 그 대금을 전부 또는 일부 지급한 날부터 3영업일 이내에 재화 등의 공급을 위하여 필요한 조치를 하여야 한다. 다만, 소비자와 통신판매업자 간에 재화 등의 공급시기에 관하여 따로 약정한 것이 있는 경우에는 그러하지 아니하다.

② 통신판매업자는 청약을 받은 재화 등을 공급하기 곤란하다는 것을 알았을 때에는 지체 없이 그 사유를 소비자에게 알려야 하고, 선지급식 통신판매의 경우에는 소비자가 그 대금의 전부 또는 일부를 지급한 날부터 3영업일 이내에 환급하거나 환급에 필요한 조치를 하여야 한다.

③ 통신판매업자는 소비자가 재화 등의 공급 절차 및 진행 상황을 확인할 수 있도록 적절한 조치를 하여야 한다. 이 경우 공정거래위원회는 그 조치에 필요한 사항을 정하여 고시할 수 있다.

④ 제2항에 따라 선지급식 통신판매에서 재화 등의 대금을 환급하거나 환급에 필요한 조치를 하여야 하는 경우에는 제18조 제1항부터 제5항까지의 규정을 준용한다.

제16조 삭제

제17조(청약철회 등) ① 통신판매업자와 재화 등의 구매에 관한 계약을 체결한 소비자는 다음 각 호의 기간(거래당사자가 다음 각 호의 기간보다 긴 기간으로 약정한 경우에는 그 기간을 말한다) 이내에 해당 계약에 관한 청약철회 등을 할 수 있다.

1. 제13조 제2항에 따른 계약내용에 관한 서면을 받은 날부터 7일. 다만, 그 서면을 받은 때보다 재화 등의 공급이 늦게 이루어진 경우에는 재화 등을 공급받거나 재화 등의 공급이 시작된 날부터 7일
2. 제13조 제2항에 따른 계약내용에 관한 서면을 받지 아니한 경우, 통신판매업자의 주소 등이 적혀 있지 아니한 서면을 받은 경우 또는 통신판매업자의 주소 변경 등의 사유로 제1호의 기간에 청약철회 등을 할 수 없는 경우에는 통신판매업자의 주소를 안 날 또는 알 수 있었던 날부터 7일

② 소비자는 다음 각 호의 어느 하나에 해당하는 경우에는 통신판매업자의 의

사에 반하여 제1항에 따른 청약철회 등을 할 수 없다. 다만, 통신판매업자가 제6항에 따른 조치를 하지 아니하는 경우에는 제2호부터 제4호까지의 규정에 해당하는 경우에도 청약철회 등을 할 수 있다.

1. 소비자에게 책임이 있는 사유로 재화 등이 멸실되거나 훼손된 경우. 다만, 재화 등의 내용을 확인하기 위하여 포장 등을 훼손한 경우는 제외한다.
2. 소비자의 사용 또는 일부 소비로 재화 등의 가치가 현저히 감소한 경우
3. 시간이 지나 다시 판매하기 곤란할 정도로 재화 등의 가치가 현저히 감소한 경우
4. 복제가 가능한 재화 등의 포장을 훼손한 경우
5. 그 밖에 거래의 안전을 위하여 대통령령으로 정하는 경우

③ 소비자는 제1항 및 제2항에도 불구하고 재화 등의 내용이 표시·광고의 내용과 다르거나 계약내용과 다르게 이행된 경우에는 그 재화 등을 공급받은 날부터 3개월 이내, 그 사실을 안 날 또는 알 수 있었던 날부터 30일 이내에 청약철회 등을 할 수 있다.

④ 제1항 또는 제3항에 따른 청약철회 등을 서면으로 하는 경우에는 그 의사표시가 적힌 서면을 발송한 날에 그 효력이 발생한다.

⑤ 제1항부터 제3항까지의 규정을 적용할 때 재화 등의 훼손에 대하여 소비자의 책임이 있는지 여부, 재화 등의 구매에 관한 계약이 체결된 사실 및 그 시기, 재화 등의 공급사실 및 그 시기 등에 관하여 다툼이 있는 경우에는 통신판매업자가 이를 증명하여야 한다.

⑥ 통신판매업자는 제2항 제2호부터 제4호까지의 규정에 따라 청약철회 등이 불가능한 재화 등의 경우에는 그 사실을 재화 등의 포장이나 그 밖에 소비자가 쉽게 알 수 있는 곳에 명확하게 적거나 시험 사용 상품을 제공하는 등의 방법으로 청약철회 등의 권리 행사가 방해받지 아니하도록 조치하여야 한다.

제18조(청약철회 등의 효과) ① 소비자는 제17조 제1항 또는 제3항에 따라 청약철회 등을 한 경우에는 이미 공급받은 재화 등을 반환하여야 한다.

② 통신판매업자(소비자로부터 재화 등의 대금을 받은 자 또는 소비자와 통신판매에 관한 계약을 체결한 자를 포함한다. 이하 제2항부터 제10항까지의 규정에서 같다)는 재화 등을 반환받은 날부터 3영업일 이내에 이미 지급받은 재화 등의 대금을 환급하여야 한다. 이 경우 통신판매업자가

소비자에게 재화 등의 대금 환급을 지연한 때에는 그 지연기간에 대하여 연 100분의 40 이내의 범위에서 「은행법」에 따른 은행이 적용하는 연체금리 등 경제사정을 고려하여 대통령령으로 정하는 이율을 곱하여 산정한 지연이자(이하 "지연배상금"이라 한다)를 지급하여야 한다.

③ 통신판매업자는 제1항 및 제2항에 따라 재화 등의 대금을 환급할 때 소비자가 「여신전문금융업법」 제2조 제3호에 따른 신용카드나 그 밖에 대통령령으로 정하는 결제수단으로 재화 등의 대금을 지급한 경우에는 지체 없이 해당 결제수단을 제공한 사업자(이하 "결제업자"라 한다)에게 재화 등의 대금 청구를 정지하거나 취소하도록 요청하여야 한다. 다만, 통신판매업자가 결제업자로부터 해당 재화 등의 대금을 이미 받은 때에는 지체 없이 그 대금을 결제업자에게 환급하고, 그 사실을 소비자에게 알려야 한다.

④ 제3항 단서에 따라 통신판매업자로부터 재화 등의 대금을 환급받은 결제업자는 그 환급받은 금액을 지체 없이 소비자에게 환급하거나 환급에 필요한 조치를 하여야 한다.

⑤ 제3항 단서에 해당하는 통신판매업자 중 환급을 지연하여 소비자가 대금을 결제하게 한 통신판매업자는 그 지연기간에 대한 지연배상금을 소비자에게 지급하여야 한다.

⑥ 소비자는 통신판매업자가 제3항 단서에도 불구하고 정당한 사유 없이 결제업자에게 대금을 환급하지 아니하는 경우에는 결제업자에게 그 통신판매업자에 대한 다른 채무와 통신판매업자로부터 환급받을 금액을 상계(相計)할 것을 요청할 수 있다. 이 경우 결제업자는 대통령령으로 정하는 바에 따라 그 통신판매업자에 대한 다른 채무와 상계할 수 있다.

⑦ 소비자는 결제업자가 제6항에 따른 상계를 정당한 사유 없이 게을리한 경우에는 결제업자에 대하여 대금의 결제를 거부할 수 있다. 이 경우 통신판매업자와 결제업자는 그 결제 거부를 이유로 그 소비자를 약정한 기일까지 채무를 변제하지 아니한 자로 처리하는 등 소비자에게 불이익을 주는 행위를 하여서는 아니 된다.

⑧ 제1항의 경우 통신판매업자는 이미 재화 등이 일부 사용되거나 일부 소비된 경우에는 그 재화 등의 일부 사용 또는 일부 소비에 의하여 소비자가 얻은 이익 또는 그 재화 등의 공급에 든 비용에 상당하는 금액으로서 대통령령으로 정하

는 범위의 금액을 소비자에게 청구할 수 있다.

⑨ 제17조 제1항에 따른 청약철회 등의 경우 공급받은 재화 등의 반환에 필요한 비용은 소비자가 부담하며, 통신판매업자는 소비자에게 청약철회 등을 이유로 위약금이나 손해배상을 청구할 수 없다.

⑩ 제17조 제3항에 따른 청약철회 등의 경우 재화 등의 반환에 필요한 비용은 통신판매업자가 부담한다.

⑪ 통신판매업자, 재화 등의 대금을 받은 자 또는 소비자와 통신판매에 관한 계약을 체결한 자가 동일인이 아닌 경우에 이들은 제17조 제1항 및 제3항에 따른 청약철회 등에 의한 제1항부터 제7항까지의 규정에 따른 재화 등의 대금 환급과 관련한 의무의 이행에 대하여 연대하여 책임을 진다.

제19조(손해배상청구금액의 제한 등) ① 소비자에게 책임이 있는 사유로 재화 등의 판매에 관한 계약이 해제된 경우 통신판매업자가 소비자에게 청구하는 손해배상액은 다음 각 호의 구분에 따라 정한 금액에 대금미납에 따른 지연배상금을 더한 금액을 초과할 수 없다.

1. 공급한 재화 등이 반환된 경우: 다음 각 목의 금액 중 큰 금액

가. 반환된 재화 등의 통상 사용료 또는 그 사용으로 통상 얻을 수 있는 이익에 해당하는 금액

나. 반환된 재화 등의 판매가액(販賣價額)에서 그 재화 등이 반환된 당시의 가액을 뺀 금액

2. 공급한 재화 등이 반환되지 아니한 경우: 그 재화 등의 판매가액에 해당하는 금액

② 공정거래위원회는 통신판매업자와 소비자 간의 손해배상청구에 따른 분쟁의 원활한 해결을 위하여 필요하면 제1항에 따른 손해배상액을 산정하기 위한 기준을 정하여 고시할 수 있다.

제20조(통신판매중개자의 고지 및 정보제공 등) ① 통신판매중개자는 자신이 통신판매의 당사자가 아니라는 사실을 소비자가 쉽게 알 수 있도록 총리령으로 정하는 방법으로 미리 고지하여야 한다.

② 통신판매업자인 통신판매중개자는 통신판매중개를 의뢰한 자(이하 "통신판매중개의뢰자"라 한다)가 사업자인 경우에는 그 성명(사업자가 법인인 경우에는 그 명칭과 대표자의 성명)·주소·전화번호 등 대통령령으로 정하는 사항을 확인하여 청약이 이루어지기 전까지 소비자에게 제공하여야 하고, 통신판매중개의뢰자가 사업자가 아닌 경우에는 그 성명·전화번호 등 대통령령으로 정하는 사항

을 확인하여 거래의 당사자들에게 상대방에 관한 정보를 열람할 수 있는 방법을 제공하여야 한다.

③ 통신판매중개자는 사이버몰 등을 이용함으로써 발생하는 불만이나 분쟁의 해결을 위하여 그 원인 및 피해의 파악 등 필요한 조치를 신속히 시행하여야 한다. 이 경우 필요한 조치의 구체적인 내용과 방법 등은 대통령령으로 정한다.

제20조의2(통신판매중개자 및 통신판매중개의뢰자의 책임) ① 통신판매중개자는 제20조 제1항의 고지를 하지 아니한 경우 통신판매중개의뢰자의 고의 또는 과실로 소비자에게 발생한 재산상 손해에 대하여 통신판매중개의뢰자와 연대하여 배상할 책임을 진다.

② 통신판매중개자는 제20조 제2항에 따라 소비자에게 정보 또는 정보를 열람할 수 있는 방법을 제공하지 아니하거나 제공한 정보가 사실과 달라 소비자에게 발생한 재산상 손해에 대하여 통신판매중개의뢰자와 연대하여 배상할 책임을 진다. 다만, 소비자에게 피해가 가지 아니하도록 상당한 주의를 기울인 경우에는 그러하지 아니하다.

③ 제20조 제1항에 따른 고지에도 불구하고 통신판매업자인 통신판매중개자는 제12조부터 제15조까지, 제17조 및 제18조에 따른 통신판매업자의 책임을 면하지 못한다. 다만, 통신판매업자의 의뢰를 받아 통신판매를 중개하는 경우 통신판매중개의뢰자가 책임을 지는 것으로 약정하여 소비자에게 고지한 부분에 대하여는 통신판매중개의뢰자가 책임을 진다.

④ 통신판매중개의뢰자(사업자의 경우에 한정한다)는 통신판매중개자의 고의 또는 과실로 소비자에게 발생한 재산상 손해에 대하여 통신판매중개자의 행위라는 이유로 면책되지 아니한다. 다만, 소비자에게 피해가 가지 아니하도록 상당한 주의를 기울인 경우에는 그러하지 아니하다.

제21조(금지행위) ① 전자상거래를 하는 사업자 또는 통신판매업자는 다음 각 호의 어느 하나에 해당하는 행위를 하여서는 아니 된다.

1. 거짓 또는 과장된 사실을 알리거나 기만적 방법을 사용하여 소비자를 유인 또는 소비자와 거래하거나 청약철회 등 또는 계약의 해지를 방해하는 행위
2. 청약철회 등을 방해할 목적으로 주소, 전화번호, 인터넷도메인 이름 등을 변경하거나 폐지하는 행위
3. 분쟁이나 불만처리에 필요한 인력 또는 설비의 부족을 상당기간 방치하여 소

비자에게 피해를 주는 행위

4. 소비자의 청약이 없음에도 불구하고 일방적으로 재화 등을 공급하고 그 대금을 청구하거나 재화 등의 공급 없이 대금을 청구하는 행위

5. 소비자가 재화를 구매하거나 용역을 제공받을 의사가 없음을 밝혔음에도 불구하고 전화, 팩스, 컴퓨터통신 또는 전자우편 등을 통하여 재화를 구매하거나 용역을 제공받도록 강요하는 행위

6. 본인의 허락을 받지 아니하거나 허락받은 범위를 넘어 소비자에 관한 정보를 이용하는 행위. 다만, 다음 각 목의 어느 하나에 해당하는 경우는 제외한다.

가. 재화 등의 배송 등 소비자와의 계약을 이행하기 위하여 불가피한 경우로서 대통령령으로 정하는 경우

나. 재화 등의 거래에 따른 대금정산을 위하여 필요한 경우

다. 도용방지를 위하여 본인 확인에 필요한 경우로서 대통령령으로 정하는 경우

라. 법률의 규정 또는 법률에 따라 필요한 불가피한 사유가 있는 경우

7. 소비자의 동의를 받지 아니하거나 총리령으로 정하는 방법에 따라 쉽고 명확하게 소비자에게 설명·고지하지 아니하고 컴퓨터프로그램 등이 설치되게 하는 행위

② 공정거래위원회는 이 법 위반행위를 방지하고 소비자피해를 예방하기 위하여 전자상거래를 하는 사업자 또는 통신판매업자가 준수하여야 할 기준을 정하여 고시할 수 있다.

제22조(휴업기간 등에서의 청약철회 등의 업무처리 등) ① 통신판매업자는 휴업기간이나 영업정지기간에도 제17조 제1항 및 제3항에 따른 청약철회 등의 업무와 제18조 제1항부터 제5항까지의 규정에 따른 청약철회 등에 따른 대금 환급과 관련된 업무를 계속하여야 한다.

② 통신판매업자가 폐업신고를 하지 아니한 상태에서 파산선고를 받는 등 실질적으로 영업을 할 수 없는 것으로 판단되는 경우에는 제12조 제1항에 따른 신고를 받은 공정거래위원회 또는 특별자치도지사·시장·군수·구청장은 직권으로 신고사항을 말소할 수 있다.

제3장 소비자 권익의 보호

제23조(전자상거래 등에서의 소비자보호지침의 제정 등) ① 공정거래위원회는 전자상거래 또는 통신판매에서의 건전한 거래질서의 확립 및 소비자보호를 위하여 사업자의 자율적 준수를 유도하기 위한 지침(이하 "소비자보호지침"이라 한다)을 관련 분야의 거래당사자, 기관 및 단체

의 의견을 들어 정할 수 있다.

② 사업자는 그가 사용하는 약관이 소비자보호지침의 내용보다 소비자에게 불리한 경우에는 소비자보호지침과 다르게 정한 약관의 내용을 소비자가 알기 쉽게 표시하거나 고지하여야 한다.

제24조(소비자피해보상보험계약 등) ① 공정거래위원회는 전자상거래 또는 통신판매에서 소비자를 보호하기 위하여 관련 사업자에게 다음 각 호의 어느 하나에 해당하는 계약(이하 "소비자피해보상보험계약 등"이라 한다)을 체결하도록 권장할 수 있다. 다만, 제8조 제4항에 따른 결제수단의 발행자는 소비자피해보상보험계약 등을 체결하여야 한다.

1.「보험업법」에 따른 보험계약

2. 소비자피해보상금의 지급을 확보하기 위한「금융위원회의 설치 등에 관한 법률」제38조에 따른 기관과의 채무지급보증계약

3. 제10항에 따라 설립된 공제조합과의 공제계약

② 통신판매업자는 제1항에도 불구하고 선지급식 통신판매를 할 때 소비자가 제13조 제2항 제10호에 따른 결제대금예치의 이용 또는 통신판매업자의 소비자피해보상보험계약 등의 체결을 선택한 경우에는 소비자가 결제대금예치를 이용하도록 하거나 소비자피해보상보험계약 등을 체결하여야 한다.

③ 제2항은 소비자가 다음 각 호의 어느 하나에 해당하는 거래를 하는 경우에는 적용하지 아니한다.

1. 삭제

2.「여신전문금융업법」제2조 제3호에 따른 신용카드로 재화 등의 대금을 지급하는 거래. 이 경우 소비자가 재화 등을 배송받지 못한 때에는「여신전문금융업법」제2조 제2호의2에 따른 신용카드업자는 구매대금 결제 취소 등 소비자피해의 예방 및 회복을 위하여 협력하여야 한다.

3. 정보통신망으로 전송되거나 제13조 제2항 제10호에 따른 제3자가 배송을 확인할 수 없는 재화 등을 구매하는 거래

4. 일정기간에 걸쳐 분할되어 공급되는 재화 등을 구매하는 거래

5. 다른 법률에 따라 소비자의 구매안전이 충분히 갖추어진 경우 또는 제1호부터 제4호까지의 규정과 유사한 사유로 결제대금예치 또는 소비자피해보상보험계약 등의 체결이 필요하지 아니하거나 곤란하다고 공정거래위원회가 정하여 고시하는 거래

④ 제2항에 따른 결제대금예치의 이용 또는 소비자피해보상보험계약 등의 체

결에 필요한 사항은 대통령령으로 정한다.

⑤ 소비자피해보상보험계약 등은 이 법 위반행위로 인한 소비자피해를 보상하거나 제8조 제4항에 따른 결제수단 발행자의 신뢰성을 확보하기에 적절한 수준이어야 하며, 그 구체적인 기준은 대통령령으로 정한다.

⑥ 소비자피해보상보험계약 등에 따라 소비자피해보상금을 지급할 의무가 있는 자는 그 지급 사유가 발생하면 지체 없이 소비자피해보상금을 지급하여야 하고, 이를 지연한 경우에는 지연배상금을 지급하여야 한다.

⑦ 소비자피해보상보험계약 등을 체결하려는 사업자는 소비자피해보상보험계약 등을 체결하기 위하여 매출액 등의 자료를 제출할 때 거짓 자료를 제출하여서는 아니 된다.

⑧ 소비자피해보상보험계약 등을 체결한 사업자는 그 사실을 나타내는 표지를 사용할 수 있으나, 소비자피해보상보험계약 등을 체결하지 아니한 사업자는 그 표지를 사용하거나 이와 유사한 표지를 제작 또한 사용하여서는 아니 된다.

⑨ 제2항에 따른 결제대금예치의 이용에 관하여는 제8항을 준용한다.

⑩ 전자상거래를 하는 사업자 또는 통신판매업자는 제1항에 따른 소비자보호를 위하여 공제조합을 설립할 수 있다. 이 경우 공제조합의 설립 및 운영에 관하여는 「방문판매 등에 관한 법률」 제38조를 준용하되, 같은 조 제1항 중 "제5조 제1항에 따라 신고하거나 제13조 제1항 또는 제29조 제3항에 따라 등록한 사업자"는 "전자상거래를 하는 사업자 또는 통신판매업자"로, "제37조 제1항 제3호"는 "「전자상거래 등에서의 소비자보호에 관한 법률」 제24조 제1항 제3호"로 보고, 같은 조 제9항 및 제10항 중 "이 법"은 각각 "「전자상거래 등에서의 소비자보호에 관한 법률」"로 본다.

제24조의2(구매권유광고 시 준수사항 등)

① 전자상거래를 하는 사업자 또는 통신판매업자가 전화, 팩스, 컴퓨터통신 또는 전자우편 등을 이용하여 재화를 구매하거나 용역을 제공받도록 권유하는 행위(이하 "구매권유광고"라 한다)를 할 때에는 이 법과 「정보통신망 이용촉진 및 정보보호 등에 관한 법률」 등 관계 법률의 규정을 준수하여야 한다.

② 공정거래위원회는 제1항을 위반하여 구매권유광고를 한 전자상거래를 하는 사업자 또는 통신판매업자에 대한 시정조치를 하기 위하여 방송통신위원회 등 관련 기관에 위반자의 신원정보를 요

청할 수 있다. 이 경우 신원정보의 요청은 공정거래위원회가 위반자의 신원정보를 확보하기 곤란한 경우로 한정하며, 방송통신위원회 등 관련 기관은 「정보통신망 이용촉진 및 정보보호 등에 관한 법률」 제64조의2제1항에도 불구하고 공정거래위원회에 위반자의 신원정보를 제공할 수 있다.

제25조(전자상거래소비자단체 등의 지원) 공정거래위원회는 전자상거래 및 통신판매에서 공정거래질서를 확립하고 소비자의 권익을 보호하기 위한 사업을 시행하는 기관 또는 단체에 예산의 범위에서 필요한 지원 등을 할 수 있다.

제4장 조사 및 감독

제26조(위반행위의 조사 등) ① 공정거래위원회, 시·도지사 또는 시장·군수·구청장은 이 법을 위반한 사실이 있다고 인정할 때에는 직권으로 필요한 조사를 할 수 있다.

② 시·도지사 또는 시장·군수·구청장이 제1항에 따른 조사를 하려면 미리 시·도지사는 공정거래위원회에, 시장·군수·구청장은 공정거래위원회 및 시·도지사에게 통보하여야 하며, 공정거래위원회는 조사 등이 중복될 우려가 있는 경우에는 시·도지사 또는 시장·군수·구청장에게 조사의 중지를 요청할 수 있다. 이 경우 중지 요청을 받은 시·도지사 또는 시장·군수·구청장은 상당한 이유가 없으면 그 조사를 중지하여야 한다.

③ 공정거래위원회, 시·도지사 또는 시장·군수·구청장은 제1항 또는 제2항에 따라 조사를 한 경우에는 그 결과(조사 결과 시정조치명령 등의 처분을 하려는 경우에는 그 처분의 내용을 포함한다)를 해당 사건의 당사자에게 서면으로 알려야 한다.

④ 누구든지 이 법의 규정에 위반되는 사실이 있다고 인정할 때에는 그 사실을 공정거래위원회, 시·도지사 또는 시장·군수·구청장에게 신고할 수 있다.

⑤ 공정거래위원회는 이 법을 위반하는 행위가 끝난 날부터 5년이 지난 경우에는 그 위반행위에 대하여 제32조에 따른 시정조치를 명하지 아니하거나 제34조에 따른 과징금을 부과하지 아니한다. 다만, 제33조 제1항에 따른 소비자피해 분쟁조정기구의 권고안이나 조정안을 당사자가 수락하고도 이를 이행하지 아니하는 경우에는 그러하지 아니하다.

⑥ 공정거래위원회는 제1항의 조사를 위하여 「소비자기본법」 제33조에 따른 한국소비자원과 합동으로 조사반을 구

성할 수 있다. 이 경우 조사반의 구성과 조사에 관한 구체적인 방법과 절차, 그 밖에 필요한 사항은 대통령령으로 정한다.

⑦ 공정거래위원회는 제6항의 조사활동에 참여하는 한국소비자원의 임직원에게 예산의 범위에서 수당이나 여비를 지급할 수 있다.

제27조(공개정보 검색 등) ① 공정거래위원회는 전자상거래 및 통신판매의 공정거래질서를 확립하고 소비자피해를 예방하기 위하여 필요하면 전자적인 방법 등을 이용하여 사업자나 전자상거래 또는 통신판매에서의 소비자보호 관련 단체가 정보통신망에 공개한 공개정보를 검색할 수 있다.

② 사업자 또는 관련 단체는 제1항에 따른 공정거래위원회의 정보검색을 정당한 사유 없이 거부하거나 방해하여서는 아니 된다.

③ 공정거래위원회는 소비자피해에 관한 정보를 효율적으로 수집하고 이용하기 위하여 필요하면 대통령령으로 정하는 바에 따라 전자상거래나 통신판매에서의 소비자보호 관련 업무를 수행하는 기관이나 단체에 관련 자료를 제출하거나 공유하도록 요구할 수 있다.

④ 제3항에 따라 공정거래위원회로부터 자료 요구를 받은 기관이나 단체는 정당한 사유가 없으면 자료 제출이나 자료 공유를 거부하여서는 아니 된다.

제28조(위법행위 등에 대한 정보공개) 공정거래위원회는 전자상거래 및 통신판매의 공정거래질서를 확립하고 소비자 피해를 예방하기 위하여 제27조 제1항에 따라 검색된 정보 중 사업자가 이 법을 위반한 행위나 그 밖에 소비자피해의 예방을 위하여 필요한 관련 정보를 대통령령으로 정하는 바에 따라 공개할 수 있다.

제29조(평가 · 인증 사업의 공정화) ① 전자상거래 및 통신판매의 공정화와 소비자보호를 위하여 관련 사업자의 평가·인증 등의 업무를 수행하는 자(이하 "평가·인증 사업자"라 한다)는 그 명칭에 관계없이 대통령령으로 정하는 바에 따라 그 평가·인증에 관한 기준, 방법 등을 공시하고, 그에 따라 공정하게 평가·인증하여야 한다.

② 제1항에 따른 평가·인증의 기준 및 방법은 사업자가 거래의 공정화와 소비자보호를 위하여 한 노력과 그 성과에 관한 정보를 전달하는 데에 적절한 것이어야 한다.

③ 공정거래위원회는 평가·인증 사업자에게 운용 상황 등에 관한 자료를 제출

하게 할 수 있다.

제30조(보고 및 감독) ① 제31조에 따라 시정권고를 하는 경우에는 시·도지사는 공정거래위원회에, 시장·군수·구청장은 공정거래위원회 및 시·도지사에게 대통령령으로 정하는 바에 따라 그 결과를 보고하여야 한다.

② 공정거래위원회는 이 법을 효율적으로 시행하기 위하여 필요하다고 인정할 때에는 그 소관 사항에 관하여 시·도지사 또는 시장·군수·구청장에게 조사·확인 또는 자료 제출을 요구하거나 그 밖에 시정에 필요한 조치를 할 것을 요구할 수 있다. 이 경우 해당 시·도지사 또는 시장·군수·구청장은 특별한 사유가 없으면 그 요구에 따라야 한다.

제5장 시정조치 및 과징금 부과

제31조(위반행위의 시정권고) ① 공정거래위원회, 시·도지사 또는 시장·군수·구청장은 사업자가 이 법을 위반하는 행위를 하거나 이 법에 따른 의무를 이행하지 아니한 경우에는 제32조의 시정조치를 명하기 전에 그 사업자가 그 위반행위를 중지하거나 이 법에 규정된 의무 또는 제32조에 따른 시정을 위하여 필요한 조치를 이행하도록 시정방안을 정하여 해당 사업자에게 이에 따를 것을 권고할 수 있다. 이 경우 그 사업자가 권고를 수락하면 제3항에 따라 시정조치를 명한 것으로 본다는 뜻을 함께 알려야 한다.

② 제1항에 따라 시정권고를 받은 사업자는 그 통지를 받은 날부터 10일 이내에 그 권고의 수락 여부를 그 권고를 한 행정청에 알려야 한다.

③ 제1항에 따라 시정권고를 받은 자가 그 권고를 수락하면 제32조에 따른 시정조치를 명한 것으로 본다.

제32조(시정조치 등) ① 공정거래위원회는 사업자가 다음 각 호의 어느 하나에 해당하는 행위를 하거나 이 법에 따른 의무를 이행하지 아니하는 경우에는 해당 사업자에게 그 시정조치를 명할 수 있다.

1. 제5조 제2항부터 제5항까지, 제6조 제1항, 제7조, 제8조, 제9조부터 제11조까지, 제12조 제1항부터 제3항까지, 제13조 제1항부터 제3항까지 및 제5항, 제14조, 제15조, 제17조 제1항부터 제3항까지 및 제5항, 제18조, 제19조 제1항, 제20조, 제20조의2, 제22조 제1항, 제23조 제2항, 제24조 제1항·제2항 및 제5항부터 제9항까지, 제27조 제2항 및 제4항, 제29조 제1항 및 제2항을 위반하는 행위

2. 제21조 제1항 각 호의 금지행위 중 어느 하나에 해당하는 행위

② 제1항에 따른 시정조치는 다음 각 호의 어느 하나에 해당하는 조치를 말한다.

1. 해당 위반행위의 중지
2. 이 법에 규정된 의무의 이행
3. 시정조치를 받은 사실의 공표
4. 소비자피해 예방 및 구제에 필요한 조치
5. 그 밖에 위반행위의 시정을 위하여 필요한 조치

③ 제2항 제3호에 따른 시정조치를 받은 사실의 공표에 필요한 사항과 같은 항 제4호에 따른 소비자피해 예방 및 구제에 필요한 조치의 구체적인 내용은 대통령령으로 정한다.

④ 공정거래위원회는 다음 각 호의 어느 하나에 해당하는 경우에는 대통령령으로 정하는 바에 따라 1년 이내의 기간을 정하여 그 영업의 전부 또는 일부의 정지를 명할 수 있다.

1. 제1항에 따른 시정조치명령에도 불구하고 위반행위가 반복되는 경우
2. 시정조치명령에 따른 이행을 하지 아니한 경우
3. 시정조치만으로는 소비자피해의 방지가 현저히 곤란하다고 판단되는 경우

제33조(소비자피해 분쟁조정의 요청) ① 공정거래위원회, 시·도지사 또는 시장·군수·구청장은 전자상거래 또는 통신판매에서의 이 법 위반행위와 관련하여 소비자의 피해구제신청이 있는 경우에는 제31조에 따른 시정권고 또는 제32조에 따른 시정조치 등을 하기 전에 전자상거래 또는 통신판매에서의 소비자보호 관련 업무를 수행하는 기관이나 단체 등 대통령령으로 정하는 소비자피해 분쟁조정기구(이하 "소비자피해 분쟁조정기구"라 한다)에 조정을 의뢰할 수 있다.

② 공정거래위원회, 시·도지사 또는 시장·군수·구청장은 소비자피해 분쟁조정기구의 권고안 또는 조정안을 당사자가 수락하고 이행한 경우에는 제32조에 따른 시정조치를 하지 아니한다는 뜻을 당사자에게 알려야 한다.

③ 소비자피해 분쟁조정기구의 권고안 또는 조정안을 당사자가 수락하고 이행한 경우에는 대통령령으로 정하는 바에 따라 제32조에 따른 시정조치를 하지 아니한다.

④ 공정거래위원회는 제1항에 따라 분쟁조정을 의뢰하는 경우에는 예산의 범위에서 그 분쟁조정에 필요한 예산을 지원할 수 있다.

⑤ 소비자피해 분쟁조정기구는 분쟁의

조정이 이루어진 경우에는 그 결과를, 조정이 이루어지지 아니한 경우에는 그 경위를 지체 없이 조정을 의뢰한 공정거래위원회, 시·도지사 또는 시장·군수·구청장에게 보고하여야 한다.

제34조(과징금) ① 공정거래위원회는 제32조 제4항에 따른 영업정지가 소비자 등에게 심한 불편을 줄 우려가 있다고 인정하는 경우에는 그 영업의 전부 또는 일부의 정지를 갈음하여 해당 사업자에게 대통령령으로 정하는 위반행위 관련 매출액을 초과하지 아니하는 범위에서 과징금을 부과할 수 있다. 이 경우 관련 매출액이 없거나 그 매출액을 산정할 수 없는 경우 등에는 5천만원을 초과하지 아니하는 범위에서 과징금을 부과할 수 있다.

② 공정거래위원회는 제1항에 따라 그 영업의 전부 또는 일부의 정지를 갈음하여 과징금을 부과할 수 있는 판단 기준을 정하여 고시할 수 있다.

③ 공정거래위원회는 제1항에 따른 과징금을 부과할 때 다음 각 호의 사항을 고려하여야 한다.

1. 위반행위로 인한 소비자피해의 정도
2. 소비자피해에 대한 사업자의 보상노력 정도
3. 위반행위로 취득한 이익의 규모
4. 위반행위의 내용·기간 및 횟수 등

④ 공정거래위원회는 이 법을 위반한 사업자인 회사가 합병한 경우에는 그 회사가 한 위반행위를 합병 후 존속하거나 합병으로 설립된 회사가 한 행위로 보아 과징금을 부과·징수할 수 있다.

⑤ 제1항에 따른 과징금의 납부기한 연장, 분할납부, 과징금의 징수 및 체납·환급 처분에 관하여는 「독점규제 및 공정거래에 관한 법률」 제55조의4부터 제55조의6까지의 규정을 준용한다.

제6장 보칙

제35조(소비자에게 불리한 계약의 금지) 제17조부터 제19조까지의 규정을 위반한 약정으로서 소비자에게 불리한 것은 효력이 없다.

제36조(전속관할) 통신판매업자와의 거래에 관련된 소(訴)는 소 제기 당시 소비자의 주소를 관할하는 지방법원의 전속관할로 하고, 주소가 없는 경우에는 거소(居所)를 관할하는 지방법원의 전속관할로 한다. 다만, 소 제기 당시 소비자의 주소 또는 거소가 분명하지 아니한 경우에는 그러하지 아니하다.

제37조(사업자단체의 등록) ① 전자상거래와 통신판매업의 건전한 발전과 소비

자에 대한 신뢰도의 제고, 그 밖에 공동 이익의 증진을 위하여 설립된 사업자단체는 대통령령으로 정하는 바에 따라 공정거래위원회에 등록할 수 있다.

② 제1항에 따른 등록의 요건·방법 및 절차 등에 관하여 필요한 사항은 대통령령으로 정한다.

제38조(권한의 위임 · 위탁) ① 이 법에 따른 공정거래위원회의 권한은 대통령령으로 정하는 바에 따라 그 일부를 소속기관의 장 또는 시·도지사에게 위임하거나 다른 행정기관의 장에게 위탁할 수 있다.

② 이 법에 따른 시·도지사의 권한은 대통령령으로 정하는 바에 따라 그 일부를 시장·군수·구청장에게 위임할 수 있다.

③ 공정거래위원회는 이 법을 효율적으로 집행하기 위하여 필요한 경우에는 사무의 일부를 제37조 제1항에 따라 등록된 사업자단체에 위탁할 수 있다.

④ 공정거래위원회는 제3항에 따라 사무의 일부를 사업자단체에 위탁하는 경우에는 예산의 범위에서 그 위탁사무의 수행에 필요한 비용의 전부 또는 일부를 지원할 수 있다.

⑤ 제26조 제6항 및 이 조 제3항에 따라 사무를 위탁받아 해당 업무를 수행하거나 수행하였던 자에 대하여는 「형법」 제127조, 제129조부터 제132조까지의 규정에 따른 벌칙을 적용할 때에는 공무원으로 본다.

제39조(「독점규제 및 공정거래에 관한 법률」의 준용) ① 이 법에 따른 공정거래위원회의 심의·의결에 관하여는 「독점규제 및 공정거래에 관한 법률」 제42조, 제43조, 제43조의2, 제44조, 제45조 및 제52조를 준용한다.

② 이 법 위반행위에 대한 공정거래위원회, 시·도지사 또는 시장·군수·구청장의 조사 등에 관하여는 「독점규제 및 공정거래에 관한 법률」 제50조 제1항부터 제4항까지의 규정을 준용한다.

③ 이 법에 따른 공정거래위원회의 처분 및 제38조에 따라 위임된 시·도지사의 처분에 대한 이의신청, 시정조치명령의 집행정지, 소의 제기 및 불복의 소의 전속관할에 관하여는 「독점규제 및 공정거래에 관한 법률」 제53조, 제53조의2, 제54조, 제55조 및 제55조의2를 준용한다.

④ 이 법에 따른 직무에 종사하거나 종사하였던 공정거래위원회의 위원 또는 공무원에 대하여는 「독점규제 및 공정거래에 관한 법률」 제62조를 준용한다.

제7장 벌칙

제40조(벌칙) 제32조 제1항에 따른 시정조치명령에 따르지 아니한 자는 3년 이하의 징역 또는 1억원 이하의 벌금에 처한다.

제41조(벌칙) 제32조 제4항에 따른 영업정지명령을 위반하여 영업을 한 자는 2년 이하의 징역 또는 5천만원 이하의 벌금에 처한다.

제42조(벌칙) 다음 각 호의 어느 하나에 해당하는 자는 3천만원 이하의 벌금에 처한다.

1. 제12조 제1항에 따른 신고를 하지 아니하거나 거짓으로 신고한 자
2. 제24조 제8항 및 제9항을 위반하여 소비자피해보상보험계약 등을 체결하는 사실 또는 결제대금예치를 이용하도록 하는 사실을 나타내는 표지를 사용하거나 이와 유사한 표지를 제작하거나 사용한 자

제43조(벌칙) 다음 각 호의 어느 하나에 해당하는 자는 1천만원 이하의 벌금에 처한다.

1. 제13조 제1항에 따른 사업자의 신원정보에 관하여 거짓 정보를 제공한 자
2. 제13조 제2항에 따른 거래조건에 관하여 거짓 정보를 제공한 자

제44조(양벌규정) 법인의 대표자나 법인 또는 개인의 대리인, 사용인, 그 밖의 종업원이 그 법인 또는 개인의 업무에 관하여 제40조부터 제43조까지의 어느 하나에 해당하는 위반행위를 하면 그 행위자를 벌하는 외에 그 법인 또는 개인에게도 해당 조문의 벌금형을 과(科)한다. 다만, 법인 또는 개인이 그 위반행위를 방지하기 위하여 해당 업무에 관하여 상당한 주의와 감독을 게을리하지 아니한 경우에는 그러하지 아니하다.

제45조(과태료) ① 다음 각 호의 어느 하나에 해당하는 자에게는 1천만원 이하의 과태료를 부과한다.

1. 제21조 제1항 제1호부터 제5호까지의 금지행위 중 어느 하나에 해당하는 행위를 한 자
2. 제8조 제4항에 따른 결제수단의 발행자로서 제24조 제1항 각 호 외의 부분 단서를 위반하여 소비자피해보상보험계약 등을 체결하지 아니한 자
3. 제15조 제1항에 따른 선지급식 통신판매업자로서 제24조 제2항을 위반한 자
4. 제8조 제4항에 따른 결제수단의 발행자로서 제24조 제7항을 위반하여 거짓 자료를 제출하고 소비자피해보상보험계약 등을 체결한 자
5. 제15조 제1항에 따른 선지급식 통신판매업자로서 제24조제7항을 위반하여

거짓 자료를 제출하고 소비자피해보상보험계약 등을 체결한 자

6. 제39조제2항에 따라 준용되는 「독점규제 및 공정거래에 관한 법률」 제50조 제1항 제1호에 따른 출석처분을 받은 당사자 중 정당한 사유 없이 두 번 이상 출석하지 아니한 자로서 이 법을 위반한 자

7. 제39조 제2항에 따라 준용되는 「독점규제 및 공정거래에 관한 법률」 제50조 제1항 제3호 또는 제3항에 따른 보고를 하지 아니하거나 필요한 자료나 물건을 제출하지 아니하거나 거짓으로 보고하거나 거짓으로 자료나 물건을 제출한 자

8. 제39조 제2항에 따라 준용되는 「독점규제 및 공정거래에 관한 법률」 제50조 제2항에 따른 조사를 거부·방해 또는 기피한 자

② 다음 각 호의 어느 하나에 해당하는 자에게는 500만원 이하의 과태료를 부과한다.

1. 제6조를 위반하여 거래기록을 보존하지 아니하거나 소비자에게 거래기록을 열람·보존할 수 있는 방법을 제공하지 아니한 자

2. 제10조 제1항 또는 제13조 제1항에 따른 사업자의 신원정보를 표시하지 아니한 자

3. 제12조 제2항 및 제3항에 따른 신고를 하지 아니한 자

4. 제13조 제2항을 위반하여 표시·광고하거나 고지를 하지 아니하거나 계약내용에 관한 서면을 계약자에게 교부하지 아니한 자

5. 제13조 제3항을 위반하여 재화 등의 거래에 관한 계약을 취소할 수 있다는 내용을 거래 상대방인 미성년자에게 고지하지 아니한 자

③ 제1항 및 제2항에 따른 과태료는 대통령령으로 정하는 기준에 따라 공정거래위원회, 시·도지사 또는 시장·군수·구청장이 부과·징수한다.

여신전문금융업법

[시행 2013.9.23.]
[법률 제11629호, 2013.3.22, 일부개정]

제1장 총칙

제1조(목적) 이 법은 신용카드업, 시설대여업(施設貸與業), 할부금융업(割賦金融業) 및 신기술사업금융업(新技術事業金融業)을 하는 자의 건전하고 창의적인 발전을 지원함으로써 국민의 금융편의를

도모하고 국민경제의 발전에 이바지함을 목적으로 한다.

제2조(정의) 이 법에서 사용하는 용어의 뜻은 다음과 같다.

1. "여신전문금융업(與信專門金融業)"이란 신용카드업, 시설대여업, 할부금융업 또는 신기술사업금융업을 말한다.

2. "신용카드업"이란 다음 각 목의 업무 중 나목의 업무를 포함한 둘 이상의 업무를 업(業)으로 하는 것을 말한다.

가. 신용카드의 발행 및 관리

나. 신용카드 이용과 관련된 대금(代金)의 결제

다. 신용카드가맹점의 모집 및 관리

2의2. "신용카드업자"란 제3조 제1항에 따라 신용카드업의 허가를 받거나 등록을 한 자를 말한다. 다만, 제3조 제3항 제1호의 요건에 해당하는 자가 제13조 제1항 제2호 및 제3호의 업무를 하는 경우에는 그 업무에 관하여만 신용카드업자로 본다.

3. "신용카드"란 이를 제시함으로써 반복하여 신용카드가맹점에서 다음 각 목을 제외한 사항을 결제할 수 있는 증표(證票)로서 신용카드업자(외국에서 신용카드업에 상당하는 영업을 영위하는 자를 포함한다)가 발행한 것을 말한다.

가. 금전채무의 상환

나. 「자본시장과 금융투자업에 관한 법률」 제3조 제1항에 따른 금융투자상품 등 대통령령으로 정하는 금융상품

다. 「게임산업진흥에 관한 법률」 제2조 제1호의2에 따른 사행성게임물의 이용 대가 및 이용에 따른 금전의 지급. 다만, 외국인(「해외이주법」 제2조에 따른 해외이주자를 포함한다)이 「관광진흥법」에 따라 허가받은 카지노영업소에서 외국에서 신용카드업에 상당하는 영업을 영위하는 자가 발행한 신용카드로 결제하는 것은 제외한다.

라. 그 밖에 사행행위 등 건전한 국민생활을 저해하고 선량한 풍속을 해치는 행위로 대통령령으로 정하는 사항의 이용 대가 및 이용에 따른 금전의 지급

4. "신용카드회원"이란 신용카드업자와의 계약에 따라 그로부터 신용카드를 발급받은 자를 말한다.

5. "신용카드가맹점"이란 다음 각 목의 자를 말한다.

가. 신용카드업자와의 계약에 따라 신용카드회원·직불카드회원 또는 선불카드 소지자(이하 "신용카드회원등"이라 한다)에게 신용카드·직불(直拂)카드 또는 선불(先拂)카드(이하 "신용카드 등"이라 한다)를 사용한 거래에 의하여 물품의 판매 또는 용역의 제공 등을 하는 자

나. 신용카드업자와의 계약에 따라 신용카드회원 등에게 물품의 판매 또는 용역의 제공 등을 하는 자를 위하여 신용카드 등에 의한 거래를 대행(代行)하는 자(이하 "결제대행업체"라 한다)

5의2. "수납대행가맹점"이란 신용카드업자와의 별도의 계약에 따라 다른 신용카드가맹점을 위하여 신용카드 등에 의한 거래에 필요한 행위로서 대통령령으로 정하는 사항을 대행하는 신용카드가맹점을 말한다.

6. "직불카드"란 직불카드회원과 신용카드가맹점 간에 전자적(電子的) 또는 자기적(磁氣的) 방법으로 금융거래계좌에 이체(移替)하는 등의 방법으로 결제가 이루어질 수 있도록 신용카드업자가 발행한 증표{자금(資金)을 융통받을 수 있는 증표는 제외한다}를 말한다.

7. "직불카드회원"이란 신용카드업자와의 계약에 따라 그로부터 직불카드를 발급받은 자를 말한다.

8. "선불카드"란 신용카드업자가 대금을 미리 받고 이에 해당하는 금액을 기록(전자적 또는 자기적 방법에 따른 기록을 말한다)하여 발행한 증표로서 선불카드소지자가 신용카드가맹점에 제시하여 그 카드에 기록된 금액의 범위에서 결제할 수 있게 한 증표를 말한다.

9. "시설대여업"이란 시설대여를 업으로 하는 것을 말한다.

10. "시설대여"란 대통령령으로 정하는 물건(이하 "특정물건"이라 한다)을 새로 취득하거나 대여받아 거래상대방에게 대통령령으로 정하는 일정 기간 이상 사용하게 하고, 그 사용 기간 동안 일정한 대가를 정기적으로 나누어 지급받으며, 그 사용 기간이 끝난 후의 물건의 처분에 관하여는 당사자 간의 약정(約定)으로 정하는 방식의 금융을 말한다.

11. "연불판매(延拂販賣)"란 특정물건을 새로 취득하여 거래상대방에게 넘겨주고, 그 물건의 대금·이자 등을 대통령령으로 정하는 일정한 기간 이상 동안 정기적으로 나누어 지급받으며, 그 물건의 소유권 이전 시기와 그 밖의 조건에 관하여는 당사자 간의 약정으로 정하는 방식의 금융을 말한다.

12. "할부금융업"이란 할부금융을 업으로 하는 것을 말한다.

13. "할부금융"이란 재화(財貨)와 용역의 매매계약(賣買契約)에 대하여 매도인(賣渡人) 및 매수인(買受人)과 각각 약정을 체결하여 매수인에게 융자한 재화와 용역의 구매자금을 매도인에게 지급하고 매수인으로부터 그 원리금(元利金)을 나누어 상환(償還)받는 방식의 금융을 말

사의 출자자 중 대통령령으로 정하는 출자자

3. 금융거래 등 상거래에서 약정한 날까지 채무(債務)를 변제(辨濟)하지 아니한 자로서 대통령령으로 정하는 자

4. 허가신청일 및 등록신청일을 기준으로 최근 3년 동안 대통령령으로 정하는 금융 관계 법령(이하 "금융관계법령"이라 한다)을 위반하여 벌금형 이상의 처벌을 받은 사실이 있는 자

5. 대통령령으로 정하는 재무건전성기준에 미치지 못하는 자(허가의 경우만 해당한다)

6. 제1호부터 제5호까지의 어느 하나에 해당하는 자가 출자자인 법인으로서 대통령령으로 정하는 법인

7. 신기술사업금융업자와 투자자 간, 특정 투자자와 다른 투자자 간의 이해관계의 충돌을 방지하기 위한 체계를 갖추지 아니한 자(제44조의2에 따른 공모신기술투자조합을 결성하려는 신기술사업금융업자만 해당한다)

② 제3조 제1항 본문에 따라 신용카드업의 허가를 받으려는 자는 다음 각 호의 요건을 갖추어야 한다.

1. 제5조에 따른 자본금을 보유할 것

2. 거래자를 보호하고 취급하려는 업무를 하기에 충분한 전문인력과 전산설비 등 물적(物的) 시설을 갖추고 있을 것

3. 사업계획이 타당하고 건전할 것

4. 대주주(최대주주의 특수관계인인 주주를 포함하며, 최대주주가 법인인 경우에는 그 법인의 주요 경영사항에 대하여 사실상의 영향력을 행사하고 있는 주주로서 대통령령으로 정하는 자를 포함한다)가 충분한 출자능력, 건전한 재무상태 및 사회적 신용을 갖추고 있을 것

③ 여신전문금융회사(제3조 제1항 본문에 따라 허가를 받아 신용카드업을 하고 있는 회사만 해당한다)의 주식을 취득하여 대주주가 되려는 자는 제2항 제4호 및 제6항에 따른 대주주의 요건 중 건전한 경영을 위하여 대통령령으로 정하는 요건을 갖추어 미리 금융위원회의 승인을 받아야 한다.

④ 금융위원회는 제3항에 따른 승인 없이 취득된 주식에 대하여는 6개월 안의 기간을 정하여 처분할 것을 명할 수 있다.

⑤ 제3항에 따른 승인 없이 주식을 취득한 자는 그 취득분에 대하여 의결권을 행사할 수 없다.

⑥ 제2항부터 제4항까지의 규정에 따른 허가·승인 또는 처분명령의 세부 요건은 대통령령으로 정한다.

제6조의2(허가요건의 유지) 제3조 제1항

본문에 따라 허가를 받아 신용카드업을 하고 있는 자는 제6조 제2항 제2호에서 정한 요건을 신용카드업의 허가를 받은 이후에도 계속 유지하여야 한다. 다만, 해당 회사의 경영건전성 확보, 거래자 등의 이익 보호를 위하여 대통령령으로 정하는 경우로서 금융위원회의 승인을 받는 경우에는 제6조 제2항 제2호에서 정한 요건을 유지하지 아니할 수 있다.

제7조(허가 · 등록의 실시) ① 금융위원회는 제4조에 따른 허가신청서를 제출받은 날부터 3개월 안에 허가 여부를 결정하여 신청인에게 통보하여야 한다.

② 금융위원회는 제4조에 따른 등록신청서를 제출한 자가 제5조와 제6조의 요건에 맞는 경우에는 지체 없이 등록을 하고 그 사실을 신청인에게 통보하여야 한다.

③ 금융위원회는 제4조에 따라 제출받은 서류에 잘못되거나 부족한 부분이 있으면 서류를 제출받은 날부터 10일 안에 보완을 요청할 수 있다. 이 경우 보완에 걸린 기간은 제1항에 따른 기간에 넣어 계산하지 아니한다.

제8조 삭제

제9조 삭제

제10조(신청에 의한 등록의 말소) ① 제3조 제1항 단서 또는 제2항에 따라 등록을 한 자는 대통령령으로 정하는 바에 따라 그 등록의 말소를 신청할 수 있다.

② 금융위원회는 제1항에 따른 신청을 받으면 지체 없이 그 등록을 말소한다.

제11조(허가 등의 공고) 금융위원회는 다음 각 호의 어느 하나에 해당하면 지체 없이 그 내용을 관보(官報)에 공고(公告)하고 인터넷 홈페이지 등을 이용하여 일반인에게 알려야 한다.

1. 제3조 제1항 또는 제2항에 따라 허가를 하거나 등록을 한 경우
2. 제10조 제2항에 따라 등록을 말소한 경우
3. 제57조 제1항부터 제3항까지의 규정에 따라 업무정지를 명하거나 허가 또는 등록을 취소한 경우

제3장 여신전문금융업

제1절 신용카드업

제12조(적용 범위) 이 절(節)은 신용카드업자가 하는 신용카드업과 제13조에 따른 부대업무(附帶業務)에 대하여 적용한다.

제13조(신용카드업자의 부대업무) ① 신용카드업자는 대통령령으로 정하는 기준에 따라 다음 각 호에 따른 부대업무를

할 수 있다.

1. 신용카드회원에 대한 자금의 융통(融通)

2. 직불카드의 발행 및 대금의 결제

3. 선불카드의 발행·판매 및 대금의 결제

② 신용카드업자는 제1항에 따른 업무를 대통령령으로 정하는 바에 따라 제3자가 대행하도록 할 수 있다.

제14조(신용카드、직불카드의 발급) ① 신용카드업자는 발급신청을 받아야만 신용카드나 직불카드를 발급할 수 있다. 다만, 이미 발급한 신용카드나 직불카드를 갱신하거나 대체 발급하는 것에 대하여 대통령령으로 정하는 바에 따라 신용카드회원이나 직불카드회원의 동의를 받은 경우에는 그러하지 아니하다.

② 신용카드업자는 제1항에 따른 발급신청이 다음 각 호의 요건을 갖추고 있는지를 확인하여야 한다. 다만, 제2호는 신용카드 발급신청인 경우에만 적용한다.

1. 본인이 신청할 것

2. 신용카드 한도액이 신용카드업자가 정하는 신용한도 산정(算定) 기준(다음 각 목의 사항이 포함되어야 한다)에 따른 개인신용한도를 넘지 아니할 것

가. 소득과 재산에 관한 사항

나. 타인에 대한 지급 보증(保證)에 관한 사항

다. 신용카드이용대금을 결제할 수 있는 능력에 관한 사항

라. 신청인이 신용카드 발급 당시 다른 금융기관으로부터 받은 신용공여액(信用供與額)에 관한 사항

마. 그 밖에 신용한도 산정에 중요한 사항으로서 대통령령으로 정하는 사항

③ 신용카드업자는 다음 각 호의 요건을 갖춘 자에게 신용카드를 발급할 수 있다.

1. 제2항 각 호의 요건을 갖춘 자

2. 신용카드의 발급신청일 현재 대통령령으로 정하는 연령 이상인 자

3. 그 밖에 신용카드 발급에 중요한 요건으로서 대통령령으로 정하는 요건을 갖춘 자

④ 신용카드업자는 다음 각 호의 방법으로 신용카드회원을 모집하여서는 아니 된다.

1. 「방문판매 등에 관한 법률」 제2조 제5호에 따른 다단계판매를 통한 모집

2. 인터넷을 통한 모집방법으로서 대통령령으로 정하는 모집

3. 그 밖에 대통령령으로 정하는 모집

⑤ 신용카드업자는 신용카드나 직불카드를 발급하는 경우 그 약관(約款)과 함

께 신용카드회원이나 직불카드회원의 권익(權益)을 보호하기 위하여 필요한 사항으로서 대통령령으로 정하는 사항을 신청자에게 서면(書面)으로 내주어야 한다. 다만, 신청자가 동의하면 팩스나 전자문서(「전자문서 및 전자거래 기본법」 제2조 제1호에 따른 전자문서를 말한다)로 보낼 수 있다.

제14조의2(신용카드회원의 모집) ① 신용카드회원을 모집할 수 있는 자는 다음 각 호의 어느 하나에 해당하는 자이어야 한다.

1. 해당 신용카드업자의 임직원
2. 신용카드업자를 위하여 신용카드 발급계약의 체결을 중개(仲介)하는 자(이하 "모집인"이라 한다)
3. 신용카드업자와 신용카드회원의 모집에 관하여 업무 제휴(提携) 계약을 체결한 자(신용카드회원의 모집을 주된 업으로 하는 자는 제외한다) 및 그 임직원

② 신용카드회원을 모집하는 자가 모집할 때 지켜야 할 사항과 모집방법에 관하여 필요한 사항은 대통령령으로 정한다.

제14조의3(모집인의 등록) ① 신용카드업자는 소속 모집인이 되고자 하는 자를 금융위원회에 등록하여야 한다.

② 다음 각 호의 어느 하나에 해당하는 자는 모집인이 될 수 없다.

1. 금치산자 또는 한정치산자
2. 파산선고를 받고 복권(復權)되지 아니한 자
3. 이 법에 따라 벌금 이상의 실형(實刑)을 선고받고 그 집행이 끝나거나(집행이 끝난 것으로 보는 경우를 포함한다) 집행이 면제된 날부터 2년이 지나지 아니한 자
4. 이 법에 따라 모집인의 등록이 취소된 후 2년이 지나지 아니한 자
5. 영업에 관하여 성년자(成年者)와 같은 능력을 가지지 아니한 미성년자(未成年者)로서 그 법정대리인(法定代理人)이 제1호부터 제4호까지의 어느 하나에 해당하는 자
6. 법인 또는 법인이 아닌 사단(社團)이나 재단(財團)으로서 그 임원이나 관리인 가운데 제1호부터 제4호까지의 어느 하나에 해당하는 자가 있는 자

③ 금융위원회는 제1항에 따른 모집인의 등록에 관한 업무를 제62조 제1항에 따른 여신전문금융업협회의 장에게 위탁한다.

④ 제62조에 따라 설립된 여신전문금융업협회는 모집인의 등록·관리, 건전한 모집질서 유지 및 신용카드회원 등의 보호 등을 위하여 모집인운영협의회를 둘 수 있다.

제14조의4(등록의 취소 등) ① 금융위원회는 모집인이 다음 각 호의 어느 하나에 해당하면 6개월 안의 기간을 정하여 그 업무의 정지를 명하거나 그 등록을 취소할 수 있다.

1. 이 법에 따른 명령이나 처분을 위반한 경우
2. 모집에 관한 이 법의 규정을 위반한 경우

② 금융위원회는 모집인이 다음 각 호의 어느 하나에 해당하면 그 등록을 취소하여야 한다.

1. 제14조의3제2항 각 호의 어느 하나에 해당하게 된 경우
2. 등록 당시 제14조의3제2항 각 호의 어느 하나에 해당하는 자이었음이 밝혀진 경우
3. 거짓이나 그 밖의 부정한 방법으로 제14조의3제1항에 따른 등록을 한 경우
4. 정당한 사유 없이 제14조의5제4항에 따른 조사를 거부하는 경우

③ 금융위원회는 제1항이나 제2항에 따라 업무의 정지를 명하거나 등록을 취소하려면 모집인에게 해명(解明)을 위한 의견제출의 기회를 주어야 한다.

④ 금융위원회는 모집인의 업무의 정지를 명하거나 등록을 취소한 경우에는 지체 없이 이유를 적은 문서로 그 뜻을 모집인에게 알려야 한다.

제14조의5(모집질서 유지) ① 신용카드업자는 제14조의2제1항 각 호의 어느 하나에 해당하는 자 외의 자에게 신용카드회원의 모집을 하게 하거나 모집에 관하여 수수료·보수, 그 밖의 대가를 지급하지 못한다.

② 모집인은 다음 각 호의 어느 하나의 행위를 하지 못한다.

1. 자신이 소속된 신용카드업자 외의 자를 위하여 신용카드회원을 모집하는 행위
2. 타인에게 신용카드회원의 모집을 하게 하거나 그 위탁을 하는 행위
3. 모집에 관하여 수수료·보수, 그 밖의 대가를 지급하는 행위

③ 신용카드회원을 모집하는 자는 제14조 제4항 각 호의 행위 및 제24조의2(신용카드회원 모집행위와 관련된 행위에 한한다)에 따른 금지행위를 하여서는 아니 된다.

④ 금융위원회는 건전한 모집질서의 확립을 위하여 필요하다고 인정되는 경우에는 신용카드회원을 모집하는 자에 대하여 대통령령으로 정하는 바에 따라 조사를 할 수 있다.

⑤ 신용카드업자는 모집인의 행위가 이 법 또는 이 법에 따른 명령이나 조치에

위반된 사실을 알게 된 경우에는 이를 금융위원회에 신고하여야 한다.

⑥ 신용카드업자는 모집인에게 모집인이 신용카드회원을 모집할 때 지켜야 하는 사항을 교육하여야 한다.

⑦ 제6항에 따른 교육 내용 및 방법에 관하여 필요한 사항은 금융위원회가 정하여 고시한다.

제15조(신용카드의 양도 등의 금지) 신용카드는 양도(讓渡)·양수(讓受)하거나 질권(質權)을 설정(設定)할 수 없다.

제16조(신용카드회원 등에 대한 책임) ① 신용카드업자는 신용카드회원이나 직불카드회원으로부터 그 카드의 분실·도난 등의 통지를 받은 때부터 그 회원에 대하여 그 카드의 사용에 따른 책임을 진다.

② 신용카드업자는 제1항에 따른 통지 전에 생긴 신용카드의 사용에 대하여 대통령령으로 정하는 기간의 범위에서 책임을 진다.

③ 제2항에도 불구하고 신용카드업자는 신용카드의 분실·도난 등에 대하여 그 책임의 전부 또는 일부를 신용카드회원이 지도록 할 수 있다는 취지의 계약을 체결한 경우에는 그 신용카드회원에 대하여 그 계약내용에 따른 책임을 지도록 할 수 있다. 다만, 저항할 수 없는 폭력이나 자기 또는 친족의 생명·신체에 대한 위해(危害) 때문에 비밀번호를 누설(漏泄)한 경우 등 신용카드회원의 고의(故意) 또는 과실(過失)이 없는 경우에는 그러하지 아니하다.

④ 신용카드업자는 제1항에 따른 통지를 받은 경우에는 즉시 통지의 접수자, 접수번호, 그 밖에 접수사실을 확인할 수 있는 사항을 그 통지인에게 알려야 한다.

⑤ 신용카드업자는 신용카드회원 등에 대하여 다음 각 호에 따른 신용카드 등의 사용으로 생기는 책임을 진다.

1. 위조(僞造)되거나 변조(變造)된 신용카드 등의 사용
2. 해킹, 전산장애, 내부자정보유출 등 부정한 방법으로 얻은 신용카드 등의 정보를 이용한 신용카드 등의 사용
3. 다른 사람의 명의를 도용(盜用)하여 발급받은 신용카드 등의 사용(신용카드회원 등의 고의 또는 중대한 과실이 있는 경우는 제외한다)

⑥ 제5항에도 불구하고 신용카드업자가 제5항 제1호 및 제2호에 따른 신용카드 등의 사용에 대하여 그 신용카드회원 등의 고의 또는 중대한 과실을 증명하면 그 책임의 전부 또는 일부를 신용카드회원 등이 지도록 할 수 있다는 취지의 계

약을 신용카드회원 등과 체결한 경우에는 그 신용카드회원 등이 그 계약내용에 따른 책임을 지도록 할 수 있다.

⑦ 제3항 및 제6항에 따른 계약은 서면으로 한 경우에만 효력이 있으며, 신용카드회원 등의 중대한 과실은 계약서에 적혀 있는 것만 해당한다.

⑧ 신용카드업자는 제1항·제2항·제5항 및 제17조에 따른 책임을 이행하기 위하여 보험이나 공제(共濟)에 가입하거나 준비금을 적립하는 등 필요한 조치를 하여야 한다.

⑨ 제5항 제3호, 제6항 및 제7항에 따른 신용카드회원 등의 고의 또는 중대한 과실의 범위는 대통령령으로 정한다.

⑩ 신용카드회원이 서면으로 신용카드의 이용금액에 대하여 이의를 제기할 경우 신용카드업자는 이에 대한 조사를 마칠 때까지 그 신용카드회원으로부터 그 금액을 받을 수 없다.

제16조의2(가맹점의 모집) 신용카드업자는 신용카드가맹점을 모집하는 경우에는 신용카드가맹점을 경영하려는 자의 사업장을 방문하여 영업 여부 등을 확인하여야 한다.

제16조의3(계약 해지에 따른 연회비 반환) ① 신용카드업자는 신용카드회원이 신용카드업자와의 계약을 해지하는 경우 연회비를 반환하여야 한다.

② 제1항에 따른 연회비 반환사유, 반환금액, 그 밖에 필요한 사항은 대통령령으로 정한다.

제17조(가맹점에 대한 책임) ① 신용카드업자는 다음 각 호의 어느 하나에 해당하는 거래에 따른 손실을 신용카드가맹점이 부담하도록 할 수 없다. 다만, 신용카드업자가 그 거래에 대한 그 신용카드가맹점의 고의 또는 중대한 과실을 증명하면 그 손실의 전부 또는 일부를 신용카드가맹점이 부담하도록 할 수 있다는 취지의 계약을 신용카드가맹점과 체결한 경우에는 그러하지 아니하다.

1. 잃어버리거나 도난당한 신용카드를 사용한 거래
2. 위조되거나 변조된 신용카드를 사용한 거래
3. 해킹, 전산장애, 내부자정보유출 등 부정한 방법으로 얻은 신용카드 등의 정보를 이용하여 신용카드 등을 사용한 거래
4. 다른 사람의 명의를 도용하여 발급받은 신용카드 등을 사용한 거래

② 제1항 각 호 외의 부분 단서에 따른 계약은 서면으로 한 경우에만 효력이 있으며, 신용카드가맹점의 중대한 과실은 계약서에 적혀 있는 사항만 해당한다.

제18조(거래조건의 주지의무) 신용카드업자는 다음 각 호의 사항을 총리령으로 정하는 방법에 따라 신용카드회원 등과 신용카드가맹점에 알려야 한다.

1. 신용카드업자가 정하는 이자율·할인율·연체료율·가맹점수수료율 등 각종 요율(料率)
2. 신용카드·직불카드 이용금액의 결제방법
3. 제16조에 따른 신용카드회원 등에 대한 책임
4. 제17조와 제19조에 따른 신용카드가맹점에 대한 책임과 신용카드가맹점의 준수 사항
5. 그 밖에 총리령으로 정하는 사항

제18조의2(가맹점 단체 설립 등) ① 연간 매출규모 등 대통령령으로 정하는 기준에 해당하는 신용카드가맹점은 신용카드업자와 가맹점수수료 등 거래조건(이하 이 조에서 "거래조건"이라 한다)과 관련하여 합리적으로 계약을 체결·유지하기 위하여 단체를 설립할 수 있다.

② 금융위원회는 신용카드업자가 신용카드가맹점과의 거래조건과 관련하여 합리적으로 계약을 체결·유지하고 있는지 여부를 확인하기 위하여 신용카드업자에게 필요한 자료의 제출을 요구할 수 있다.

③ 금융위원회는 제2항에 따라 신용카드업자가 신용카드가맹점과의 거래조건과 관련하여 합리적으로 계약을 체결·유지하고 있는지 여부를 확인함에 있어서 신용카드가맹점 매출규모 조사 등 업무상 필요하다고 인정하는 경우에는 국가기관·지방자치단체에 대하여 필요한 자료의 제공을 요청할 수 있다. 이 경우 자료의 제공을 요청받은 국가기관·지방자치단체는 정당한 사유 없이 이를 거부하여서는 아니 된다.

제18조의3(가맹점수수료율의 차별금지 등) ① 신용카드업자는 신용카드가맹점과의 가맹점수수료율을 정함에 있어서 공정하고 합리적으로 정하여야 하며 부당하게 가맹점수수료율을 차별하여서는 아니 된다.

② 금융위원회는 신용카드업자가 제1항에 따른 가맹점수수료율을 정함에 있어서 준수하여야 할 사항을 정하여야 한다.

③ 제1항에도 불구하고 신용카드업자는 대통령령으로 정하는 규모 이하의 영세한 중소신용카드가맹점에 대하여 금융위원회가 정하는 우대수수료율을 적용하여야 한다.

④ 대통령령으로 정하는 규모 이상의 대형 신용카드가맹점은 거래상의 우월적

지위를 이용하여 다음 각 호의 어느 하나에 해당하는 행위를 하여서는 아니 된다.

1. 신용카드업자에게 부당하게 낮은 가맹점수수료율을 정할 것을 요구하는 행위

2. 신용카드가맹점 수수료 부담을 경감할 목적으로 보상금, 사례금 등 명칭 또는 방식 여하를 불문하고 대가를 지급할 것을 요구하는 행위

제18조의4(가맹점수수료율의 조정요구 등) 금융위원회는 신용카드업자와 신용카드가맹점이 제18조의3제1항·제3항 또는 제4항을 위반하는 경우 이를 조정하도록 요구하거나 관계 기관 통보 등 필요한 조치를 할 수 있다.

제19조(가맹점의 준수사항) ① 신용카드가맹점은 신용카드로 거래한다는 이유로 신용카드 결제를 거절하거나 신용카드회원을 불리하게 대우하지 못한다.

② 신용카드가맹점은 신용카드로 거래를 할 때마다 그 신용카드를 본인이 정당하게 사용하고 있는지를 확인하여야 한다.

③ 신용카드가맹점은 가맹점수수료를 신용카드회원이 부담하게 하여서는 아니 된다.

④ 신용카드가맹점은 다음 각 호의 어느 하나에 해당하는 행위를 하여서는 아니 된다. 다만, 결제대행업체의 경우에는 제1호·제4호 및 제5호를 적용하지 아니하고, 수납대행가맹점의 경우에는 제3호·제5호(제2조 제5호의2에 따라 대행하는 행위에 한한다)를 적용하지 아니한다.

1. 물품의 판매 또는 용역의 제공 등이 없이 신용카드로 거래한 것처럼 꾸미는 행위

2. 신용카드로 실제 매출금액 이상의 거래를 하는 행위

3. 다른 신용카드가맹점의 명의(名義)를 사용하여 신용카드로 거래하는 행위

4. 신용카드가맹점의 명의를 타인에게 빌려주는 행위

5. 신용카드에 의한 거래를 대행하는 행위

⑤ 결제대행업체는 물품의 판매 또는 용역의 제공 등을 하는 자의 신용정보 및 신용카드에 의한 거래를 대행한 내용을 신용카드업자에게 제공하는 등 대통령령으로 정하는 사항을 지켜야 한다.

제19조의2(수납대행가맹점의 준수사항) 수납대행가맹점은 다음 각 호의 사항을 준수하여야 한다.

1. 신용카드회원 등의 신용정보 등이 업무 외의 목적에 사용되거나 외부에 유출되게 하지 아니할 것

2. 신용카드를 본인이 정당하게 사용하고 있는지를 확인할 것

3. 그 밖에 신용카드회원 등의 신용정보 보호 및 건전한 신용카드거래를 위하여 대통령령으로 정하는 사항

제20조(매출채권의 양도금지 등) ① 신용카드가맹점은 신용카드에 따른 거래로 생긴 채권(신용카드업자에게 가지는 매출채권을 포함한다. 이하 이 항에서 같다)을 신용카드업자 외의 자에게 양도하여서는 아니 되고, 신용카드업자 외의 자는 이를 양수하여서는 아니 된다. 다만, 신용카드가맹점이 신용카드업자에게 가지는 매출채권을 「자산유동화에 관한 법률」 제2조 제1호에 따른 자산유동화를 위하여 양도하는 경우에는 신용카드가맹점은 신용카드에 따른 거래로 생긴 채권을 신용카드업자 외의 자에게 양도할 수 있고, 신용카드업자 외의 자도 이를 양수할 수 있다.

② 신용카드가맹점이 아닌 자는 신용카드가맹점의 명의로 신용카드 등에 의한 거래를 하여서는 아니 된다.

제21조(가맹점의 해지의무) 신용카드업자는 신용카드가맹점이 제19조 또는 제20조 제1항을 위반하여 형을 선고받거나 관계 행정기관으로부터 같은 규정의 위반사실에 대하여 서면통보를 받는 등 대통령령으로 정하는 사유에 해당하는 경우에는 특별한 사유가 없으면 지체 없이 가맹점계약을 해지(解止)하여야 한다.

제22조 삭제<2006.4.28>

제23조(가맹점 모집 · 이용방식의 제한) ① 제3조 제1항 단서에 따라 신용카드업의 등록을 한 겸영여신업자가 모집할 수 있는 신용카드가맹점의 범위는 대통령령으로 정한다.

② 금융위원회는 신용카드 이용의 편의와 신용카드업자의 업무 효율화를 위하여 신용카드업자(제1항에 따른 겸영여신업자는 제외한다. 이하 이 항에서 같다)에 대하여 다른 신용카드업자의 매출전표(賣出錢票)를 상호 매입하거나 접수 및 대금지급을 대행하는 등의 방법으로 신용카드가맹점을 공동으로 이용할 것을 명할 수 있다.

③ 금융위원회는 제2항에 따라 신용카드가맹점을 공동으로 이용하도록 명하는 경우에는 가맹점수수료율이 각 신용카드업자에 의하여 자율적으로 결정되고 신용카드업자 간에 지급되는 대가가 적정한 수준으로 결정되도록 하는 등 신용카드업자 간의 공정한 경쟁이 제한되지 아니하도록 하여야 한다.

제24조(신용카드 등의 이용한도 제한 등) 금융위원회는 신용질서를 유지하고 소

비자를 보호하기 위하여 신용카드업자가 지켜야 할 사항으로 다음 각 호에 대한 기준을 정하는 등 필요한 조치를 할 수 있다.

1. 신용카드에 의한 현금융통의 최고한도
2. 직불카드의 1회 또는 1일 이용한도
3. 선불카드의 총발행한도와 발행권면금액(發行券面金額)의 최고한도
4. 제14조 제2항 제2호에 따라 신용카드업자가 정하는 신용한도 산정 기준에 관한 사항
5. 신용카드 이용한도를 정할 때 지켜야 할 사항
6. 신용카드업자가 정하는 약관의 내용에 관한 사항
7. 가맹점 관리에 관한 사항
8. 채권을 추심할 때 지켜야 할 사항
9. 수수료율을 적용하기 위하여 회원을 분류할 때 지켜야 할 사항
10. 그 밖에 대통령령으로 정하는 사항

제24조의2(신용카드업자의 금지행위) ① 신용카드업자는 소비자 보호 목적과 건전한 영업질서를 해칠 우려가 있는 다음 각 호의 행위(이하 "금지행위"라 한다)를 하여서는 아니 된다.

1. 신용카드 상품에 관한 충분한 정보를 제공하지 아니하거나, 과장되거나 거짓된 설명 등으로 신용카드회원 등의 권익을 부당하게 침해하는 행위
2. 신용카드업자의 경영상태를 부실하게 할 수 있는 모집행위 또는 서비스 제공 등으로 신용카드 등의 건전한 영업질서를 해치는 행위

② 금지행위의 세부적인 유형과 기준은 대통령령으로 정한다.

제25조(공탁) ① 금융위원회는 선불카드를 발행한 신용카드업자에게 선불카드 발행총액의 100분의 10의 범위에서 대통령령으로 정하는 금액을 공탁할 것을 명할 수 있다.

② 제1항에 따른 공탁은 선불카드를 발행한 신용카드업자의 본점 또는 주된 사무소의 소재지에서 하여야 한다.

③ 제1항에 따른 공탁명령을 받은 자가 이를 이행한 때에는 지체 없이 그 사실을 금융위원회에 신고하여야 한다.

④ 제1항에 따라 공탁을 한 신용카드업자는 금융위원회의 승인을 받아 공탁물을 반환받을 수 있다.

⑤ 제1항에 따른 공탁물의 종류, 공탁의 시기, 그 밖에 공탁에 관하여 필요한 사항은 총리령으로 정한다.

제26조(공탁물의 배당 등) ① 금융위원회는 제25조에 따라 공탁을 한 신용카드업자가 선불카드에 의하여 물품을 판매

하거나 용역을 제공한 신용카드가맹점에 지급하여야 할 선불카드대금 및 미상환선불카드의 잔액을 상환할 수 없게 된 때에는 해당 신용카드업자가 공탁한 공탁물을 출급하여 해당 신용카드가맹점 및 미상환선불카드의 소지자(이하 "미상환채권자"라 한다)에게 배당을 실행할 자(이하 "권리실행자"라 한다)를 지정하고 총리령으로 정하는 바에 따라 이를 공고하여야 한다.

② 권리실행자가 될 수 있는 자는 대통령령으로 정한다.

③ 미상환채권자는 권리실행자에게 상환받지 못한 금액을 신고하여 배당을 받을 수 있다.

④ 권리실행자는 총리령으로 정하는 바에 따라 제3항에 따른 신고의 기간·방법 및 장소를 공고하여야 한다.

⑤ 권리실행자는 다른 채권에 우선하여 제3항에 따라 신고된 금액의 합계액과 소요비용을 합산한 총액의 범위에서 금융위원회의 승인을 받아 공탁물을 출급할 수 있다.

⑥ 권리실행자는 출급한 공탁물을 금융위원회가 정하는 방법 및 절차에 따라 미상환채권자에게 배당하여야 한다.

⑦ 제25조에 따라 공탁을 한 신용카드업자는 제1항부터 제6항까지의 규정에 따른 배당절차가 완료되기 전에는 해당 공탁물을 반환받을 수 없다.

제27조(유사명칭의 사용금지) 이 법에 따른 신용카드업자가 아니면 그 상호에 신용카드 또는 이와 비슷한 명칭을 사용하지 못한다.

제2절 시설대여업

제28조(적용 범위) 이 절은 제3조 제2항에 따라 시설대여업의 등록을 한 자(이하 "시설대여업자"라 한다)가 하는 시설대여업과 연불판매업무에 적용한다.

제29조(각종 자금의 이용) 시설대여업자와 시설대여 또는 연불판매 계약을 체결한 자(이하 "대여시설이용자"라 한다)가 기업의 설비투자를 지원하기 위하여 운용(運用)되는 자금의 융자대상자인 경우에는 시설대여업자가 그 대여시설이용자를 위하여 그 자금을 융자받아 특정물건을 취득하거나 대여받아 시설대여 또는 연불판매(이하 "시설대여 등"이라 한다)를 할 수 있다.

제30조(「대외무역법」상의 특례) 시설대여업자가 시설대여 등을 한 특정물건이 외화획득용 시설기재(施設機材)인 경우에는 대여시설이용자가 「대외무역법」 제16조제3항 본문에 따른 "그 수입에 대응

하는 외화획득"을 하여야 한다.

제31조(「의료기기법」상의 특례) ① 시설대여업자는 시설대여 등의 목적으로 수입(輸入)하는 특정물건인 의료기기에 대하여 보건복지부장관이 지정하는 자의 시설과 기구를 이용하여 시험검사를 하는 경우에는 「의료기기법」 제15조제4항에도 불구하고 그 의료기기를 수입할 수 있다.

② 시설대여업자는 제1항에 따라 수입한 특정물건인 의료기기를 「의료기기법」 제17조제1항에도 불구하고 신고하지 아니하고 양도할 수 있다.

제32조(행정처분상의 특례) 시설대여업자가 시설대여 등의 목적으로 특정물건을 취득·수입하거나 대여받으려는 경우에 제30조와 제31조에 규정된 사항 외에 법령에 따라 받아야 할 허가·승인·추천, 그 밖에 행정처분에 필요한 요건을 대여시설이용자가 갖춘 경우에는 시설대여업자가 해당 요건을 갖춘 것으로 본다.

제33조(등기 · 등록상의 특례) ① 시설대여업자가 건설기계나 차량(車輛)의 시설대여 등을 하는 경우에는 「건설기계관리법」 또는 「자동차관리법」에도 불구하고 대여시설이용자(연불판매의 경우 특정물건의 소유권을 취득한 자는 제외한다. 이하 같다)의 명의로 등록할 수 있다.

② 시설대여업자가 시설대여 등의 목적으로 그 소유의 선박이나 항공기를 등기·등록하려는 경우 대여시설이용자가 「선박법」 제2조 또는 「항공법」 제6조에 따라 등기·등록에 필요한 요건을 갖추고 있는 경우에는 그 이용 기간 동안 시설대여업자가 그 요건을 갖추고 있는 것으로 본다.

제34조(의무이행상의 특례) ① 대여시설이용자가 특정물건의 시설대여 등을 받아 사용하는 경우에는 다른 법령에 따라 특정물건의 소유자에게 부과되는 검사 등 그 물건의 유지·관리에 관한 각종 의무를 대여시설이용자가 당사자로서 이행하여야 한다.

② 제1항에 따른 의무를 지게 된 시설대여업자는 지체 없이 이를 대여시설이용자에게 알려야 한다.

제35조(자동차 등의 손해배상책임) 대여시설이용자가 이 법에 따라 건설기계나 차량의 시설대여 등을 받아 운행하면서 위법행위로 다른 사람에게 손해를 입힌 경우에는 「자동차손해배상 보장법」 제3조를 적용할 때 시설대여업자를 자기를 위하여 자동차를 운행하는 자로 보지 아니한다.

제36조(시설대여 등의 표시) ① 시설대여업자는 시설대여 등(연불판매에서 특정물

건의 소유권을 이전한 경우는 제외한다)을 하는 특정물건에 총리령으로 정하는 바에 따라 시설대여 등을 나타내는 표지(標識)를 붙여야 한다.

② 해당 특정물건의 시설대여 등을 한 시설대여업자 외의 자는 제1항의 표지를 손괴 또는 제거하거나 그 내용 또는 붙인 위치를 변경하여서는 아니 된다.

제37조(중소기업에 대한 지원) ① 금융위원회는 대통령령으로 정하는 바에 따라 시설대여업자에게 시설대여 등의 연간 실행액의 일정 비율 이상을 중소기업(「중소기업기본법」 제2조에 따른 중소기업을 말한다)에 대하여 운용하도록 명할 수 있다.

② 제1항에 따른 일정 비율은 100분의 50을 넘을 수 없다.

제3절 할부금융업

제38조(적용 범위) 이 절은 제3조2항에 따라 할부금융업의 등록을 한 자(이하 "할부금융업자"라 한다)가 하는 할부금융업에 적용한다.

제39조(거래조건의 주지 의무) 할부금융업자는 할부금융계약을 체결한 재화와 용역의 매수인(이하 "할부금융이용자"라 한다)에게 다음 각 호의 사항이 적힌 서면을 내주어야 한다. 다만, 할부금융이용자의 동의가 있으면 팩스나 전자문서(「전자문서 및 전자거래 기본법」 제2조제1호에 따른 전자문서를 말한다)로 보낼 수 있다.

1. 할부금융업자가 정하는 이자율, 연체이자율 및 각종 요율. 이 경우 각종 요율은 취급수수료 등 그 명칭이 무엇이든 할부금융이용자가 할부금융업자에게 지급하는 금액이 포함되도록 산정하여야 한다.
2. 할부금융에 의한 대출액(이하 "할부금융자금"이라 한다)의 변제방법
3. 그 밖에 총리령으로 정하는 사항

제40조(할부금융업자의 준수사항) ① 할부금융업자는 할부금융이용자에게 할부금융의 대상이 되는 재화 및 용역의 구매액(그 구매에 필요한 부대비용을 포함한다) 이상으로 할부금융자금을 대출할 수 없다.

② 할부금융업자는 할부금융자금을 할부금융의 대상이 되는 재화 및 용역의 매도인에게 직접 지급하여야 한다.

제4절 신기술사업금융업

제41조(적용 범위) ① 이 절은 제3조 제2항에 따라 신기술사업금융업의 등록을

한 자(이하 "신기술사업금융업자"라 한다)가 하는 다음 각 호의 업무에 적용한다.

1. 신기술사업자에 대한 투자
2. 신기술사업자에 대한 융자
3. 신기술사업자에 대한 경영 및 기술의 지도
4. 신기술사업투자조합의 설립
5. 신기술사업투자조합 자금의 관리·운용

② 제1항에서 "신기술사업자"란 「기술신용보증기금법」 제2조 제1호에 따른 신기술사업자를 말한다.

③ 제1항 제4호에서 "신기술사업투자조합"이란 신기술사업자에게 투자하기 위하여 설립된 조합으로서 다음 각 호의 어느 하나에 해당하는 조합을 말한다.

1. 신기술사업금융업자가 신기술사업금융업자 외의 자와 공동으로 출자하여 설립한 조합
2. 신기술사업금융업자가 조합자금을 관리·운용하는 조합

제42조(자금의 차입) 신기술사업금융업자는 제47조 제1항에도 불구하고 정부 또는 대통령령으로 정하는 기금(基金)으로부터 신기술사업자에 대한 투자(投資)·융자(融資)에 필요한 자금을 차입(借入)할 수 있다.

제43조(세제상의 지원) 정부는 신기술사업금융업의 발전을 위하여 신기술사업금융업자, 신기술사업금융업자에게 투자한 자, 신기술사업투자조합 및 그 조합원에 대하여 「조세특례제한법」으로 정하는 바에 따라 세제(稅制)상의 지원을 할 수 있다.

제44조(신기술사업투자조합) ① 신기술사업투자조합(이하 이 조에서 "조합"이라 한다)의 규약(規約)에는 다음 각 호의 내용이 포함되어야 한다.

1. 신기술사업금융업자가 그 조합의 자금을 관리·운용한다는 내용. 이 경우 신기술사업금융업자는 조합과의 계약에 따라 조합자금 운용업무의 전부 또는 일부를 신기술사업금융업자 외의 자에게 위탁할 수 있다.
2. 조합의 자금은 신기술사업자에게 투자한다는 내용

② 조합은 그 자금을 관리·운용함에 따라 생긴 투자수익(投資收益)의 100분의 20을 넘지 아니하는 범위에서 규약으로 정하는 바에 따라 조합의 업무를 집행하는 신기술사업금융업자에게 그 업무집행에 대한 대가로서 투자수익의 일부를 배분할 수 있다.

③ 조합은 그 자금을 관리·운용함에 따라 투자손실이 생긴 경우에는 규약으로 정하는 바에 따라 신기술사업금융업자

외의 자에게 유리하도록 손실의 분배비율을 정할 수 있다.

제44조의2(공모신기술투자조합에 관한 특례) 「자본시장과 금융투자업에 관한 법률」 제11조부터 제16조까지, 제22조부터 제27조까지, 제29조부터 제32조까지, 제34조부터 제43조까지, 제48조, 제50조부터 제53조까지, 제56조, 제58조, 제60조부터 제65조까지, 제80조부터 제83조까지, 제85조 제2호·제3호 및 제6호부터 제8호까지, 제86조부터 제95조까지, 제181조, 제183조, 제184조 제1항·제2항·제5항부터 제7항까지, 제185조부터 제187조까지, 제218조부터 제223조까지, 제229조부터 제251조까지 및 제415조부터 제425조까지는 공모신기술투자조합(「자본시장과 금융투자업에 관한 법률」 제9조 제19항에 따른 사모집합투자기구에 해당하지 아니하는 신기술투자조합을 말한다) 및 신기술사업금융업자(공모신기술투자조합이 아닌 신기술투자조합만을 설립하여 그 자금을 관리·운용하는 신기술사업금융업자를 제외한다)에 대하여는 적용하지 아니한다.

제45조(신기술사업금융업자의 준수사항) 신기술사업금융업자는 제41조 제1항 제2호에 따른 융자업무를 하는 경우에 총리령으로 정하는 융자한도를 넘겨서는 아니 된다.

제4장 여신전문금융회사

제46조(업무) ① 여신전문금융회사가 할 수 있는 업무는 다음 각 호의 업무로 제한한다.

1. 제3조에 따라 허가를 받거나 등록을 한 여신전문금융업(시설대여업의 등록을 한 경우에는 연불판매업무를 포함한다)
2. 기업이 물품과 용역을 제공함으로써 취득한 매출채권(어음을 포함한다)의 양수·관리·회수(回收)업무
3. 대출(어음할인을 포함한다. 이하 이 조에서 같다)업무
4. 제13조 제1항 제2호 및 제3호에 따른 신용카드업자의 부대업무(신용카드업의 허가를 받은 경우만 해당한다)
5. 그 밖에 제1호부터 제4호까지의 규정과 관련된 업무로서 대통령령으로 정하는 업무
6. 제1호부터 제4호까지의 규정에 따른 업무와 관련된 신용조사 및 그에 따르는 업무
7. 소유하고 있는 인력·자산 또는 설비를 활용하는 업무로서 금융위원회가 정하는 업무

② 제1항 제3호에 따른 대출업무는 대통령령으로 정하는 기준에 따라 하여야 한다.

제47조(자금조달방법) ① 여신전문금융회사는 다음 각 호에서 정한 방법으로만 자금을 조달할 수 있다.

1. 다른 법률에 따라 설립되거나, 금융위원회의 인가 또는 허가를 받거나, 금융위원회에 등록한 금융기관으로부터의 차입
2. 사채(社債)나 어음의 발행
3. 보유하고 있는 유가증권의 매출
4. 보유하고 있는 대출채권(貸出債權)의 양도
5. 그 밖에 대통령령으로 정하는 방법

② 제1항 제2호에 따른 사채나 어음의 발행 및 같은 항 제3호에 따른 유가증권의 매출에 대하여는 대통령령으로 정하는 바에 따라 그 방법이나 대상을 제한할 수 있다.

제48조(외형확대 위주의 경영제한) ① 여신전문금융회사는 총자산이 자기자본의 10배의 범위에서 금융위원회가 정하는 배수(이하 "자기자본 대비 총자산 한도"라 한다)에 해당하는 금액을 초과하여서는 아니 된다.

② 금융위원회는 자기자본 대비 총자산 한도를 정함에 있어 여신전문금융업별 자산의 성격 및 건전성 등을 감안하여 신용카드업을 영위하는 여신전문금융회사와 신용카드업을 영위하지 아니하는 여신전문금융회사에 적용되는 한도를 달리 정할 수 있다.

③ 제1항 및 제2항에서 정한 것 외에 자기자본 대비 총자산 한도의 시행에 관하여 필요한 사항은 대통령령으로 정한다.

④ 삭제

제49조(부동산의 취득제한) ① 여신전문금융회사가 취득할 수 있는 업무용 부동산은 다음 각 호의 어느 하나에 해당하는 것으로 제한한다.

1. 본점(本店)·지점(支店), 그 밖의 사무소
2. 임직원용 사택(社宅), 합숙소 및 직원연수원
3. 그 밖에 업무에 직접 필요한 부동산으로서 총리령으로 정하는 것

② 금융위원회는 여신전문금융회사가 너무 많은 부동산을 보유하는 것을 제한할 필요가 있다고 인정하면 여신전문금융회사가 제1항에 따라 취득할 수 있는 업무용 부동산의 총액을 자기자본의 100분의 100 이상 일정 비율 이내로 제한할 수 있다.

③ 제2항에 따른 업무용 부동산의 총액은 장부가액(帳簿價額)을 기준으로 산출(算出)한다.

④ 여신전문금융회사는 다음 각 호의 어느 하나에 해당하는 경우에만 업무용 부동산 외의 부동산을 취득할 수 있다.

1. 해당 부동산이 시설대여나 연불판매의 목적물인 경우

2. 담보권(擔保權)을 실행하여 부동산을 취득하는 경우

제50조(대주주와의 거래 등의 제한) ① 여신전문금융회사가 그의 대주주(대통령령으로 정하는 대주주의 특수관계인을 포함한다. 이하 이 조에서 같다)에게 제공할 수 있는 신용공여의 합계액은 그 여신전문금융회사의 자기자본의 100분의 100을 넘을 수 없으며, 대주주는 그 여신전문금융회사로부터 그 한도를 넘겨 신용공여를 받아서는 아니 된다.

② 여신전문금융회사는 그의 대주주에게 제1항의 범위에서 대통령령으로 정하는 금액 이상의 신용공여(대통령령으로 정하는 거래를 포함한다. 이하 이 조에서 같다)를 하거나 그의 대주주가 발행한 주식을 대통령령으로 정하는 금액 이상으로 취득하려는 경우에는 미리 이사회의 결의를 거쳐야 한다. 이 경우 이사회는 재적이사 전원의 찬성으로 의결한다.

③ 여신전문금융회사는 그의 대주주에게 제2항에 따라 대통령령으로 정하는 금액 이상의 신용공여를 하거나 대주주가 발행한 주식을 대통령령으로 정하는 금액 이상으로 취득한 경우에는 그 사실을 금융위원회에 지체 없이 보고하고, 인터넷 홈페이지 등을 이용하여 공시하여야 한다.

④ 여신전문금융회사는 제3항에 따른 보고사항 중 대통령령으로 정하는 사항을 종합하여 분기별로 금융위원회에 보고하고, 인터넷 홈페이지 등을 이용하여 공시하여야 한다.

⑤ 여신전문금융회사는 추가적인 신용공여를 하지 아니하였음에도 불구하고 자기자본의 변동, 대주주의 변경 등으로 제1항에 따른 한도를 넘게 되는 경우에는 대통령령으로 정하는 기간 내에 제1항에 따른 한도에 적합하도록 하여야 한다.

⑥ 제5항에도 불구하고 여신전문금융회사는 신용공여의 기한 및 규모 등에 따른 부득이한 사유가 있으면 금융위원회의 승인을 받아 그 기간을 연장할 수 있다.

⑦ 제6항에 따른 승인을 받으려는 여신전문금융회사는 제5항에 따른 기간이 만료되기 3개월 전까지 제1항에 따른 한도에 적합하도록 하기 위한 세부계획서를 금융위원회에 제출하여야 하고, 금융위원회는 세부계획서를 제출받은 날부터 1개월 내에 승인 여부를 결정·통보하여야 한다.

제50조의2(자금지원 관련 금지행위 등)

① 여신전문금융회사는 다른 금융기관(「금융산업의 구조개선에 관한 법률」 제2조 제1호에 따른 금융기관을 말한다. 이하 이 조에서 같다) 또는 다른 회사와 다음 각 호의 행위를 하여서는 아니 된다.

1. 제50조에 따른 여신한도의 제한을 피하기 위하여 의결권(議決權) 있는 주식을 서로 교차(交叉)하여 보유하거나 여신을 하는 행위

2. 「상법」 제341조 또는 「자본시장과 금융투자업에 관한 법률」 제165조의3에 따른 자기주식(自己株式) 취득의 제한을 피하기 위하여 주식을 서로 교차하여 취득하는 행위

3. 그 밖에 거래자의 이익을 크게 해칠 우려가 있는 행위로서 대통령령으로 정하는 행위

② 제1항을 위반하여 취득한 주식에 대하여는 의결권을 행사할 수 없다.

③ 여신전문금융회사는 해당 여신전문금융회사의 주식을 매입하도록 하기 위한 여신이나 제50조에 따른 여신한도의 제한을 피하기 위한 자금중개 등의 행위를 하여서는 아니 된다.

④ 금융위원회는 제1항이나 제3항을 위반하여 주식을 취득하거나 여신을 한 여신전문금융회사에 대하여 그 주식의 처분 또는 여신액의 회수를 명하는 등 필요한 조치를 할 수 있다.

⑤ 여신전문금융회사의 대주주(그의 특수관계인을 포함한다. 이하 이 항에서 같다)는 회사의 이익에 반하여 대주주 자신의 이익을 목적으로 다음 각 호의 어느 하나에 해당하는 행위를 하여서는 아니 된다.

1. 부당한 영향력을 행사하기 위하여 여신전문금융회사에 대하여 외부에 공개되지 아니한 자료나 정보의 제공을 요구하는 행위. 다만, 제50조의7제3항에 따라 주주의 권리를 행사하는 경우는 제외한다.

2. 경제적 이익 등 반대급부의 제공을 조건으로 다른 주주와 담합하여 여신전문금융회사의 인사 또는 경영에 부당한 영향력을 행사하는 행위

3. 그 밖에 제1호 및 제2호에 준하는 행위로서 대통령령으로 정하는 행위

제50조의3(임원의 자격요건) 다음 각 호의 어느 하나에 해당하는 자는 여신전문금융회사의 임원{ 이사(理事)·감사(監事) 또는 사실상 이와 동등한 지위에 있는 자로서 대통령령으로 정하는 자를 말한다. 이하 이 조에서 같다} 이 될 수 없으며, 임원이 된 후에 이에 해당하게 된 경우에는 그 직(職)을 잃는다.

1. 미성년자·한정치산자 또는 금치산자

2. 파산선고를 받고 복권되지 아니한 자
3. 금고 이상의 실형을 선고받고 그 집행이 끝나거나(집행이 끝난 것으로 보는 경우를 포함한다) 집행이 면제된 날부터 5년이 지나지 아니한 자
4. 이 법 또는 금융관계법령을 위반하여 벌금 이상의 형을 선고받고 그 집행이 끝나거나(집행이 끝난 것으로 보는 경우를 포함한다) 집행이 면제된 날부터 5년이 지나지 아니한 자
5. 금고 이상의 형의 집행유예를 선고받고 그 유예기간 중에 있는 자
6. 이 법 또는 금융관계법령에 따라 해임되거나 징계면직(懲戒免職)된 날부터 5년이 지나지 아니한 자
7. 이 법 또는 금융관계법령에 따라 영업의 허가·인가 또는 등록이 취소된 법인이나 회사의 임직원이었던 자(그 취소사유의 발생에 직접적인 책임이 있거나 이에 상응(相應)하는 책임이 있는 자로서 대통령령으로 정하는 자만 해당한다)로서 그 법인이나 회사에 대한 취소처분이 있었던 날부터 5년이 지나지 아니한 자
8. 「금융산업의 구조개선에 관한 법률」 제10조 제1항에 따라 금융위원회로부터 적기시정조치(適期是正措置)를 받거나 같은 법 제14조 제2항에 따라 계약이전의 결정 등 행정처분(이하 "적기시정조치등"이라 한다)을 받은 금융기관(같은 법 제2조 제1호에 따른 금융기관을 말한다. 이하 이 호에서 같다)의 임원이나 직원으로 재임(在任)하거나 재직(在職)하였던 자(그 적기시정조치등을 받게 된 원인에 직접적인 책임이 있거나 이에 상응하는 책임이 있는 자로서 대통령령으로 정하는 자만 해당한다)로서 그 적기시정조치등을 받은 날부터 2년이 지나지 아니한 자
9. 이 법 또는 금융관계법령에 따라 재임 중이었거나 재직 중이었더라면 해임이나 징계면직의 조치를 받았을 것으로 통보된 퇴임한 임원 또는 퇴직한 직원으로서 그 통보된 날부터 5년(통보된 날부터 5년이 되는 날이 퇴임하거나 퇴직한 날부터 7년을 넘긴 경우에는 퇴임하거나 퇴직한 날부터 7년으로 한다)이 지나지 아니한 자
10. 이 법 또는 금융관계법령에 따라 대통령령으로 정하는 정직·업무집행정지 이상의 제재조치를 받은 자로서 대통령령으로 정하는 기간이 지나지 아니한 자
11. 이 법 또는 금융관계법령에 따라 재임 중이었거나 재직 중이었더라면 제10호에 따른 정직·업무집행정지 이상의 제재조치 요구를 받았을 것으로 통보된 퇴임한 임원 또는 퇴직한 직원으로서 그 통보된 날부터 대통령령으로 정하는 기간(그 기간이 퇴임하거나 퇴직한 날부터 6

년을 넘긴 경우에는 퇴임하거나 퇴직한 날부터 6년으로 한다)이 지나지 아니한 자

제50조의4(사외이사의 선임) ① 여신전문금융회사(자산·취급업무 등을 고려하여 대통령령으로 정하는 기준에 해당하는 여신전문금융회사만 해당한다. 이하 이 조에서 같다)는 이사회의 상무(常務)를 하지 아니하는 이사로서 제4항 각 호의 어느 하나에 해당하지 아니하는 자(이하 "사외이사"라 한다)를 3명 이상 두어야 한다. 이 경우 사외이사의 수는 이사 총수의 2분의 1 이상이 되어야 한다.

② 여신전문금융회사는 사외이사후보를 추천하기 위하여 「상법」 제393조의2에 따른 위원회(이하 "사외이사후보추천위원회"라 한다)를 설치하여야 한다. 이 경우 사외이사후보추천위원회는 사외이사의 수가 총 위원의 2분의 1 이상이 되도록 구성되어야 한다.

③ 사외이사는 제2항에 따른 사외이사후보추천위원회의 추천을 받은 자 중에서 주주총회에서 선임한다.

④ 다음 각 호의 어느 하나에 해당하는 자는 사외이사가 될 수 없으며, 사외이사가 된 후 이에 해당하게 된 경우에는 그 직을 잃는다.

1. 미성년자·한정치산자 또는 금치산자
2. 파산선고를 받고 복권되지 아니한 자
3. 금고 이상의 실형을 선고받고 그 집행이 끝나거나(집행이 끝난 것으로 보는 경우를 포함한다) 집행이 면제된 날부터 2년이 지나지 아니한 자
4. 이 법에 따라 해임되거나 면직된 후 2년이 지나지 아니한 자
5. 최대주주
6. 최대주주의 특수관계인
7. 주요주주 및 그의 배우자와 직계 존속·비속
8. 그 여신전문금융회사 또는 계열회사(「독점규제 및 공정거래에 관한 법률」에 따른 계열회사를 말한다. 이하 같다)의 상근 임직원이나 최근 2년 내에 상근 임직원이었던 자
9. 그 여신전문금융회사의 상근 임원의 배우자 및 직계 존속·비속
10. 그 여신전문금융회사와 대통령령으로 정하는 중요한 거래관계가 있거나 사업상 경쟁관계 또는 협력관계에 있는 법인의 상근 임직원이거나 최근 2년 내에 상근 임직원이었던 자
11. 그 여신전문금융회사의 상근 임직원이 비상임이사로 있는 회사의 상근 임직원
12. 그 밖에 사외이사로서 직무를 충실하게 이행하기 어렵거나 그 여신전문금융회사의 경영에 영향을 미칠 수 있는

자로서 대통령령으로 정하는 자

⑤ 여신전문금융회사는 사외이사의 사임(辭任)이나 사망 등의 사유로 이사회의 구성이 제1항의 요건에 맞지 아니하게 되면 그 사유가 생긴 날 이후에 최초로 소집되는 주주총회에서 이사회의 구성이 제1항의 요건에 맞도록 하여야 한다.

⑥ 최초로 제1항의 요건에 해당하게 되어 사외이사를 두어야 하는 여신전문금융회사에 대하여는 제2항 후단을 적용하지 아니한다.

제50조의5(감사위원회) ① 여신전문금융회사(자산·취급업무 등을 고려하여 대통령령으로 정하는 기준에 해당하는 여신전문금융회사만 해당한다. 이하 이 조에서 같다)는 감사위원회(「상법」 제415조의2에 따른 감사위원회를 말한다. 이하 같다)를 설치하여야 한다.

② 감사위원회의 구성은 다음 각 호의 요건 모두에 적합하여야 한다.

1. 총위원의 3분의 2 이상이 사외이사일 것
2. 위원 중 1명 이상은 대통령령으로 정하는 회계 또는 재무 전문가일 것

③ 제50조의4 제4항 제1호부터 제4호까지 및 제7호부터 제9호까지의 어느 하나에 해당하는 자는 감사위원회의 사외이사가 아닌 위원이 될 수 없으며, 위원이 된 후 이에 해당하게 된 경우에는 그 직을 잃는다. 다만, 상근감사 또는 감사위원회의 사외이사가 아닌 위원으로 재임 중인 자는 제50조의4제4항 제8호에 해당하더라도 감사위원회의 사외이사가 아닌 위원이 될 수 있다.

④ 여신전문금융회사는 감사위원회위원의 사임이나 사망 등의 사유로 감사위원회의 구성이 제2항의 요건에 맞지 아니하게 되면 그 사유가 생긴 날 이후에 최초로 소집되는 주주총회에서 감사위원회의 구성이 제2항의 요건에 맞도록 하여야 한다.

⑤ 제1항에 따른 감사위원회의 구성에 관하여는 「상법」 제415조의2제2항 단서를 적용하지 아니한다.

제50조의6(내부통제기준) ① 여신전문금융회사는 법령을 지키고 재산운용을 건전하게 하며 고객을 보호하기 위하여 임직원이 그 직무를 수행할 때 따라야 할 기본적인 절차와 기준(이하 "내부통제기준"이라 한다)을 정하여야 한다.

② 여신전문금융회사는 내부통제기준을 지키는지를 점검하고, 내부통제기준을 위반하는 경우 이를 조사하여 감사(監査)하거나 감사위원회에 보고하는 자(이하 "준법감시인"이라 한다)를 1명 이상

지

2. 그 대주주가 발행한 유가증권의 신규 취득 금지

3. 그 밖에 그 대주주에 대한 자금지원 성격의 거래제한 등 대통령령으로 정하는 조치

제50조의9(광고) ① 여신전문금융회사와 겸영여신업자(이하 "여신전문금융회사 등"이라 한다)는 제13조 제1항 제1호, 제46조 제1항 제1호·제3호, 그 밖에 대통령령으로 정하는 업무와 관련하여 취급하는 금융상품(이하 이 조에서 "여신금융상품"이라 한다)을 광고하는 경우 다음 각 호의 사항이 포함되도록 하여야 한다.

1. 여신전문금융회사 등의 명칭
2. 이자율 등 상품의 주요 내용
3. 과도한 채무 또는 신용카드 남용의 위험성을 알리는 경고문구(개인을 대상으로 하는 상품에 한정한다)
4. 그 밖에 대통령령으로 정하는 사항

② 여신전문금융회사 등은 여신금융상품을 광고하는 경우 다음 각 호의 어느 하나에 해당하는 행위를 하여서는 아니 된다.

1. 사실과 다르게 광고하거나 사실을 지나치게 부풀리는 방법으로 광고하는 행위
2. 사실을 숨기거나 축소하는 방법으로 광고하는 행위
3. 구체적인 근거와 내용을 제시하지 아니하고 다른 금융회사의 금융상품보다 우위에 있음을 표시하여 광고하는 행위
4. 그 밖에 금융이용자를 보호하기 위하여 대통령령으로 정하는 광고 행위

③ 여신전문금융회사 등이 여신금융상품을 광고할 때 「표시·광고의 공정화에 관한 법률」 제4조 제1항에 따른 표시·광고 사항이 있는 경우에는 같은 법에서 정하는 바에 따른다.

④ 제1항 및 제2항에 따른 상품의 주요 내용, 광고의 방법 및 절차 등에 필요한 사항은 대통령령으로 정한다.

제51조(유사상호의 사용금지) 이 법에 따른 여신전문금융회사가 아닌 자는 그 상호에 여신·신용카드·시설대여·리스·할부금융 또는 신기술금융과 같거나 비슷한 표시를 하여서는 아니 된다.

제52조(다른 법률과의 관계) ① 여신전문금융회사와 제3조 제3항 제2호에 따른 겸영여신업자에 대하여는 「한국은행법」 및 「은행법」을 적용하지 아니한다.

② 여신전문금융회사에 대하여 「금융산업의 구조개선에 관한 법률」을 적용하는 경우에는 같은 법 제3조부터 제10조까지, 제11조 제1항·제4항 및 제5항, 제13조의2, 제14조, 제14조의2부터 제14조

의4까지, 제14조의7, 제15조부터 제19조까지, 제24조, 제24조의2, 제24조의3 및 제26조부터 제28조까지의 규정만 적용한다. 다만, 신기술사업금융업자가 신기술사업자에게 투자하는 경우에는 같은 법 제24조를 적용하지 아니한다.

제5장 감독

제53조(감독) ① 금융위원회는 여신전문금융회사 등이 이 법 또는 이 법에 따른 명령을 지키는지를 감독한다.

② 금융위원회는 제1항에 따른 감독을 위하여 필요한 경우에는 여신전문금융회사 등에 대하여 그 업무 및 재무상태에 관한 보고를 하게 할 수 있다.

③ 삭제

④ 금융위원회는 여신전문금융회사 등이 별표 각 호의 어느 하나에 해당하는 경우에는 금융감독원장의 건의에 따라 다음 각 호의 어느 하나에 해당하는 조치를 하거나 금융감독원장으로 하여금 제1호에 해당하는 조치를 하게 할 수 있다.

1. 여신전문금융회사 등에 대한 주의·경고 또는 그 임직원에 대한 주의·경고·문책(問責)의 요구
2. 해당 위반행위에 대한 시정명령
3. 임원의 해임권고·직무정지의 요구

⑤ 금융위원회는 퇴직한 여신전문금융회사 등의 임원이나 직원이 재직 중이었더라면 제4항 제1호 또는 제3호에 해당하는 조치를 받았을 것으로 인정되는 경우에는 그 조치의 내용을 금융감독원장으로 하여금 그 여신전문금융회사 등의 장에게 통보하도록 할 수 있다.

⑥ 제5항에 따른 통보를 받은 여신전문금융회사 등의 장은 퇴직한 그 임원이나 직원에게 그 내용을 통보하고, 인사기록부에 기록·유지하여야 한다.

제53조의2(검사) ① 금융감독원장은 그 소속 직원으로 하여금 여신전문금융회사 등의 업무와 재산상황을 검사하게 할 수 있다.

② 제1항에 따라 검사를 하는 자는 그 권한을 표시하는 증표를 지니고 이를 관계자에게 내보여야 한다.

③ 금융감독원장은 여신전문금융회사 등에 대하여 검사에 필요한 장부·기록문서와 그 밖의 자료의 제출 또는 관계인의 출석 및 의견의 진술을 요구할 수 있다.

④ 금융감독원장은 「주식회사의 외부감사에 관한 법률」에 따라 여신전문금융회사 등이 선임한 외부 감사인에게 그 여신전문금융회사 등을 감사한 결과 알

게 된 경영의 건전성과 관련되는 정보 및 자료의 제출을 요구할 수 있다.

제53조의3(건전경영의 지도) ① 금융위원회는 여신전문금융회사의 건전한 경영을 지도하고 금융사고를 예방하기 위하여 대통령령으로 정하는 바에 따라 다음 각 호의 어느 하나에 해당하는 경영지도의 기준을 정할 수 있다.

1. 자본의 적정성에 관한 사항
2. 자산의 건전성에 관한 사항
3. 유동성(流動性)에 관한 사항
4. 그 밖에 경영의 건전성 확보를 위하여 필요한 사항

② 금융위원회는 여신전문금융회사가 제1항에 따른 경영지도의 기준에 미치지 못하는 등 경영의 건전성을 크게 해칠 우려가 있다고 인정되면 자본금의 증액(增額), 이익배당의 제한 등 경영을 개선하기 위하여 필요한 조치를 요구할 수 있다.

제54조(업무보고서 등의 제출) ① 여신전문금융회사 등은 금융위원회가 정하는 바에 따라 업무 및 경영실적에 관한 보고서를 작성하여 금융위원회에 제출하여야 한다.

② 여신전문금융회사는 다음 각 호의 어느 하나에 해당하는 경우에는 대통령령으로 정하는 바에 따라 그 사실을 금융위원회에 보고하여야 한다.

1. 상호 또는 명칭을 변경한 경우
2. 임원을 선임하거나 해임한 경우
3. 최대주주가 변경된 경우
4. 대주주 또는 그의 특수관계인의 소유주식이 의결권 있는 발행주식 총수의 100분의 1 이상 변동된 경우

제54조의2(경영의 공시) ① 금융위원회는 여신전문금융회사에 대하여 경영상황에 관한 주요 정보와 자료를 공시(公示)하게 할 수 있다.

② 제1항에 따른 공시의 종류·범위 및 방법에 관하여 필요한 사항은 금융위원회가 정한다.

제54조의3(약관의 개정 등) ① 여신전문금융회사 등은 금융이용자의 권익을 보호하여야 하며, 금융거래와 관련된 약관(이하 "금융약관"이라 한다)을 제정하거나 개정하려는 경우에는 미리 금융위원회에 신고하여야 한다. 다만, 다음 각 호의 어느 하나에 해당하는 경우에는 금융약관을 제정하거나 개정한 후 10일 안에 금융위원회에 보고하여야 한다.

1. 금융약관의 내용 중 금융이용자의 권리·의무와 관련이 없는 사항을 개정하는 경우
2. 제3항에 따른 표준약관을 그대로 사용하는 경우

3. 제정하거나 개정하려는 금융약관의 내용이 다른 여신전문금융회사 등이 금융위원회에 신고한 금융약관의 내용과 같은 경우
4. 제7항의 변경명령에 따라 금융약관 또는 표준약관을 변경한 경우
② 여신전문금융회사 등은 금융약관을 제정하거나 개정한 경우에는 인터넷 홈페이지 등을 이용하여 공시하여야 한다.
③ 제62조 제1항에 따른 여신전문금융업협회는 건전한 거래질서를 확립하고 불공정한 내용의 금융약관이 통용되는 것을 막기 위하여 여신전문금융업 금융거래와 관련하여 표준이 되는 약관(이하 "표준약관"이라 한다)을 제정하거나 개정할 수 있다.
④ 여신전문금융업협회는 표준약관을 제정하거나 개정하려는 경우에는 금융위원회에 미리 신고하여야 한다.
⑤ 제1항에 따라 금융약관의 신고 또는 보고를 받거나 제4항에 따라 표준약관을 신고받은 금융위원회는 그 금융약관 또는 표준약관의 내용을 공정거래위원회에 통보하여야 한다.
⑥ 공정거래위원회는 제5항에 따라 통보받은 금융약관 또는 표준약관의 내용이 「약관의 규제에 관한 법률」 제6조부터 제14조까지의 규정에 위반된다고 인정하면 금융위원회에 그 사실을 통보하고 그 시정에 필요한 조치를 하도록 요청할 수 있으며, 금융위원회는 특별한 사유가 없으면 이에 따라야 한다.
⑦ 금융위원회는 금융약관 또는 표준약관이 이 법 또는 금융 관련 법령에 위반되거나 그 밖에 금융이용자의 이익을 해칠 우려가 있다고 인정하면 여신전문금융회사 등 또는 여신전문금융업협회에 그 내용을 구체적으로 적은 서면으로 금융약관 또는 표준약관을 변경할 것을 명령할 수 있다. 금융위원회는 이 변경명령을 하기 전에 공정거래위원회와 협의하여야 한다.

제55조(회계처리) 여신전문금융회사 등은 자금운용과 업무성과를 분석할 수 있도록 허가를 받거나 등록을 한 여신전문금융업을 업종별로 다른 업무와 구분하여 회계처리를 하여야 한다.

제56조(감사인의 지정) 금융위원회는 여신전문금융회사가 이 법을 위반한 사실이 있는 등 대통령령으로 정하는 사유에 해당하면 증권선물위원회의 심의를 거쳐 그 여신전문금융회사의 감사인을 지정할 수 있다.

제57조(허가 · 등록의 취소 등) ① 금융위원회는 신용카드업자가 다음 각 호의 어느 하나에 해당하는 경우에는 6개월의

범위에서 기간을 정하여 신용카드업무 또는 제13조에 따른 부대업무의 전부 또는 일부의 정지를 명할 수 있다.1. 제13조 제1항에 따른 기준을 위반하여 같은 항 각 호에 따른 부대업무를 한 경우

2. 제14조, 제14조의2, 제16조, 제17조, 제18조, 제21조, 제23조 제1항, 제24조의2·제25조 제4항 또는 제46조를 위반한 경우

3. 제18조의4, 제23조 제2항, 제24조·제25조 제1항, 제53조 제4항, 제53조의3제2항에 따른 금융위원회의 명령이나 조치를 위반한 경우

② 금융위원회는 신용카드업자가 다음 각 호의 어느 하나에 해당하는 경우에는 그 허가 또는 등록을 취소할 수 있다.

1. 거짓이나 그 밖의 부정한 방법으로 제3조 제1항에 따른 허가를 받거나 등록을 한 경우

2. 제6조 제1항 제2호부터 제4호까지의 어느 하나에 해당하는 자인 경우(여신전문금융회사인 경우만 해당한다)

3. 제1항에 따른 업무의 정지명령을 위반한 경우

3의2. 제6조의2에 따른 허가요건 유지의무를 위반한 경우

4. 정당한 사유 없이 1년 이상 계속하여 영업을 하지 아니한 경우

5. 법인의 합병·파산·폐업 등으로 사실상 영업을 끝낸 경우

③ 금융위원회는 시설대여업자, 할부금융업자 또는 신기술사업금융업자가 다음 각 호의 어느 하나에 해당하는 경우에는 그 등록을 취소할 수 있다.

1. 거짓이나 그 밖의 부정한 방법으로 제3조 제2항에 따른 등록을 한 경우

2. 제6조 제1항 제2호부터 제4호까지의 어느 하나에 해당하는 자인 경우(여신전문금융회사인 경우만 해당한다)

3. 제53조 제4항 또는 제53조의3제2항에 따른 금융위원회의 명령이나 조치를 위반한 경우

4. 정당한 사유 없이 1년 이상 계속하여 영업을 하지 아니한 경우

5. 법인의 합병·파산·폐업 등으로 사실상 영업을 끝낸 경우

제58조(과징금) ① 금융위원회는 여신전문금융회사가 제46조, 제47조, 제48조 또는 제49조 제1항·제4항을 위반하거나 제49조 제2항에 따른 금융위원회의 명령을 위반한 경우에는 대통령령으로 정하는 바에 따라 1억원 이하의 과징금을 부과할 수 있다.

② 금융위원회는 신용카드업자가 제57조 제1항 각 호의 어느 하나에 해당하는 경우에는 대통령령으로 정하는 바에 따

라 업무정지처분 대신에 1억원 이하의 과징금을 부과할 수 있다.

③ 금융위원회는 다음 각 호의 어느 하나에 해당하는 경우에는 대통령령으로 정하는 바에 따라 5천만원 이하의 과징금을 부과할 수 있다.

1. 시설대여업자가 제37조에 따른 금융위원회의 명령을 위반한 경우
2. 할부금융업자가 제39조나 제40조를 위반한 경우
3. 신기술사업금융업자가 제45조를 위반한 경우

④ 금융위원회는 여신전문금융회사가 제50조 제1항을 위반하여 신용공여를 한 경우에는 초과한 신용공여액의 100분의 20의 범위에서 과징금을 부과할 수 있다.

⑤ 제1항부터 제4항까지의 규정에 따른 과징금을 부과하는 위반행위의 종류와 위반 정도 등에 따른 과징금의 금액과 그 밖에 필요한 사항은 대통령령으로 정한다.

⑥ 금융위원회는 제1항부터 제4항까지의 규정에 따른 과징금을 부과받은 자가 그 기한까지 납부하지 아니하면 국세 체납처분의 예에 따라 이를 징수한다.

⑦ 금융위원회는 대통령령으로 정하는 바에 따라 과징금의 징수 및 체납처분에 관한 업무를 국세청장에게 위탁할 수 있다.

제58조의2(이의신청) ① 제58조에 따른 과징금 부과처분에 대하여 불복하는 자는 그 처분의 고지를 받은 날부터 30일 이내에 그 사유를 갖추어 금융위원회에 이의를 신청할 수 있다.

② 금융위원회는 제1항에 따른 이의신청에 대하여 60일 이내에 결정을 하여야 한다. 다만, 부득이한 사정으로 그 기간 이내에 결정을 할 수 없을 경우에는 30일의 범위에서 그 기간을 연장할 수 있다.

③ 금융위원회는 제2항 단서에 따라 결정기간을 연장하는 경우에는 지체 없이 제1항에 따라 이의를 신청한 자에게 결정기간이 연장되었음을 통보하여야 한다.

제58조의3(과오납금의 환급) 금융위원회는 과징금 납부의무자가 이의신청의 재결 또는 법원의 판결 등의 사유로 과징금 과오납금의 환급을 청구하는 경우에는 지체 없이 환급하여야 하며, 과징금 납부의무자의 청구가 없어도 금융위원회가 확인한 과오납금은 환급하여야 한다.

제58조의4(환급가산금) 금융위원회는 제58조의3에 따라 과징금을 환급하는 경

를 한 대주주 또는 대주주의 특수관계인

② 다음 각 호의 어느 하나에 해당하는 자는 3년 이하의 징역 또는 2천만원 이하의 벌금에 처한다.

1. 거짓이나 그 밖의 부정한 방법으로 제3조 제2항에 따른 등록을 한 자
2. 다음 각 목의 어느 하나에 해당하는 행위를 통하여 자금을 융통하여 준 자 또는 이를 중개·알선한 자
가. 물품의 판매 또는 용역의 제공 등을 가장하거나 실제 매출금액을 넘겨 신용카드로 거래하거나 이를 대행하게 하는 행위
나. 신용카드회원으로 하여금 신용카드로 구매하도록 한 물품·용역 등을 할인하여 매입하는 행위
다. 제15조를 위반하여 신용카드에 질권을 설정하는 행위
3. 제19조 제4항 제3호를 위반하여 다른 신용카드가맹점의 명의를 사용하여 신용카드로 거래한 자
4. 제19조 제4항 제5호를 위반하여 신용카드에 의한 거래를 대행한 자
5. 제20조 제1항을 위반하여 매출채권을 양도한 자 및 양수한 자
6. 제20조 제2항을 위반하여 신용카드가맹점의 명의로 신용카드 등에 의한 거래를 한 자

③ 다음 각 호의 어느 하나에 해당하는 자는 1년 이하의 징역 또는 1천만원 이하의 벌금에 처한다.

1. 제6조 제3항을 위반하여 승인을 받지 아니하고 주식을 취득한 자
2. 제6조 제4항에 따른 처분명령을 위반하여 그 주식을 처분하지 아니한 자
2의2. 제14조의2제1항 각 호의 어느 하나에 해당하지 아니한 자로서 신용카드회원을 모집한 자
3. 제15조를 위반하여 신용카드를 양도·양수한 자
3의2. 제18조의3 제4항 각 호를 위반한 자
4. 제19조 제1항을 위반하여 신용카드로 거래한다는 이유로 물품의 판매 또는 용역의 제공 등을 거절하거나 신용카드회원을 불리하게 대우한 자
5. 제19조 제3항을 위반하여 가맹점수수료를 신용카드회원이 부담하게 한 자
6. 제19조 제4항 제4호를 위반하여 신용카드가맹점의 명의를 타인에게 빌려준 자
7. 제27조, 제50조의2제1항·제3항 또는 제51조를 위반한 자

④ 제36조 제2항을 위반한 자는 500만원 이하의 벌금에 처한다.

⑤ 제1항 제1호 및 제2호의 미수범은 처

벌한다.

⑥ 제1항 제1호의 죄를 범할 목적으로 예비(豫備)하거나 음모(陰謀)한 자는 3년 이하의 징역 또는 2천만원 이하의 벌금에 처한다. 다만, 그 목적한 죄를 실행하기 전에 자수한 자에 대하여는 그 형(刑)을 감경(減輕)하거나 면제한다.

⑦ 제1항부터 제3항까지의 규정에 따른 징역형과 벌금형은 병과(倂科)할 수 있다.

제71조(양벌규정) 법인의 대표자나 법인 또는 개인의 대리인, 사용인, 그 밖의 종업원이 그 법인 또는 개인의 업무에 관하여 제70조의 위반행위를 하면 그 행위자를 벌하는 외에 그 법인 또는 개인에게도 해당 조문의 벌금형을 과(科)한다. 다만, 법인 또는 개인이 그 위반행위를 방지하기 위하여 해당 업무에 관하여 상당한 주의와 감독을 게을리하지 아니한 경우에는 그러하지 아니하다.

제72조(과태료) ① 다음 각 호의 어느 하나에 해당하는 자에게는 500만원 이하의 과태료를 부과한다.

1. 제14조의5제1항부터 제3항까지의 규정을 위반한 자
2. 제14조의5제4항에 따른 조사를 거부한 자
3. 제14조의5제5항을 위반하여 모집인의 불법행위 신고를 하지 아니한 자
4. 제14조의5제6항을 위반하여 모집인에 대한 교육을 하지 아니한 자

4의2. 제16조의3을 위반하여 연회비를 반환하지 아니한 자

5. 제19조의2를 위반한 자
6. 제50조 제2항을 위반하여 이사회의 결의를 거치지 아니한 자
7. 제50조 제3항·제4항을 위반하여 보고 또는 공시를 하지 아니한 자
8. 제50조의4제1항을 위반하여 사외이사를 선임하거나 같은 조 제2항을 위반하여 사외이사후보추천위원회를 구성한 자
9. 제50조의5제1항을 위반하여 감사위원회를 설치하지 아니하거나 같은 조 제2항을 위반하여 감사위원회를 구성한 자
10. 제50조의8제1항에 따른 자료제출 요구에 따르지 아니한 자

10의2. 제50조의9제1항·제2항을 위반한 자

11. 제54조를 위반하여 보고서를 제출하지 아니하거나 보고를 하지 아니한 자(거짓의 보고서를 제출하거나 거짓으로 보고한 자를 포함한다)
12. 제54조의2에 따른 공시를 하지 아니하거나 거짓으로 공시한 자

13. 제54조의3을 위반하여 금융위원회에 신고하거나 보고하지 아니하고 금융약관 또는 표준약관을 제정하거나 개정한 자

14. 제55조를 위반하여 다른 업무와 구분하여 회계처리를 하지 아니한 자

② 제1항에 따른 과태료는 대통령령으로 정하는 바에 따라 금융위원회가 부과·징수한다.

약관의 규제에 관한 법률

[시행 2013.5.28.]
[법률 제11840호, 2013.5.28., 일부개정]

제1장 총칙

제1조(목적) 이 법은 사업자가 그 거래상의 지위를 남용하여 불공정한 내용의 약관(約款)을 작성하여 거래에 사용하는 것을 방지하고 불공정한 내용의 약관을 규제함으로써 건전한 거래질서를 확립하고, 이를 통하여 소비자를 보호하고 국민생활을 균형 있게 향상시키는 것을 목적으로 한다.

제2조(정의) 이 법에서 사용하는 용어의 정의는 다음과 같다.

1. "약관"이란 그 명칭이나 형태 또는 범위에 상관없이 계약의 한쪽 당사자가 여러 명의 상대방과 계약을 체결하기 위하여 일정한 형식으로 미리 마련한 계약의 내용을 말한다.
2. "사업자"란 계약의 한쪽 당사자로서 상대 당사자에게 약관을 계약의 내용으로 할 것을 제안하는 자를 말한다.
3. "고객"이란 계약의 한쪽 당사자로서 사업자로부터 약관을 계약의 내용으로 할 것을 제안받은 자를 말한다.

제3조(약관의 작성 및 설명의무 등) ① 사업자는 고객이 약관의 내용을 쉽게 알 수 있도록 한글로 작성하고, 표준화·체계화된 용어를 사용하며, 약관의 중요한 내용을 부호, 색채, 굵고 큰 문자 등으로 명확하게 표시하여 알아보기 쉽게 약관을 작성하여야 한다.

② 사업자는 계약을 체결할 때에는 고객에게 약관의 내용을 계약의 종류에 따라 일반적으로 예상되는 방법으로 분명하게 밝히고, 고객이 요구할 경우 그 약관의 사본을 고객에게 내주어 고객이 약관의 내용을 알 수 있게 하여야 한다. 다만, 다음 각 호의 어느 하나에 해당하는 업종의 약관에 대하여는 그러하지 아니하다.

1. 여객운송업
2. 전기·가스 및 수도사업

3. 우편업

4. 공중전화 서비스 제공 통신업

③ 사업자는 약관에 정하여져 있는 중요한 내용을 고객이 이해할 수 있도록 설명하여야 한다. 다만, 계약의 성질상 설명하는 것이 현저하게 곤란한 경우에는 그러하지 아니하다.

④ 사업자가 제2항 및 제3항을 위반하여 계약을 체결한 경우에는 해당 약관을 계약의 내용으로 주장할 수 없다.

제4조(개별 약정의 우선) 약관에서 정하고 있는 사항에 관하여 사업자와 고객이 약관의 내용과 다르게 합의한 사항이 있을 때에는 그 합의 사항은 약관보다 우선한다.

제5조(약관의 해석) ① 약관은 신의성실의 원칙에 따라 공정하게 해석되어야 하며 고객에 따라 다르게 해석되어서는 아니 된다.

② 약관의 뜻이 명백하지 아니한 경우에는 고객에게 유리하게 해석되어야 한다.

제2장 불공정약관조항

제6조(일반원칙) ① 신의성실의 원칙을 위반하여 공정성을 잃은 약관 조항은 무효이다.

② 약관의 내용 중 다음 각 호의 어느 하나에 해당하는 내용을 정하고 있는 조항은 공정성을 잃은 것으로 추정된다.

1. 고객에게 부당하게 불리한 조항

2. 고객이 계약의 거래형태 등 관련된 모든 사정에 비추어 예상하기 어려운 조항

3. 계약의 목적을 달성할 수 없을 정도로 계약에 따르는 본질적 권리를 제한하는 조항

제7조(면책조항의 금지) 계약 당사자의 책임에 관하여 정하고 있는 약관의 내용 중 다음 각 호의 어느 하나에 해당하는 내용을 정하고 있는 조항은 무효로 한다.

1. 사업자, 이행 보조자 또는 피고용자의 고의 또는 중대한 과실로 인한 법률상의 책임을 배제하는 조항

2. 상당한 이유 없이 사업자의 손해배상 범위를 제한하거나 사업자가 부담하여야 할 위험을 고객에게 떠넘기는 조항

3. 상당한 이유 없이 사업자의 담보책임을 배제 또는 제한하거나 그 담보책임에 따르는 고객의 권리행사의 요건을 가중하는 조항

4. 상당한 이유 없이 계약목적물에 관하여 견본이 제시되거나 품질·성능 등에 관한 표시가 있는 경우 그 보장된 내용에 대한 책임을 배제 또는 제한하는 조항

제8조(손해배상액의 예정) 고객에게 부당하게 과중한 지연 손해금 등의 손해배상 의무를 부담시키는 약관 조항은 무효로 한다.

제9조(계약의 해제 · 해지) 계약의 해제·해지에 관하여 정하고 있는 약관의 내용 중 다음 각 호의 어느 하나에 해당되는 내용을 정하고 있는 조항은 무효로 한다.

1. 법률에 따른 고객의 해제권 또는 해지권을 배제하거나 그 행사를 제한하는 조항
2. 사업자에게 법률에서 규정하고 있지 아니하는 해제권 또는 해지권을 부여하여 고객에게 부당하게 불이익을 줄 우려가 있는 조항
3. 법률에 따른 사업자의 해제권 또는 해지권의 행사 요건을 완화하여 고객에게 부당하게 불이익을 줄 우려가 있는 조항
4. 계약의 해제 또는 해지로 인한 원상회복의무를 상당한 이유 없이 고객에게 과중하게 부담시키거나 고객의 원상회복 청구권을 부당하게 포기하도록 하는 조항
5. 계약의 해제 또는 해지로 인한 사업자의 원상회복의무나 손해배상의무를 부당하게 경감하는 조항
6. 계속적인 채권관계의 발생을 목적으로 하는 계약에서 그 존속기간을 부당하게 단기 또는 장기로 하거나 묵시적인 기간의 연장 또는 갱신이 가능하도록 정하여 고객에게 부당하게 불이익을 줄 우려가 있는 조항

제10조(채무의 이행) 채무의 이행에 관하여 정하고 있는 약관의 내용 중 다음 각 호의 어느 하나에 해당하는 내용을 정하고 있는 조항은 무효로 한다.

1. 상당한 이유 없이 급부(給付)의 내용을 사업자가 일방적으로 결정하거나 변경할 수 있도록 권한을 부여하는 조항
2. 상당한 이유 없이 사업자가 이행하여야 할 급부를 일방적으로 중지할 수 있게 하거나 제3자에게 대행할 수 있게 하는 조항

제11조(고객의 권익 보호) 고객의 권익에 관하여 정하고 있는 약관의 내용 중 다음 각 호의 어느 하나에 해당하는 내용을 정하고 있는 조항은 무효로 한다.

1. 법률에 따른 고객의 항변권(抗辯權), 상계권(相計權) 등의 권리를 상당한 이유 없이 배제하거나 제한하는 조항
2. 고객에게 주어진 기한의 이익을 상당한 이유 없이 박탈하는 조항
3. 고객이 제3자와 계약을 체결하는 것을 부당하게 제한하는 조항
4. 사업자가 업무상 알게 된 고객의 비밀

을 정당한 이유 없이 누설하는 것을 허용하는 조항

제12조(의사표시의 의제) 의사표시에 관하여 정하고 있는 약관의 내용 중 다음 각 호의 어느 하나에 해당하는 내용을 정하고 있는 조항은 무효로 한다.

1. 일정한 작위(作爲) 또는 부작위(不作爲)가 있을 경우 고객의 의사표시가 표명되거나 표명되지 아니한 것으로 보는 조항. 다만, 고객에게 상당한 기한 내에 의사표시를 하지 아니하면 의사표시가 표명되거나 표명되지 아니한 것으로 본다는 뜻을 명확하게 따로 고지한 경우이거나 부득이한 사유로 그러한 고지를 할 수 없는 경우에는 그러하지 아니하다.
2. 고객의 의사표시의 형식이나 요건에 대하여 부당하게 엄격한 제한을 두는 조항
3. 고객의 이익에 중대한 영향을 미치는 사업자의 의사표시가 상당한 이유 없이 고객에게 도달된 것으로 보는 조항
4. 고객의 이익에 중대한 영향을 미치는 사업자의 의사표시 기한을 부당하게 길게 정하거나 불확정하게 정하는 조항

제13조(대리인의 책임 가중) 고객의 대리인에 의하여 계약이 체결된 경우 고객이 그 의무를 이행하지 아니하는 경우에는 대리인에게 그 의무의 전부 또는 일부를 이행할 책임을 지우는 내용의 약관 조항은 무효로 한다.

제14조(소송 제기의 금지 등) 소송 제기 등과 관련된 약관의 내용 중 다음 각 호의 어느 하나에 해당하는 조항은 무효로 한다.

1. 고객에게 부당하게 불리한 소송 제기 금지 조항 또는 재판관할의 합의 조항
2. 상당한 이유 없이 고객에게 입증책임을 부담시키는 약관 조항

제15조(적용의 제한) 국제적으로 통용되는 약관이나 그 밖에 특별한 사정이 있는 약관으로서 대통령령으로 정하는 경우에는 제7조부터 제14조까지의 규정을 적용하는 것을 조항별·업종별로 제한할 수 있다.

제16조(일부 무효의 특칙) 약관의 전부 또는 일부의 조항이 제3조 제4항에 따라 계약의 내용이 되지 못하는 경우나 제6조부터 제14조까지의 규정에 따라 무효인 경우 계약은 나머지 부분만으로 유효하게 존속한다. 다만, 유효한 부분만으로는 계약의 목적 달성이 불가능하거나 그 유효한 부분이 한쪽 당사자에게 부당하게 불리한 경우에는 그 계약은 무효로 한다.

제3장 약관의 규제

제17조(불공정약관조항의 사용금지) 사업자는 제6조부터 제14조까지의 규정에 해당하는 불공정한 약관 조항(이하 "불공정약관조항"이라 한다)을 계약의 내용으로 하여서는 아니 된다.

제17조의2(시정 조치) ① 공정거래위원회는 사업자가 제17조를 위반한 경우에는 사업자에게 해당 불공정약관조항의 삭제·수정 등 시정에 필요한 조치를 권고할 수 있다.

② 공정거래위원회는 제17조를 위반한 사업자가 다음 각 호의 어느 하나에 해당하는 경우에는 사업자에게 해당 불공정약관조항의 삭제·수정, 시정명령을 받은 사실의 공표, 그 밖에 약관을 시정하기 위하여 필요한 조치를 명할 수 있다.

1. 사업자가 「독점규제 및 공정거래에 관한 법률」 제2조 제7호의 시장지배적사업자인 경우
2. 사업자가 자기의 거래상의 지위를 부당하게 이용하여 계약을 체결하는 경우
3. 사업자가 일반 공중에게 물품·용역을 공급하는 계약으로서 계약 체결의 긴급성·신속성으로 인하여 고객이 계약을 체결할 때에 약관 조항의 내용을 변경하기 곤란한 경우
4. 사업자의 계약 당사자로서의 지위가 현저하게 우월하거나 고객이 다른 사업자를 선택할 범위가 제한되어 있어 약관을 계약의 내용으로 하는 것이 사실상 강제되는 경우
5. 계약의 성질상 또는 목적상 계약의 취소·해제 또는 해지가 불가능하거나 계약을 취소·해제 또는 해지하면 고객에게 현저한 재산상의 손해가 발생하는 경우
6. 사업자가 제1항에 따른 권고를 정당한 사유 없이 따르지 아니하여 여러 고객에게 피해가 발생하거나 발생할 우려가 현저한 경우

③ 공정거래위원회는 제1항 및 제2항에 따른 시정권고 또는 시정명령을 할 때 필요하면 해당 사업자와 같은 종류의 사업을 하는 다른 사업자에게 같은 내용의 불공정약관조항을 사용하지 말 것을 권고할 수 있다.

제18조(관청 인가 약관 등) ① 공정거래위원회는 행정관청이 작성한 약관이나 다른 법률에 따라 행정관청의 인가를 받은 약관이 제6조부터 제14조까지의 규정에 해당된다고 인정할 때에는 해당 행정관청에 그 사실을 통보하고 이를 시정하기 위하여 필요한 조치를 하도록 요청할 수 있다.

② 공정거래위원회는 「은행법」에 따른 은행의 약관이 제6조부터 제14조까지의

규정에 해당된다고 인정할 때에는 「금융위원회의 설치 등에 관한 법률」에 따라 설립된 금융감독원에 그 사실을 통보하고 이를 시정하기 위하여 필요한 조치를 권고할 수 있다.

③ 제1항에 따라 행정관청에 시정을 요청한 경우 공정거래위원회는 제17조의2제1항 및 제2항에 따른 시정권고 또는 시정명령은 하지 아니한다.

제19조(약관의 심사청구) ① 다음 각 호의 자는 약관 조항이 이 법에 위반되는지 여부에 관한 심사를 공정거래위원회에 청구할 수 있다.

1. 약관의 조항과 관련하여 법률상의 이익이 있는 자
2. 「소비자기본법」 제29조에 따라 등록된 소비자단체
3. 「소비자기본법」 제33조에 따라 설립된 한국소비자원
4. 사업자단체

② 제1항에 따른 약관의 심사청구는 공정거래위원회에 서면이나 전자문서로 제출하여야 한다.

제19조의2(약관변경으로 인한 심사대상의 변경) 공정거래위원회는 심사대상인 약관 조항이 변경된 때에는 직권으로 또는 심사청구인의 신청에 의하여 심사대상을 변경할 수 있다.

제19조의3(표준약관) ① 사업자 및 사업자단체는 건전한 거래질서를 확립하고 불공정한 내용의 약관이 통용되는 것을 방지하기 위하여 일정한 거래 분야에서 표준이 될 약관을 마련하여 그 내용이 이 법에 위반되는지 여부에 관하여 공정거래위원회에 심사를 청구할 수 있다.

② 「소비자기본법」 제29조에 따라 등록된 소비자단체 또는 같은 법 제33조에 따라 설립된 한국소비자원(이하 "소비자단체 등"이라 한다)은 소비자 피해가 자주 일어나는 거래 분야에서 표준이 될 약관을 마련할 것을 공정거래위원회에 요청할 수 있다.

③ 공정거래위원회는 다음 각 호의 어느 하나에 해당하는 경우에 사업자 및 사업자단체에 대하여 표준이 될 약관을 마련하여 심사 청구할 것을 권고할 수 있다.

1. 소비자단체 등의 요청이 있는 경우
2. 일정한 거래 분야에서 여러 고객에게 피해가 발생하는 경우에 피해 발생 상황을 조사하여 약관이 없거나 불공정약관조항이 있는 경우

④ 공정거래위원회는 사업자 및 사업자단체가 제3항의 권고를 받은 날부터 4개월 이내에 필요한 조치를 하지 아니하면 관련 분야의 거래 당사자 및 소비자단체 등의 의견을 듣고 관계 부처의 협의를

거쳐 표준이 될 약관을 마련할 수 있다.

⑤ 공정거래위원회는 제1항 또는 제4항에 따라 심사하거나 마련한 약관(이하 "표준약관"이라 한다)을 공시(公示)하고 사업자 및 사업자단체에 표준약관을 사용할 것을 권장할 수 있다.

⑥ 공정거래위원회로부터 표준약관의 사용을 권장받은 사업자 및 사업자단체는 표준약관과 다른 약관을 사용하는 경우 표준약관과 다르게 정한 주요 내용을 고객이 알기 쉽게 표시하여야 한다.

⑦ 공정거래위원회는 표준약관의 사용을 활성화하기 위하여 표준약관 표지(標識)를 정할 수 있고, 사업자 및 사업자단체는 표준약관을 사용하는 경우 공정거래위원회가 고시하는 바에 따라 표준약관 표지를 사용할 수 있다.

⑧ 사업자 및 사업자단체는 표준약관과 다른 내용을 약관으로 사용하는 경우 표준약관 표지를 사용하여서는 아니 된다.

⑨ 사업자 및 사업자단체가 제8항을 위반하여 표준약관 표지를 사용하는 경우 표준약관의 내용보다 고객에게 더 불리한 약관의 내용은 무효로 한다.

제20조(조사) ① 공정거래위원회는 다음 각 호의 어느 하나의 경우 약관이 이 법에 위반된 사실이 있는지 여부를 확인하기 위하여 필요한 조사를 할 수 있다.

1. 제17조의2제1항 또는 제2항에 따른 시정권고 또는 시정명령을 하기 위하여 필요하다고 인정되는 경우
2. 제19조에 따라 약관의 심사청구를 받은 경우

② 제1항에 따라 조사를 하는 공무원은 그 권한을 표시하는 증표를 지니고 이를 관계인에게 내보여야 한다.

제21조 삭제

제22조(의견 진술) ① 공정거래위원회는 약관의 내용이 이 법에 위반되는지 여부에 대하여 심의하기 전에 그 약관에 따라 거래를 한 사업자 또는 이해관계인에게 그 약관이 심사 대상이 되었다는 사실을 알려야 한다.

② 제1항에 따라 통지를 받은 당사자 또는 이해관계인은 공정거래위원회의 회의에 출석하여 의견을 진술하거나 필요한 자료를 제출할 수 있다.

③ 공정거래위원회는 심사 대상이 된 약관이 다른 법률에 따라 행정관청의 인가를 받았거나 받아야 할 것인 경우에는 심의에 앞서 그 행정관청에 의견을 제출하도록 요구할 수 있다.

제23조(불공정약관조항의 공개) 공정거래위원회는 이 법에 위반된다고 심의·의결한 약관 조항의 목록을 인터넷 홈페이지에 공개하여야 한다.

제4장 분쟁의 조정 등

제24조(약관 분쟁조정협의회의 설치 및 구성) ① 제17조를 위반한 약관 또는 이와 비슷한 유형의 약관으로서 대통령령으로 정하는 약관과 관련된 분쟁을 조정하기 위하여 「독점규제 및 공정거래에 관한 법률」 제48조의2 제1항에 따른 한국공정거래조정원(이하 "조정원"이라 한다)에 약관 분쟁조정협의회(이하 "협의회"라 한다)를 둔다.

② 협의회는 위원장 1명을 포함한 9명의 위원으로 구성한다.

③ 협의회 위원장은 조정원의 장의 제청으로 공정거래위원회 위원장이 위촉한다.

④ 협의회 위원장이 사고로 직무를 수행할 수 없을 때에는 협의회의 위원장이 지명하는 협의회 위원이 그 직무를 대행한다.

⑤ 협의회 위원은 약관규제·소비자 분야에 경험 또는 전문지식이 있는 사람으로서 다음 각 호의 어느 하나에 해당하는 사람 중에서 조정원의 장의 제청으로 공정거래위원회 위원장이 위촉한다.

1. 공정거래 및 소비자보호 업무에 관한 경험이 있는 4급 이상 공무원(고위공무원단에 속하는 일반직공무원을 포함한다)의 직에 있거나 있었던 사람
2. 판사·검사 직에 있거나 있었던 사람 또는 변호사의 자격이 있는 사람
3. 대학에서 법률학·경제학·경영학 또는 소비자 관련 분야 학문을 전공한 사람으로서 「고등교육법」 제2조 제1호·제2호·제4호 또는 제5호에 따른 학교나 공인된 연구기관에서 부교수 이상의 직 또는 이에 상당하는 직에 있거나 있었던 사람
4. 그 밖에 기업경영 및 소비자권익과 관련된 업무에 관한 학식과 경험이 풍부한 사람

⑥ 협의회 위원의 임기는 3년으로 하되, 연임할 수 있다.

⑦ 협의회 위원 중 결원이 생긴 때에는 제5항에 따라 보궐위원을 위촉하여야 하며, 그 보궐위원의 임기는 전임자의 남은 임기로 한다.

⑧ 협의회의 회의 등 업무지원을 위하여 별도 사무지원 조직을 조정원 내에 둔다.

제25조(협의회의 회의) ① 협의회의 회의는 위원 전원으로 구성되는 회의(이하 "전체회의"라 한다)와 위원장이 지명하는 3명의 위원으로 구성되는 회의(이하 "분과회의"라 한다)로 구분된다.

② 분과회의는 전체회의로부터 위임받은 사항에 관하여 심의·의결한다.

③ 전체회의는 위원장이 주재하며, 재적위원 과반수의 출석으로 개의하고, 출석위원 과반수의 찬성으로 의결한다.

④ 분과회의는 위원장이 지명하는 위원이 주재하며, 구성위원 전원의 출석과 출석위원 전원의 찬성으로 의결한다. 이 경우 분과회의의 의결은 협의회의 의결로 보되, 회의의 결과를 전체회의에 보고하여야 한다.

⑤ 조정의 대상이 된 분쟁의 당사자인 고객(「소비자기본법」 제2조 제1호에 따른 소비자는 제외한다. 이하 이 장에서 같다)과 사업자(이하 "분쟁당사자"라 한다)는 협의회의 회의에 출석하여 의견을 진술하거나 관계 자료를 제출할 수 있다.

제26조(협의회 위원의 제척 · 기피 · 회피) ① 협의회 위원은 다음 각 호의 어느 하나에 해당하는 경우에는 해당 분쟁조정사항의 조정에서 제척된다.

1. 협의회 위원 또는 그 배우자나 배우자였던 사람이 해당 분쟁조정사항의 분쟁당사자가 되거나 공동권리자 또는 의무자의 관계에 있는 경우
2. 협의회 위원이 해당 분쟁조정사항의 분쟁당사자와 친족관계에 있거나 있었던 경우
3. 협의회 위원 또는 협의회 위원이 속한 법인이 분쟁당사자의 법률·경영 등에 대하여 자문이나 고문의 역할을 하고 있는 경우
4. 협의회 위원 또는 협의회 위원이 속한 법인이 해당 분쟁조정사항에 대하여 분쟁당사자의 대리인으로 관여하거나 관여하였던 경우 및 증언 또는 감정을 한 경우

② 분쟁당사자는 협의회 위원에게 협의회의 조정에 공정을 기하기 어려운 사정이 있는 때에 협의회에 해당 협의회 위원에 대한 기피신청을 할 수 있다.

③ 협의회 위원이 제1항 또는 제2항의 사유에 해당하는 경우에는 스스로 해당 분쟁조정사항의 조정에서 회피할 수 있다.

제27조(분쟁조정의 신청 등) ① 제17조를 위반한 약관 또는 이와 비슷한 유형의 약관으로서 대통령령으로 정하는 약관으로 인하여 피해를 입은 고객은 대통령령으로 정하는 사항을 기재한 서면(이하 "분쟁조정 신청서"라 한다)을 협의회에 제출함으로써 분쟁조정을 신청할 수 있다. 다만, 다음 각 호의 어느 하나에 해당하는 경우에는 그러하지 아니하다.

1. 분쟁조정 신청이 있기 이전에 공정거래위원회가 조사 중인 사건
2. 분쟁조정 신청의 내용이 약관의 해석이나 그 이행을 요구하는 사건

3. 약관의 무효판정을 요구하는 사건
4. 해당 분쟁조정사항에 대하여 법원에 소를 제기한 사건
5. 그 밖에 분쟁조정에 적합하지 아니한 것으로 대통령령으로 정하는 사건
② 공정거래위원회는 제1항에 따른 분쟁조정을 협의회에 의뢰할 수 있다.
③ 협의회는 제1항에 따라 분쟁조정 신청서를 접수하거나 제2항에 따라 분쟁조정을 의뢰받은 경우에는 즉시 분쟁당사자에게 통지하여야 한다.

제27조의2(조정 등) ① 협의회는 분쟁당사자에게 분쟁조정사항을 스스로 조정하도록 권고하거나 조정안을 작성하여 이를 제시할 수 있다.
② 협의회는 해당 분쟁조정사항에 관한 사실을 확인하기 위하여 필요한 경우 조사를 하거나 분쟁당사자에게 관련 자료의 제출이나 출석을 요구할 수 있다.
③ 협의회는 제27조 제1항 각 호의 어느 하나에 해당하는 사건에 대하여는 조정신청을 각하하여야 한다.
④ 협의회는 다음 각 호의 어느 하나에 해당하는 경우에는 조정절차를 종료하여야 한다.
1. 분쟁당사자가 협의회의 권고 또는 조정안을 수락하거나 스스로 조정하는 등 조정이 성립된 경우
2. 조정을 신청 또는 의뢰받은 날부터 60일(분쟁당사자 쌍방이 기간연장에 동의한 경우에는 90일로 한다)이 경과하여도 조정이 성립되지 아니한 경우
3. 분쟁당사자의 일방이 조정을 거부하거나 해당 분쟁조정사항에 대하여 법원에 소를 제기하는 등 조정절차를 진행할 실익이 없는 경우
⑤ 협의회는 제3항에 따라 조정신청을 각하하거나 제4항에 따라 조정절차를 종료한 경우에는 대통령령으로 정하는 바에 따라 공정거래위원회에 조정신청 각하 또는 조정절차 종료의 사유 등과 관계 서류를 서면으로 지체 없이 보고하여야 하고 분쟁당사자에게 그 사실을 통보하여야 한다.

제28조(조정조서의 작성과 그 효력) ① 협의회는 분쟁조정사항의 조정이 성립된 경우 조정에 참가한 위원과 분쟁당사자가 기명날인한 조정조서를 작성한다. 이 경우 분쟁당사자 간에 조정조서와 동일한 내용의 합의가 성립된 것으로 본다.
② 협의회는 조정절차를 개시하기 전에 분쟁당사자가 분쟁조정사항을 스스로 조정하고 조정조서의 작성을 요청하는 경우에는 그 조정조서를 작성한다.

제28조의2(분쟁조정의 특례) ① 제27조 제1항에도 불구하고 공정거래위원회,

고객 또는 사업자는 제28조에 따라 조정이 성립된 사항과 같거나 비슷한 유형의 피해가 다수 고객에게 발생할 가능성이 크다고 판단한 경우로서 대통령령으로 정하는 사건에 대하여는 협의회에 일괄적인 분쟁조정(이하 "집단분쟁조정"이라 한다)을 의뢰하거나 신청할 수 있다.

② 제1항에 따라 집단분쟁조정을 의뢰받거나 신청받은 협의회는 협의회의 의결로서 제3항부터 제7항까지의 규정에 따른 집단분쟁조정의 절차를 개시할 수 있다. 이 경우 협의회는 분쟁조정된 사안 중 집단분쟁조정신청에 필요한 사항에 대하여 대통령령으로 정하는 방법에 따라 공표하고, 대통령령으로 정하는 기간 동안 그 절차의 개시를 공고하여야 한다.

③ 협의회는 집단분쟁조정의 당사자가 아닌 고객으로부터 그 분쟁조정의 당사자에 추가로 포함될 수 있도록 하는 신청을 받을 수 있다.

④ 협의회는 협의회의 의결로써 제1항 및 제3항에 따른 집단분쟁조정의 당사자 중에서 공동의 이익을 대표하기에 가장 적합한 1인 또는 수인을 대표당사자로 선임할 수 있다.

⑤ 협의회는 사업자가 협의회의 집단분쟁조정의 내용을 수락한 경우에는 집단분쟁조정의 당사자가 아닌 자로서 피해를 입은 고객에 대한 보상계획서를 작성하여 협의회에 제출하도록 권고할 수 있다.

⑥ 협의회는 집단분쟁조정의 당사자인 다수의 고객 중 일부의 고객이 법원에 소를 제기한 경우에는 그 절차를 중지하지 아니하고 소를 제기한 일부의 고객은 그 절차에서 제외한다.

⑦ 집단분쟁조정의 기간은 제2항에 따른 공고가 종료된 날의 다음 날부터 기산한다.

⑧ 집단분쟁조정의 절차 등에 관하여 필요한 사항은 대통령령으로 정한다.

⑨ 조정원은 집단분쟁조정 대상 발굴, 조정에 의한 피해구제 사례 연구 등 집단분쟁조정 활성화에 필요한 연구를 하며, 연구결과를 인터넷 홈페이지에 공개한다.

제29조(협의회의 조직 · 운영 등) 제24조부터 제27조까지, 제27조의2, 제28조 및 제28조의2 외에 협의회의 조직·운영·조정절차 등에 필요한 사항은 대통령령으로 정한다.

제29조의2(협의회의 재원) 정부는 협의회의 운영, 업무 및 관련 연구에 필요한 경비를 조정원에 출연한다.

제5장 보칙

제30조(적용 범위) ① 약관이 「상법」 제3편, 「근로기준법」 또는 그 밖에 대통령령으로 정하는 비영리사업의 분야에 속하는 계약에 관한 것일 경우에는 이 법을 적용하지 아니한다.

② 특정한 거래 분야의 약관에 대하여 다른 법률에 특별한 규정이 있는 경우를 제외하고는 이 법에 따른다.

제30조의2(「독점규제 및 공정거래에 관한 법률」의 준용) ① 이 법에 따른 공정거래위원회의 심의·의결에 관하여는 「독점규제 및 공정거래에 관한 법률」 제42조, 제43조, 제43조의2, 제44조 및 제45조를 준용한다.

② 이 법에 따른 공정거래위원회의 처분에 대한 이의신청, 소송 제기 및 불복 소송의 전속관할(專屬管轄)에 대하여는 「독점규제 및 공정거래에 관한 법률」 제53조, 제53조의2, 제53조의3, 제54조, 제55조 및 제55조의2를 준용한다.

제31조(인가 · 심사의 기준) 행정관청이 다른 법률에 따라 약관을 인가하거나 다른 법률에 따라 특정한 거래 분야에 대하여 설치된 심사기구에서 약관을 심사하는 경우에는 제6조부터 제14조까지의 규정을 그 인가·심사의 기준으로 하여야 한다.

제31조의2(자문위원) ① 공정거래위원회는 이 법에 따른 약관 심사 업무를 수행하기 위하여 필요하다고 인정하면 자문위원을 위촉할 수 있다.

② 제1항에 따른 자문위원의 위촉과 그 밖에 필요한 사항은 대통령령으로 정한다.

제6장 벌칙

제32조(벌칙) 제17조의2제2항에 따른 명령을 이행하지 아니한 자는 2년 이하의 징역 또는 1억원 이하의 벌금에 처한다.

제33조(양벌규정) 법인의 대표자나 법인 또는 개인의 대리인, 사용인, 그 밖의 종업원이 그 법인 또는 개인의 업무에 관하여 제32조의 위반행위를 하면 그 행위자를 벌하는 외에 그 법인 또는 개인에게도 해당 조문의 벌금형을 과(科)한다. 다만, 법인 또는 개인이 그 위반행위를 방지하기 위하여 해당 업무에 관하여 상당한 주의와 감독을 게을리하지 아니한 경우에는 그러하지 아니하다.

제34조(과태료) ① 다음 각 호의 어느 하나에 해당하는 자에게는 5천만원 이하의 과태료를 부과한다.

1. 제19조의3제8항을 위반하여 표준약

관과 다른 내용을 약관으로 사용하면서 표준약관 표지를 사용한 자

2. 제20조에 따른 조사를 거부·방해 또는 기피한 자

② 다음 각 호의 어느 하나에 해당하는 자에게는 500만원 이하의 과태료를 부과한다.

1. 제3조 제2항을 위반하여 고객에게 약관의 내용을 밝히지 아니하거나 그 약관의 사본을 내주지 아니한 자

2. 제3조 제3항을 위반하여 고객에게 약관의 중요한 내용을 설명하지 아니한 자

3. 제19조의3제6항을 위반하여 표준약관과 다르게 정한 주요 내용을 고객이 알기 쉽게 표시하지 아니한 자

③ 제1항 및 제2항에 따른 과태료는 공정거래위원회가 부과·징수한다.

제조물책임법

[시행 2013.5.22.]
[법률 제11813호, 2013.5.22, 일부개정]

제1조(목적) 이 법은 제조물의 결함으로 발생한 손해에 대한 제조업자 등의 손해배상책임을 규정함으로써 피해자 보호를 도모하고 국민생활의 안전 향상과 국민경제의 건전한 발전에 이바지함을 목적으로 한다.

제2조(정의) 이 법에서 사용하는 용어의 뜻은 다음과 같다.

1. "제조물"이란 제조되거나 가공된 동산(다른 동산이나 부동산의 일부를 구성하는 경우를 포함한다)을 말한다.

2. "결함"이란 해당 제조물에 다음 각 목의 어느 하나에 해당하는 제조상·설계상 또는 표시상의 결함이 있거나 그 밖에 통상적으로 기대할 수 있는 안전성이 결여되어 있는 것을 말한다.

가. "제조상의 결함"이란 제조업자가 제조물에 대하여 제조상·가공상의 주의의무를 이행하였는지에 관계없이 제조물이 원래 의도한 설계와 다르게 제조·가공됨으로써 안전하지 못하게 된 경우를 말한다.

나. "설계상의 결함"이란 제조업자가 합리적인 대체설계(代替設計)를 채용하였더라면 피해나 위험을 줄이거나 피할 수 있었음에도 대체설계를 채용하지 아니하여 해당 제조물이 안전하지 못하게 된 경우를 말한다.

다. "표시상의 결함"이란 제조업자가 합리적인 설명·지시·경고 또는 그 밖의 표시를 하였더라면 해당 제조물에 의하여 발생할 수 있는 피해나 위험을 줄이거나

피할 수 있었음에도 이를 하지 아니한 경우를 말한다.

3. "제조업자"란 다음 각 목의 자를 말한다.

가. 제조물의 제조·가공 또는 수입을 업(業)으로 하는 자

나. 제조물에 성명·상호·상표 또는 그 밖에 식별(識別) 가능한 기호 등을 사용하여 자신을 가목의 자로 표시한 자 또는 가목의 자로 오인(誤認)하게 할 수 있는 표시를 한 자

제3조(제조물책임) ① 제조업자는 제조물의 결함으로 생명·신체 또는 재산에 손해(그 제조물에 대하여만 발생한 손해는 제외한다)를 입은 자에게 그 손해를 배상하여야 한다.

② 제조물의 제조업자를 알 수 없는 경우에 그 제조물을 영리 목적으로 판매·대여 등의 방법으로 공급한 자는 제조물의 제조업자 또는 제조물을 자신에게 공급한 자를 알거나 알 수 있었음에도 불구하고 상당한 기간 내에 그 제조업자나 공급한 자를 피해자 또는 그 법정대리인에게 고지(告知)하지 아니한 경우에는 제1항에 따른 손해를 배상하여야 한다.

제4조(면책사유) ① 제3조에 따라 손해배상책임을 지는 자가 다음 각 호의 어느 하나에 해당하는 사실을 입증한 경우에는 이 법에 따른 손해배상책임을 면(免)한다.

1. 제조업자가 해당 제조물을 공급하지 아니하였다는 사실

2. 제조업자가 해당 제조물을 공급한 당시의 과학·기술 수준으로는 결함의 존재를 발견할 수 없었다는 사실

3. 제조물의 결함이 제조업자가 해당 제조물을 공급한 당시의 법령에서 정하는 기준을 준수함으로써 발생하였다는 사실

4. 원재료나 부품의 경우에는 그 원재료나 부품을 사용한 제조물 제조업자의 설계 또는 제작에 관한 지시로 인하여 결함이 발생하였다는 사실

② 제3조에 따라 손해배상책임을 지는 자가 제조물을 공급한 후에 그 제조물에 결함이 존재한다는 사실을 알거나 알 수 있었음에도 그 결함으로 인한 손해의 발생을 방지하기 위한 적절한 조치를 하지 아니한 경우에는 제1항 제2호부터 제4호까지의 규정에 따른 면책을 주장할 수

제5조(연대책임) 동일한 손해에 대하여 배상할 책임이 있는 자가 2인 이상인 경우에는 연대하여 그 손해를 배상할 책임이 있다.

제6조(면책특약의 제한) 이 법에 따른 손해배상책임을 배제하거나 제한하는 특

약(特約)은 무효로 한다. 다만, 자신의 영업에 이용하기 위하여 제조물을 공급받은 자가 자신의 영업용 재산에 발생한 손해에 관하여 그와 같은 특약을 체결한 경우에는 그러하지 아니하다.

제7조(소멸시효 등) ① 이 법에 따른 손해배상의 청구권은 피해자 또는 그 법정대리인이 다음 각 호의 사항을 모두 알게 된 날부터 3년간 행사하지 아니하면 시효의 완성으로 소멸한다.

1. 손해
2. 제3조에 따라 손해배상책임을 지는 자

② 이 법에 따른 손해배상의 청구권은 제조업자가 손해를 발생시킨 제조물을 공급한 날부터 10년 이내에 행사하여야 한다. 다만, 신체에 누적되어 사람의 건강을 해치는 물질에 의하여 발생한 손해 또는 일정한 잠복기간(潛伏期間)이 지난 후에 증상이 나타나는 손해에 대하여는 그 손해가 발생한 날부터 기산(起算)한다.

제8조(「민법」의 적용) 제조물의 결함으로 인한 손해배상책임에 관하여 이 법에 규정된 것을 제외하고는 「민법」에 따른다.

저 / 자 / 소 / 개

허 영 희

■ **주요학력 및 경력**

- 법학박사
- (현)한국국제대학교 경찰행정학과 교수
- (현)여성가족부전문강사연합회 상임대표
- (현)경상남도 소청심사위원
- (현)경상남도 지방노동위원회 차별시정 공익위원
- (현)하동군 리더스 스쿨 학장
- (전)한국성희롱예방교육전문강사협회 회장

■ **주요 실적**

▶ 컨텐츠 개발
- 교육과학기술부 e-Learning 생활법률 컨텐츠 개발(2005~2013)
- 경찰청, 직장내 성희롱예방교육 사이버 컨텐츠 개발(2011)
- 경찰청, '성폭력 바로 알기' 강의 동영상 전국경찰서 보급(2013)

▶ 저서
- 『알아두면 유익한 소비자 분쟁 해결 실무』(비앤엠북스), 『알아두면 유익한 생활법률』(비앤엠북스), 『민법총칙』(비앤엠북스), 『경찰행정법』(경찰고시연구원), 『생활법률』(법문사), 『교통사고와 법』(법문사) 등 다수

▶ 논문
- '형의 집행 및 수용자의 처우에 관한 연구', '성범죄자 신상공개에 관한 소고', '청소년 대상 성범죄 예방을 위한 법률적 제언', '자치경찰제도 및 경찰의 수사권 독립방향에 관한 소고','민간경비원의 조직공정성과 이직의도에 관한 연구', '매매계약상 위험이전에 관한 연구' 등 다수

■ **연락처**

- 055. 751. 8393
- threebug@hanmail.net

저자와의
협의하에
인지생략

알아두면 유익한 **소비자 보호 관련 법률**

2013년 9월 2일 초판 인쇄
2013년 9월 10일 초판 1쇄 발행

저 자 : 허 영 희
발행인 : 정 광 식
발행처 : **비앤엠북스**
서울특별시 금천구 가산디지털1로70 B1-103
등 록 2004. 12. 29. / 제313-2004-00298호
전 화 2627-5710~13, 팩스 2627-5720
홈페이지 www.대학교재.net
이 메 일 bnmbook@daum.net

이 책의 무단전재 또는 복제행위는 저작권법 제97조의 5에 의거,
5년 이하의 징역 또는 5,000만원 이하의 벌금에 처하게 됩니다.

정가 22,000원 ISBN 978-89-6821-009-9